द लाइफ़स्टाइल इन्वेस्टर

द लाइफ़स्टाइल इन्वेस्टर

पैसिव इनकम और वित्तीय स्वतंत्रता के लिए कैश फ़्लो इन्वेस्टिंग के दस नियम

जस्टिन डोनाल्ड

अनुवाद : अखिलेश अवस्थी

MANJUL

मंजुल पब्लिशिंग हाउस

MANJUL

मंजुल पब्लिशिंग हाउस

कॉरपोरेट एवं संपादकीय कार्यालय

• द्वितीय तल, उषा प्रीत कॉम्प्लेक्स, 42 मालवीय नगर, भोपाल-462 003

विक्रय एवं विपणन कार्यालय

• सी-16, सेक्टर 3, नोएडा, उत्तर प्रदेश, 201301

वेबसाइट : www.manjulindia.com

वितरण केन्द्र

अहमदाबाद, बेंगलुरू, कोच्चि, कोलकाता, चेन्नई,
हैदराबाद, मुम्बई, नई दिल्ली, पुणे

जस्टिन डोनाल्ड द्वारा लिखित मूल अंग्रेजी पुस्तक द *लाइफ़स्टाइल इन्वेस्टर* का हिन्दी अनुवाद

The Lifestyle Investor by Justin Donald – Hindi Edition

यह हिन्दी संस्करण 2025 में पहली बार प्रकाशित

ISBN 978-93-5543-751-8

अनुवाद : अखिलेश अवस्थी

मुद्रण व जिल्दसाज़ी : रेप्रो इंडिया लिमिटेड

'द लाइफ़स्टाइल इन्वेस्टर'
की प्रशंसा में

जस्टिन डोनाल्ड की किताब को पढ़कर मैंने जो सीख हासिल की उससे मुझे सालाना छह अंकों के वेतन वाली नौकरी के अलावा अलग से अच्छी आमदनी हुई। अब जस्टिन जो कुछ भी लिखते हैं, सिखाते हैं और उजागर करते हैं, मैं हरेक शब्द को छात्र की तरह सीखता हूँ। सीधे कहें तो मैं जस्टिन को दुनिया में #1 लाइफ़स्टाइल निवेशक मानता हूँ और पूरी तरह से उनकी किताब को समर्थन देता हूँ।

– रेयान लेवेस्क्यू

तीन बार इंक. 5000के सीईओ रहे

आस्क और चूज़ के #1 बेस्टसेलर लेखक

जहाँ तक अपने परिवार की संपत्ति में वृद्धि और उसके संरक्षण की बात है, जस्टिन डोनाल्ड ऐसे निवेशक हैं, जिन पर मैं भरोसा करता हूँ। एक दशक से अधिक समय से जस्टिन को जानते हुए हो गया, मैं आपको आश्वस्त कर सकता हूँ कि केवल उनका चरित्र ही निवेशक के रूप में उनके रिकॉर्ड से बेहतर है। उनकी किताब द *लाइफ़स्टाइल इन्वेस्टर* में उनके कई वर्षों का अनुभव और नग़द निवेश के लिए बहुत उपयोगी पथ प्रदर्शक किताब तैयार करने की उनकी मज़बूत इच्छा दोनों शामिल थे।

– हैल एलरोड

द *मिरेकल मॉर्निंग* के बेस्टसेलर लेखक

द लाइफ़स्टाइल इन्वेस्टर एक बहुत अच्छी पढ़ने योग्य किताब है। इसमें निवेश जगत में शुरुआत करने वाले किसी भी व्यक्ति के लिए सरलता से अनुसरण करने के लिए जस्टिन के वर्षों का ज्ञान और अनुभव संकलित है।

–डेविड ऑस्बोर्न

–*वैल्थ कान्ट वेट* के *न्यू यॉर्क टाइम्स* बेस्टसेलर

जस्टिन आर्थिक आज़ादी की ओर एक सामान्य समझ का नज़रिया पेश करते हैं। उनकी किताब सिद्धांतों पर आधारित नहीं है, बल्कि जीवन में जो कुछ भी सामने आने वाला है, उसको अधिक सार्थक और उद्देश्यपूर्ण बनाने के लिए अपने ख़ुद के जीवन में उसके व्यवहारिक प्रयोग पर आधारित है।

– कैसी वीड

बेस्टसेलर लेखक और हॉवर्ड बैले फ़ाइनेंशियल के सीईओ

बहुत से शिक्षकों के विपरीत, जस्टिन सर्वश्रेष्ठ रणनीतियों को अपने तक ही सीमित नहीं रखते हैं। वह आप पर सकारात्मक प्रभाव के लिए सभी कुछ साझा करते हैं – और यह किताब भी कोई अपवाद नहीं है।

– जॉन रुलिन

बेस्टसेलर लेखक और गिफ़्टोलॉजी के सह–संस्थापक

जस्टिन मुनाफ़े से ज़्यादा लोगों को महत्त्व देते हैं और तब भी दोनों श्रेणियों में जीतते हुए प्रतीत होते हैं। यह इस क्षेत्र में दुर्लभ है। मैं अपने सभी दोस्तों से कहता हूँ कि जस्टिन से सीखिए। वह हमेशा ईमानदार रहते हैं, खुला दिल रखते हैं और भरोसेमंद हैं, जो निवेश की सलाह के लिए उन्हें मेरी #1 पसंद बनाता है। द *लाइफ़स्टाइल इन्वेस्टर* उनके वर्षों के अनुभव और प्रभावी कार्य का मूर्त रूप है – और यदि आप नग़दी का सतत प्रवाह बनाए रखने वाले निवेश को सीखना चाहते हैं तो यह आपकी अगली किताब है।

– जॉन ब्रोमन

फ़्रंटरोडैड्स.कॉम

जस्टिन साफ़ तौर पर हमें बताते हैं कि किस तरह से दौलत और आज़ादी सह–अस्तित्व में रह सकती हैं। जो भी *लाइफ़स्टाइल इन्वेस्टर* बनने की आकांक्षा रखता है, उसके लिए उनके 10 नियमों को पढ़ने की ज़रूरत है।

– कैरी ओबरब्रनर

अनहैकेबल, *डे जॉब टु ड्रीम जॉब* और *एलिक्सिर प्रोजेक्ट* के लेखक

यदि संक्षेप में एक शब्द में मुझे यह बताना हो कि *लाइफ़स्टाइल इन्वेस्टिंग* क्या है और जस्टिन क्या सिखाते हैं, तो मेरा जवाब होगा- *आज़ादी*। मैंने पूरे अमेरिका के वित्तीय सलाहकारों के साथ वित्तीय प्रशिक्षण में एक दशक से ज़्यादा समय बिताया है। लेकिन जस्टिन ने जो कुछ मुझे सिखाया, वे ज़्यादातर नए सिद्धांत थे, जिनसे मैं अपरिचित था - यह ऐसे सिद्धांत थे, जिन्होंने कुछ ही वर्षों में मुझे छह अंकों में ऐसी आमदनी निर्मित करने में मदद की, जिसके लिए मुझे अलग से समय नहीं देना होता था। इसने मुझे सात अंकों की आमदनी वाली अपनी नौकरी को छोड़ने की छूट दी, जिससे कि मैं अपनी शर्तों पर अपना कारोबार खड़ा कर सका। तीन बच्चों के साथ विवाहित व्यक्ति के रूप में, मैं निश्चित ही यह नहीं कह सकता कि जस्टिन के लाइफ़स्टाइल निवेश मंत्रों ने मुझे जो सुरक्षा प्रदान की, उसके बिना मैं यह क़दम उठाने में समर्थ होता।

निवेश की दृष्टि से जस्टिन जो कुछ सिखाते हैं, उससे बेहतर अगर कुछ है तो वह वे ख़ुद एक व्यक्ति के रूप में हैं। वह पहले पति और पिता हैं तथा आपके जीवन को आदर्श बनाने के मक़सद के लिए निवेश का संपूर्ण विचार उनके जीवन जीने के उदाहरण से प्रकट होता है। वे ऐसे व्यक्ति हैं, जो दूसरों की सेवा में तत्पर हैं और मैं यह देखकर बहुत रोमांचित हूँ कि इस समय आप जो किताब थामे हुए हैं उसमें उन्होंने अपने सभी गुप्त मंत्र दुनिया के साथ साझा किए हैं!

– ब्रैड जॉनसन

द एलिट एडवायजर ब्लूप्रिंट® पॉडकास्ट के होस्ट और
डिजिटल फ़ाइनेंशियल एडवायज़र के संस्थापक

यदि आप यह जवाब तलाश रहे हैं कि कैसे सफलता से निवेश करें और वह वित्तीय आज़ादी हासिल करें; जिसके आप हक़दार हैं तो यह किताब आपके लिए है। यह परंपरागत निवेश संसार के शोर के बीच से बाहर आकर इसकी झलक दिखाती है कि कैसे एक पेशेवर निवेशक अपनी दौलत में वृद्धि के साथ ही अपनी जीवनशैली को भी बढ़ाने में समर्थ होता है। मैं मानता हूँ

कि हर कोई यही चाहता है, हालाँकि हम सभी यह नहीं जानते कि वास्तव में इसे किस तरह से हासिल किया जा सकता है। मैं ख़ुद एक सफल कारोबार खड़ा करने के लिए 15 साल से ज़्यादा समय तक काम करता रहा। इसे मेरे जीवन को ख़ुशहाल बनाना था जिसकी मैंने उम्मीद की थी। इसके विपरीत यही मेरा जीवन बन गया। मैं डर के साथ जीवन बिता रहा था। मुझे लग रहा था कि कोई राह नहीं है। मैं धन कमाने में अपना समय खपाने के चक्कर में पूरी तरह उलझ गया था। मैं जब जस्टिन से मिला और उन्होंने मुझसे किताब में दी गई जानकारी साझा की तो मुझे समझ आया कि कोई और रास्ता हो सकता है। 12 महीने के भीतर मेरा पूरा डर समाप्त हो गया और मैंने अपने सात अंकों वाले काम से तौबा कर ली। इस फ़ैसले ने एक सार्थक जीवन जीने जीने के मेरे मानक को बढ़ा दिया जिसने आख़िरकार मेरे परिवार और मुझे वह आज़ादी दी जिसके हम हक़दार हैं। सचमुच में जस्टिन और इस किताब से मिले ज्ञान के बिना मैं यह नहीं कर सकता था और मुझे उम्मीद है कि यह आपके लिए भी इसी तरह का काम करे।

– शॉन स्पार्क्स

निवेशक और द *एडवायज़र ब्रेकथ्रू* के लेखक

मैं हर सुबह ऐसे इंसान की तरह जागना चाहता था जो परिवार के प्रति प्रेम रखने वाला था, जिसका एक कारोबार था, ना कि एक कारोबारी की तरह जिसका परिवार था। जिस पल मैं जस्टिन से मिला, तभी से मैंने उनसे एक अविश्वसनीय क़िस्म का जुड़ाव महसूस किया।

– ज्योफ़ वुड्स,

द वन थिंग के उपाध्यक्ष, संस्थापक, द *मेंटी पॉडकास्ट*, उद्यमी

वह भरोसेमंद, ईमानदार और निष्ठावान व्यक्ति हैं – और मुझे जस्टिन डोनाल्ड की यही बात बहुत पसंद है।

–क्लिंट बुकेलेव

रिअल एस्टेट कारोबारी, बुकेलेव रिएल्टी

जब जस्टिन कुछ करने की ठान लेते हैं तो वह बहुत सोच–विचार के साथ होता है जिसपर आप भरोसा कर सकते हैं क्योंकि उन्होंने अधिकतम परिणाम हासिल करने के बारे में सोचा हुआ होता है। यदि आपको जस्टिन के साथ काम करने या उनसे सीखने का अवसर मिलता है तो इस अनुभव के बाद आप और बेहतर इंसान होंगे।

– **ब्रेड वीमर्ट,** रिअल एस्टेट और कारोबार निवेशक,
उद्यमी इजी पे डायरेक्ट के संस्थापक

अब दुनिया की सैर करते हुए, अपने पारिवारिक जीवन को समय देते हुए और पूरी संतुष्टि के साथ नौकरी किए बिना या अपना समय दिए बिना आमदनी हासिल करना, लंबी अवधि की भागीदारी और वित्तीय आज़ादी प्राप्त करना संभव है। कैसे, यह जस्टिन डोनाल्ड की किताब हमें बताती है। और इस जानकारी को साझा करने के लिए जस्टिन से ज़्यादा सचेत, अनुभवी और मददगार और कोई नहीं है। अपनी बेटी सवाना के लिए लिखी किताब में आप उनकी चतुराई भरी वित्तीय रणनीतियाँ सीखने में आसानी की उम्मीद कर सकती हैं। मेरा जस्टिन पर पूरा भरोसा है और मैं उनके जीवन्त संसार में अपनी मौजूदगी के लिए आभारी हूँ!

– **अम्बर विल्हॉर**
एनजीएनजी एंटरप्राइज़ेज़, इंक. के मालिक

उन्होंने मुझे जो सलाह दी वह हमेशा मददगार रही है, उनके कुछ सुझाव ऐसे थे जो मैंने पहले कभी नहीं सुने थे। मैंने ये सुझाव कुछ ऐसे उच्च प्रदर्शन करने वाले लोगों को बताए जिनका मैं सम्मान करता हूँ। ऐसा प्रतीत हुआ कि उन्होंने भी कभी इन्हें नहीं सुना था और वे प्रभावित हुए। इनमें से कुछ मैंने अपने जीवन में आजमाए और बहुत शानदार नतीजे प्राप्त किए।

– **एमी मुलर**
लाइफ़ कोच और एमीमुलर.कॉम के प्रेरक वक्ता

मैं जितने भी लोगों से मिला हूँ उनमें जस्टिन डोनाल्ड सबसे ज़्यादा जिज्ञासु और उत्सुक हैं। दोस्त के रूप में हम बातचीत कर सकते हैं जो बहुत रोचक और विचारोत्तेजक होती है। निवेशक के रूप में यही विशेषताएँ गहन विश्लेषण और लगन के रूप में सामने आती हैं जो कि विस्तार के साथ ही गहराई लिए हुए हैं।

– जी बेंटायेहु
अचल संपत्ति कारोबारी, बेंटायेहु डेवलपमेंट
वॉशिंगटन डीसी

एक सफल करिअर से एक पूर्णकालिक निवेशक बनने में जस्टिन ने व्यक्तिगत तौर पर मेरी मदद की। विविध क्षेत्रों के माध्यम से उद्योग की विस्तृत जानकारी, विशेषज्ञों को लाने, डील के विश्लेषण और अविश्वसनीय डील करने का उनका सामर्थ्य उन्हें अद्वितीय बनाता है।

– रेयान कैसी
निवेशक, सेल्स और कारोबारी सलाहकार,
कोर वैल्यूज़ इंडेक्स के सर्टिफ़ाइड पेशेवर

जस्टिन डोनाल्ड बुद्धिमान हैं और उद्यमिता तथा निवेश से जुड़े पक्षों को लेकर बहुत गहरी दृष्टि रखते हैं। चाहे एक संभावित करार का विश्लेषण करना हो या रणनीतिक कारोबारी फ़ैसले को लागू करने के पहले महज प्रतिक्रिया देने की बात हो, जस्टिन उसमें अविश्वसनीय रूप से योगदान देते हैं।

– निक नज्जर
उद्यमी और निवेशक

जस्टिन ने मेरे जीवन की दिशा बदल दी और उनकी रणनीतियों के बिना मुझे वित्तीय आज़ादी पाने में एक दशक का समय और लग जाता। लेकिन ऐसा नहीं हुआ और मेरे परिवार ने एक मोटा-मोटा और निरंतर मासिक नग़द राशि के सिलसिले के साथ भरपूर जीवनशैली का आनंद उठाया।

– एडम सोबेस्की
निवेशक

जब भी मेरे ज़ेहन में वित्तीय मसलों से जुड़े सवाल उठते हैं तो उनके जवाब के लिए मैं जिन कुछ लोगों के पास जाता हूँ उनमें से एक जस्टिन हैं। वे जो कुछ जानते हैं उसको अपनी मर्ज़ी से साझा करते हैं और सच्चे मन से अन्य लोगों की दौलत और आज़ादी को बढ़ते हुए देखना चाहते हैं। वित्तीय सलाह की ज़रूरत पड़ने पर मैं जस्टिन की ही मदद लेता था।

– ब्रेंट लिंडबर्ग
उद्यमी, संस्थापक फ़्यूजेनियो

जीवन के प्रति जस्टिन का प्यार चारों ओर फैलने वाला है। आप उनसे कोई भी बात करें, वे उसमें एक रोमांच और ऊर्जा भर देते हैं। चाहे वह भोजन और यात्रा के लिए अपने जुनून को साझा कर रहे हों, यह बता रहे हों कि अपने जीवनसाथी और बच्चों के साथ कैसे अच्छा समय बिताएँ या ख़ुद पर या अपने भविष्य में निवेश के महत्त्व की विस्तृत तसवीर पेश कर रहे हों। जस्टिन के बारे में मुझे जो पसंद है और जिसकी मैं तारीफ़ करता हूँ, वह यह है कि वे ना केवल आपको इन विषयों में उत्सुकता के साथ जोड़ लेते हैं, बल्कि उनके पास इसकी पूरी योजना होती है। जस्टिन अपने जुनून को जीवनसाथी बना लेते हैं और उसको पूरा करने के लिए जो भी ज़रूरी होता है, उसके सपने देखने लगते हैं। मैं सभी को उनके बनाए तरीक़ों को अपनाने के लिए प्रोत्साहित

करूँगा। इससे आपको एक गहरी समझ महसूस होगी कि आप कौन हैं, आप क्या हासिल करना चाहते हैं और उसे प्राप्त करने की क्या योजना हो।

– ब्रियान रैम
सलाहकार

जस्टिन की किताब व्यापक बदलाव लाने वाली है। यह उस पूरे आधार को झटक देती है, जो कि हम सामान्य तौर पर निवेश के बारे में सोचते हैं। उसके बाद पूरी तरह परंपरागत तरीक़े से हटने पर ज़ोर देती है, जो कि व्यावहारिक होता है, लेकिन सदमा भी देता है। वे कहते हैं कि रहस्य में सीमा होती है और यह किताब उस रहस्य को हटा देती है, जो कई दशकों तक निवेश पर परदा डाले रहा है। अगर आप इस किताब को नहीं पढ़ते हैं तो आप निवेश के एक अहम साधन से वंचित हैं।

–डेरियस मीरशाहजादे
द कोर वैल्यू इक्वेशन के बेस्टसेलर लेखक,
निवेशक और उद्यमी

समर्पण

यह किताब मेरे जीवन की दो महत्त्वपूर्ण महिलाओं को समर्पित है।

जेनिफ़र, मेरी सुंदर पत्नी – आपके प्यार, संबल और मुझ पर दृढ़ विश्वास ने मुझे अपनी क्षमताओं को हासिल करने के लिए प्रोत्साहित किया।

सवाना, मेरी प्यारी बेटी – आपने मुझे सीखने, बढ़ने और जो कुछ भी ज्ञान अर्जित किया, उसे साझा करने के लिए प्रेरित किया, जिससे एक दिन आप भी उन सबक़ों को सीख सकती हैं।

मैं आप दोनों को इतना प्यार करता हूँ, जिसे शब्दों में बयान नहीं किया जा सकता।

धन केवल एक साधन है।

यह आपको जहाँ आप चाहेंगे वहाँ ले जाएगा, लेकिन यह
एक प्रेरक के रूप में आपकी जगह नहीं ले पाएगा।

– ऐन रैंड

अनुक्रम

भूमिका : रेयान लेवेस्क्यू

23 मार्च, 2019 को हुई एक बातचीत ने मेरा जीवन पूरी तरह बदल दिया।

वह बातचीत जस्टिन डोनाल्ड नाम के शख़्स के साथ हुई थी। उन्होंने दोपहर के भोजन के समय मेरे कान में *चार शब्द* फुसफुसाए और उसके साथ ही सब कुछ बदल गया। वे *चार शब्द* मैं जीवन भर याद रखूँगा। इन *चार शब्दों* ने मुझे ऐसी यात्रा पर भेज दिया, जिसने मेरे जीवन को इस तरह से बदल दिया, जिसकी मैं कल्पना भी नहीं कर सकता था – वह भी इतने कम समय में संभव हो सकता है, जो मैं कभी सोच भी नहीं सकता था।

और अगर आप इस किताब मैं जो कुछ पढ़ रहे हैं, उस पर अधिक ध्यान दें तो यह *आपके* लिए भी सच हो सकता है। कैसे, यह मैं आपको समझाता हूँ।

पहला, अगर आप बहुत से उन लोगों में से हैं, जो इसे इस समय पढ़ रहे हैं तो शायद आपके मन में भी आपकी जीवनशैली के ख़र्च (और उसके बाद कुछ और) को पूरा करने के लिए बिना समय लगाए पर्याप्त, मासिक आमदनी प्राप्त करके वित्तीय आज़ादी हासिल करने का ख़्वाब होगा। दूसरे शब्दों में, ऐसी स्थिति में आने की चाहत जहाँ आप को और *अधिक काम करने की ज़रूरत नहीं हो।* या, इस समय आप हो सकता है कि आप कोई नौकरी कर रहे हों और उससे आपको अच्छी धनराशि वेतन में प्राप्त हो रही हो। या, आपका कोई कारोबार हो, जिससे आपको अच्छी-ख़ासी आय होती हो, लेकिन यह ऐसा हो कि उसमें आपको अपना समय देना होता हो। शायद *बहुत ज़्यादा* समय।

मैं ठीक दूसरी स्थिति में था, जब मैं पहली बार जस्टिन डोनाल्ड से मिला था। उस दिन शनिवार था, तारीख़ 23 मार्च, 2019। मैं टैक्सास के ऑस्टिन में *फ्रंट रो डैड्स* समूह के सदस्य के रूप में एक कार्यक्रम में था। मैं हाल में इस समूह में शामिल हुआ था। यह शानदार समूह था, जो एक बेहतर पिता, पति और पारिवारिक व्यक्ति बनने के मक़सद के प्रति समर्पित था। इसी कार्यक्रम में मेरी पहली बार जस्टिन से मुलाक़ात हुई।

उस दिन पहली बार मुलाक़ात होने के बाद जस्टिन और मैंने साथ में दोपहर का भोजन करने का फ़ैसला किया। केवल हम दोनों। पिता होने के अहसास और परिवार के बारे में बात करते हुए अंत में हमारी चर्चा उस अपरिहार्य सवाल पर आ ही गई, ''अच्छा तो आप आजीविका के लिए क्या करते हैं?''

जस्टिन ने मुझे क़रीब आने का इशारा किया और फुसफुसाते हुए कहा... ''मैं एक *जीवनशैली* निवेशक हूँ।''

अचानक ही लगा कि हमारे बीच जैसे कोई गोपनीय बातचीत होने लगी हो। मैंने आसपास देखा कि कहीं कोई हमें देख तो नहीं रहा है। मैंने पूछ लिया, ''*जीवनशैली* निवेशक? इसका क्या मतलब होता है?''

उन्होंने मुझे अपनी कहानी सुनाई और कैसे उम्र के तीसवें दशक में उन्होंने पूरी तरह से वित्तीय आज़ादी हासिल कर ली थी। और किस तरह से उन्होंने किसी नौकरी को छोड़ने पर बिना पैकेज या उत्तराधिकार में कोई बड़ी धन राशि प्राप्त किए बिना यह किया। इसके लिए उन्होंने *नग़द आय पर केंद्रित निवेश* का गैरपरंपरागत तरीक़ा अपनाया।

मैंने कुछ संशय के साथ कहा, ''थोड़ा, रुकिये। आप कह रहे हैं कि आप 100% आय बिना समय लगाए निवेश से प्राप्त कर रहे हैं। ठीक है। तो आप यह बताएँ कि मेरे जैसा इंसान जो मेरे जैसी स्थिति में हो, वह इसी मुक़ाम को पाने के लिए किस तरह से शुरुआत करे?''

उनका जवाब था, ''अगर इसमें आपकी दिलचस्पी है तो मुझे आपको यह बताने में बहुत ख़ुशी होगी। आपके पास अभी कितना समय है?''

अब इससे आगे बताने के पहले मुझे थोड़ा पीछे जाने की ज़रूरत होगी। आप देखिए कि मैं जस्टिन से उस समय मिला था, जब मेरी उम्र 30 के पार हो चुकी थी और पिछले दशक का बड़ा हिस्सा लाखों डॉलर

का कारोबार खड़ा करने में बिताया था। एक कामगार परिवार के सदस्य के रूप में मेरा बचपन बीता और मैं बड़ा हुआ। मैं अपने परिवार से कॉलेज में दाख़िला लेने वाला पहला सदस्य था। स्नातक की डिग्री लेने के बाद मैंने एक नौकरी शुरू की जिसमें मुझे 42,000 डॉलर सालाना का वेतन मिलता था और कुछ साल बाद मैं अपने लिए काम करके छह अंकों में आय हासिल कर रहा था।

आख़िरकार मेरी पत्नी और मैंने 500 वर्ग फ़ीट के अपने घर से अपनी 5,000 डॉलर की बचत से शुरू किए अपने कारोबार को 10 करोड़ डॉलर तक पहुँचा दिया था। हालाँकि मैंने अपनी जगह *किसी और को* काम के लिए रखा था, लेकिन तब भी मैं और मेरी पत्नी काम कर रहे थे। और हम अब भी *बहुत अधिक* काम कर रहे थे।

✓ निश्चित ही हमारा अधिक नियंत्रण था, अधिक आज़ादी थी और अधिक *आय* थी। निश्चित ही हमारी अच्छी वित्तीय आदतें थीं, हम अपने साधनों से कम पर गुज़र-बसर करते थे और अपने भविष्य के लिए लगातार बचत के लिए कड़ी मेहनत करते थे, लेकिन अंतत: *धन कमाने के लिए हम तब भी काम कर रहे थे।*

✓ *निश्चित ही धन हमारे लिए काम नहीं कर रहा था।*

हमारे दो बेटे इतनी तेज़ी से बड़े हो रहे थे कि हम यक़ीन नहीं कर पा रहे थे। ऐसे में बिना समय दिए मासिक निवेश आमदनी के माध्यम से अपने परिवार के 100% ख़र्च को वहन करने का विचार *बहुत ही* आकर्षक था। इसके बाद हमारे पास बहुत वक़्त होता, परिवार के साथ मिलकर समय बिताने का, दुनिया की सैर करने का और यादें संजोने का, जिसमें काम शामिल नहीं था।

लेकिन यह *कल्पना की तरह महसूस* हो रहा था। हमारे जैसी स्थिति वाले लोगों के लिए जो संभव जान नहीं पड़ता था। कम से कम उस वक़्त तो नहीं। हो सकता है कि कुछ वर्षों में ऐसा हो सकता हो, लेकिन सभी कुछ तब तक वैसा नहीं रहने वाला था।

जैसे-जैसे जस्टिन अपनी कहानी में और आगे बढ़ते गए और उन्होंने बताया कि यह सब उन्होंने कैसे किया, मेरे दिमाग़ ने हिसाब लगाना शुरू कर दिया और बहुत ही अज़ीब *तरीक़े* से यह संभव लगने लगा। यह विभिन्न

संपत्तियों में सस्ते इंडेक्स फ़ंड के माध्यम से बहुत विविधता भरा निवेश तैयार करने, कई दशकों तक ब्याज पर ब्याज हासिल करने का इंतज़ार करने जैसा कुछ नहीं था। लेकिन यह अपना सब पैसा नए आरंभिक पूँजी निर्गम आईपीओ में या किसी टेक्नोलॉजी कंपनी के स्टॉक में लगाने के लिए भागने का मामला भी नहीं था। वास्तव में इसमें शेयर बाज़ार में या सार्वजनिक पूँजी बाज़ारों में निवेश करने जैसा कुछ भी नहीं था।

मेरे जैसे शख़्स जिसने युवावस्था में 20 साल की उम्र पूरी करने के बाद शुरुआत में निवेश बैंक गोल्डमैन साक्स के साथ काम किया था, उसके लिए जस्टिन का तरीक़ा अगर एक शब्द में कहें तो *लीक से हटकर* था। लेकिन साथ ही यह *पूरी तरह से तार्किक* था।

हमारा भोजन ख़त्म हो गया था और विदाई का वक़्त हो रहा था। जस्टिन ने एक सवाल पूछ लिया, जिसने सीधे मेरे दिमाग़ पर चोट की। उन्होंने कहा, ''आपको पता भी नहीं चलेगा, आपके बच्चे कब बड़े हो जाएँगे। तो जिस तरह की जीवनशैली आप चाहते हैं उसे अभी प्राप्त कर सकते हैं और आज ही अपने जीवन के शानदार वर्षों का आनंद उठा सकते हैं, तो इंतज़ार क्यों करना?''

वह सही थे।

इस चर्चा के बाद मेरी सोच एक नई दिशा में केंद्रित हो गई, मुझे जैसे एक नया उद्देश्य मिल गया और कोई भी काम तुरंत करने की *तात्कालिकता* का बोध जाग गया। मैंने तय किया कि जस्टिन डोनाल्ड से मैं जो कुछ सीख सकता हूँ, उसे सीखने के लिए जो भी ज़रूरत होगी, वह करूँगा और जो कुछ सीखूँगा, उसके आधार पर व्यापक तरीक़े से काम करूँगा।

अब, मेरे जीवन में बदलाव लाने वाली दोपहर के भोजन पर हुई इस मुलाक़ात के कुछ महीने पहले मेरी पत्नी और मैं अपने पाँच साल के वित्तीय लक्ष्य को निर्धारित करने पर बात कर रहे थे। हम शादी के बाद लगभग हर साल इस तरह से बातें करते आए थे। हमने कुछ ज़्यादा ही *आक्रामक* वित्तीय लक्ष्य बना लिए थे, जिससे कि *अगले पाँच साल के भीतर* अपने परिवार के सभी ख़र्चों के लिए अपने कारोबार से बाहर से पर्याप्त आय हासिल कर सकें। दूसरे शब्दों में यह हमारा ऐसा लक्ष्य था, जो ''शायद

किसी दिन'' पूरा हो सकता था। हम दोनों को ही इसको लेकर शक था कि यह संभव भी हो सकता है।

अब आगे मार्च, 2019 में चलें। जस्टिस से जो भी सीख सकता हूँ उसे सीखने और अपने लक्ष्य की दिशा में पुरजोर तरीक़े से कार्य करने का निर्णय लेने के छह महीने से भी कम समय के बाद *हमने अपने निर्धारित पाँच साल का समय दिए बिना ही मासिक आय के लक्ष्य का 53% हासिल कर लिया!*

मैं दोबारा कहूँगा : जस्टिन की मदद से हमने *पाँच साल* के बहुत अधिक बढ़ाए हुए वित्तीय लक्ष्य का आधे से ज़्यादा छह महीने से भी कम समय में हासिल कर लिया।

मैं बात कर रहा हूँ प्रति माह हज़ारों डॉलर की नग़द आमदनी की, जो पूरी तरह से बिना कोई समय दिए निवेश से प्राप्त हो रही थी। (और वास्तव में इसे लिखते समय भी उतना ही पागलपन महसूस हो रहा है कि मैं उम्मीद कर रहा हूँ कि हम अपने पाँच साल के बिना समय दिए मासिक आय लक्ष्य के 100% को भी अगर बहुत जल्दी नहीं तो अगले 12 से 14 महीने में पार कर जाएँगे।) और हमने यह सब कुछ जस्टिन के *नग़द आय के लिए निवेश के दस नियमों* से किया है।

कई *ऐसे* करारों में निवेश के द्वारा जिनका जस्टिन ने *इस किताब में उल्लेख किया है।* और किताब से पढ़कर बहुत सारे नोट्स बनाने तथा जो कुछ जस्टिन ने बताया है, उस पर बहुत अधिक ध्यान देकर।

जब जस्टिन लिखते हैं, ''यह उतना कठिन नहीं है, जितना कि आप समझते हैं और इसमें उतना धन नहीं लगेगा, जितना कि आप सोचते हैं, तो वे सही कहते हैं। और सबसे महत्त्वपूर्ण बात है कि इसके लिए सही *शिक्षक* की ज़रूरत है।''

अपने कारोबार में और अपने जीवन में अगर मैंने कोई एक बात सीखी है – एक चीज़ जिसे मैं कामयाबी का सीक्रेट कह सकता हूँ – तो वह तीन सरल क़दमों में समाहित है। जब आप अपने जीवन या कारोबार के किसी क्षेत्र में सुधार करना चाहते हैं :

पहला क़दम : एक ऐसे मार्गदर्शक की तलाश करें *जिसने वह किया हो जो आप करना चाहते हैं।*

दूसरा क़दम : उस मार्गदर्शक से *आप जो कुछ सीख सकते हैं*, उसे सीखने के लिए जो भी ज़रूरी हो, उसमें निवेश करें।

तीसरा क़दम : *उस मार्गदर्शक का अव्वल छात्र बनने के लिए कड़ी मेहनत करें।*

बस इतना ही। यह वास्तव में इतना ही सरल है।

मेरे जीवन के इस ख़ास क्षेत्र में मेरे लिए जस्टिन डोनाल्ड मेरे मार्गदर्शक हैं। मैंने जस्टिन से जो सीखा है, उसने मेरे परिवार का जीवन हमेशा के लिए बदल दिया है। और उसके लिए मैं हमेशा-हमेशा के लिए उनका शुक्रगुज़ार हो गया हूँ। तो मैं अपनी बात जितनी अधिक स्पष्टता से कह सकता हूँ, यह कहकर पूरी करूँगा : इस किताब को पढ़िए। जस्टिन डोनाल्ड ने जो कुछ साझा किया है, वह सब कुछ पढ़िए। और सबसे महत्त्वपूर्ण यह है कि जो पढ़ा है, उस पर अमल कीजिए।

और अगली बार जब *आप* भोजन के लिए जाएँ और कोई आपसे सवाल करे, तो *आप*, ''आजीविका के लिए क्या करते हैं?'' तब *आप* शायद जीवन को बदल देने वाले चार शब्दों से उनको जवाब दे सकें : ''मैं जीवनशैली निवेशक हूँ।''

– रेयान लेवेस्क्यू

तीन बार के इंक. *5000* सीईओ, 1 आस्क और चूज़ किताबों के नैशनल बेस्टसेलिंग लेखक *वाल स्ट्रीट जर्नल, हार्वर्ड बिज़नेस रिव्यू, एंटरप्रेन्युअर* और *एनबीसी* ने उन पर केंद्रित फ़ीचर प्रकाशित किया

भूमिका : माइक कोनिग्स

कैसा होता कि आप जब चाहते, तब सोकर उठ सकते, जो कुछ चाहते, वह करते, और आपको पता होता कि आप जो भी ख़र्च कर रहे हैं, उसका भुगतान हो जाने वाला है? आप कहीं भी और कभी भी कहीं भी यात्रा के लिए आ-जा सकते हैं और जानते कि आपके जीने का शानदार अंदाज़ हो सकता है? आप अपने बच्चों को बेहतरीन स्कूलों में भेज सकते हैं, बहुत अच्छे कपड़े पहनने को दे सकते हैं, अपनी पसंदीदा कार चला सकते हैं और धन ख़त्म हो जाने के डर के बगैर एक आलीशान घर और इलाक़े में रह सकते हैं, जहाँ रहने की हमेशा से आपकी तमन्ना रही है? और कैसा हो कि यह सब आप बिना किसी नियमित *नौकरी* के कर सकते हों?

हममें से ज़्यादातर को यह असंभव प्रतीत होता है? लेकिन आप जल्दी ही बिना कोई नौकरी किए आय पाने और वित्तीय आज़ादी के लिए नग़द निवेश के महारथी, जस्टिन डोनाल्ड से मिलने वाले हैं।

जस्टिन जो कहते हैं, वह करते हैं। और जैसे ही आप नियम 1 अध्याय ''पहले जीवनशैली'' पढ़ते हैं, भले ही आप निवेश के किसी भी वातावरण में हों, आप को इसका बहुत मज़बूती से अहसास होगा कि क्या कुछ करना संभव है? *सबसे अधिक महत्त्वपूर्ण है कि निवेश के लिए धन की ज़रूरत के बिना आप जल्दी ही निवेश करना सीख जाएँगे।*

मैं जस्टिन से कुछ साल पहले फ़िजी द्वीप पर मिला था और जल्दी ही उनको लेकर मेरे मन में कौतूहल पैदा हो गया था। उनके बारे में मेरे

दिमाग़ में पहली छवि बनी कि वह अच्छे लेखाकार या सीपीए की तरह दिखाई दे रहे थे। उनको जानने के बाद मैं यह समझा कि वह असाधारण रूप से चतुर और रचनात्मक हैं, वे एक ऐसी जीवनशैली जी रहे थे, जिसके बारे में मैंने केवल कल्पना की थी और यह उन्होंने रिकॉर्ड समय में शून्य से बनाई थी। इस सबके पीछे मूल्यों से प्रेरित, अनुशासित, बिना किसी अहंकार का, पसंद किया जाने वाला व्यक्ति था।

जस्टिन से मिलने से पहले मैं एक मूर्ख क़िस्म का निवेशक था। लेकिन मैं यह नहीं सोचता था कि मैं निवेशक हूँ। कुछ कंपनियों के शेयरों, म्यूचुअल फ़ंड और कुछ स्टार्ट-अप फर्मों में 20 साल से ज़्यादा पुराना निवेश था। दुर्भाग्य से क़रीब सभी शेयरों में निवेश था और एक भी ऐसा नहीं था, जिसके बारे में सोच सकता था कि वह मुझे फ़ायदा देगा। दूसरे शब्दों में, मैं बहुत से लोगों को बिना ब्याज का क़र्ज़ दे रहा था, जिसमें भविष्य में प्रदर्शन या मुनाफ़े की कोई गारंटी नहीं थी। एकदम बेवकूफ़ी भरा। मैं साथ में एक कामयाब उद्यमी था, 30 से ज़्यादा वर्षों में मैंने बहुत सारी संपत्ति जोड़ी थी, लेकिन इसका मुझे ज़रा भी ज्ञान नहीं था कि उसका मैं क्या करूँ?

जस्टिन से क़रीब 20 मिनट की बहुत साधारण सी बातचीत के बाद उन्होंने मुझे उन बातों से परिचित कराया कि मैं शेष जीवन के दौरान किस तरह से निवेश के तरीक़ों के बारे में फिर से विचार करूँ। वे तरीक़े अब इस किताब में हैं। इसमें यह सुनिश्चित करना शामिल था कि मैं मासिक या तिमाही नग़द आय हासिल कर रहा हूँ, हिस्सेदारी प्राप्त कर रहा हूँ, बोनस पर बातचीत कर रहा हूँ, ऐसे समझौतों पर बातचीत जो अधिक अवधि के कारण बेहतर मुनाफ़ा देते हैं, जिन्हें वे साइडकार समझौता कहते हैं, तुलनात्मक रूप से कम अवधि में **मूलधन** की वापसी और इन नए निवेशों में धन लगाने के लिए मौजूदा निवेश या बीमा पॉलिसी के इस्तेमाल के आकर्षक तरीक़े।

इसके साथ ही उन्होंने बड़े कर फ़ायदे प्रदान करने के कुछ रोचक और पूरी तरह से क़ानूनी रास्ते भी बताए। उन्होंने छुपे हुए करार और अवसरों के चयन के कुछ सबसे अधिक दिलचस्प तरीक़े साझा किए जिनके बारे में ज़्यादातर निवेशक कभी नहीं सोचते।

मुझे बस एक क्या अफ़सोस है? मैं जस्टिन से जल्दी क्यों नहीं मिला? इसके आगे मैं यही कहूँगा कि उन चंद मिनटों में निवेश और धन को लेकर मेरे सोचने का तरीक़ा बदल गया।

इस किताब में जस्टिन ने कुछ अनूठी रणनीतियाँ साझा की हैं, जिन्होंने उनको निवेश या अधिक जोख़िम लिए बिना अधिक धन कमाने में समर्थ बनाया। उन्होंने अपनी प्रणालियों को जमा कर और अनुपम अवसरों को खोजने के लिए अनूठी सोच विकसित करके यह किया, जिस पर सामान्य तौर पर निवेशकों के द्वारा बिलकुल भी ध्यान नहीं दिया जाता। वह आपको बताएँगे कि आप किस तरह से अपने संसाधनों और संपत्ति का लाभ लेकर एक अनूठा निवेश पोर्टफ़ोलियो तैयार करें, जो आपको हर हफ़्ते या हर तिमाही में अपनी हिस्सेदारी बढ़ाने के लिए भुगतान करे। आप यह भी जानेंगे कि एक शानदार निवेशक और महान निवेशक में क्या फ़र्क़ है : सोच का।

आप इस किताब में जो रणनीतियाँ सीखेंगे, ठीक इन्हीं का इस्तेमाल करके जस्टिन ने कुछ ही वर्षों में अपनी संपत्ति लाखों डॉलर में कर ली। और अगर आपको ज़रा भी संदेह हो कि जस्टिन, उनके तरीक़े और चरित्र वास्तविक हैं या नहीं तो उनकी वेबसाइट पर जाएँ, उन कुछ लोगों के वक्तव्यों को सुनें, देखें और पढ़ें जिन्होंने उनकी प्रणाली से वास्तविक परिणामों का अनुभव किया है। आप तुरंत समझ जाएँगे और जस्टिन को बहुत से लोगों के एक चमत्कारिक संरक्षक तथा सलाहकार के रूप में देखेंगे, जो वह सब कुछ हासिल करने के लिए एक दशक से ज़्यादा समय और लाखों डॉलर गंवाने का जोख़िम मोल लेना नहीं चाहते, जो जस्टिन ने कुछ ही समय में प्राप्त कर लिया।

संक्षेप में जस्टिन के पास निवेश और धन कमाने के लिए ऐसी प्रणाली है, जो बहुत तेज़ी के साथ काम करती है। इसमें इससे कोई फ़र्क़ नहीं पड़ता कि आप अपने निवेश के करिअर में किस स्तर पर हैं। यदि आपको कभी भी जस्टिन के साथ काम करने का अवसर मिले तो ज़रूर इस मौक़े को नहीं छोड़ें। वह अवसरों और उन पेशेवरों के साथ बहुत ज़्यादा व्यस्त हैं, जो उनके साथ सीखना चाहते हैं, लेकिन वह इसे कभी भी अपनी जीवनशैली या परिवार की क़ीमत पर नहीं करते।

असाधारण जीवनशैली निवेशक बनने का सबसे तेज़ रास्ता है, उस शख़्स से सीखना जो उस वक़्त यही कर रहा है। जस्टिन डोनाल्ड ही वह शख़्स हैं। इस किताब का आनंद लीजिए – और जस्टिन की वेबसाइट पर उनके मुफ़्त वीडियो और अन्य संसाधनों को देखना न भूलें।

– माइक कोइनिग्स
उद्यमी, सैन डियेगो कैलिफ़ोर्निया

प्रस्तावना

मेरी पसंदीदा चीज़ों के लिए मुझे कोई धन ख़र्च नहीं करना होता। वास्तव में यह एकदम स्पष्ट है कि हमारे पास सबसे बहुमूल्य संसाधन समय है।

– स्टीव जॉब्स

मेरे संसार में आपका स्वागत है! इस किताब में मैंने अपने निवेश के तौर-तरीक़ों की सबसे महत्त्वपूर्ण बातों को शामिल किया है। इसके पीछे मेरा मक़सद बेहद सीधा-सादा है। मैं चाहता हूँ कि आप भी **जीवनशैली निवेशक** बनें। यह किताब वित्तीय आज़ादी की आपकी यात्रा और आपके सपनों के जीवन की शुरुआत करेगी।

मैंने उस समय निवेश शुरू किया, जब धन कमाने के लिए अपना समय देकर मैं थक चुका था। मैंने यह जान लिया कि पैसा कमाने का ऐसा तरीक़ा भी है, जिसमें मेरे समय की ज़रूरत नहीं होती और मैं अपनी रुचि से अपने समय का उपयोग कर सकता हूँ। मैंने इसके बारे में खोज-पड़ताल जारी रखी और अधिक जानकारी जुटाता रहा। मुझे ऐसे लोगों के बारे में पता चला जो नियमित रूप से ऐसा जीवन जीते हैं, जो मेरी भी चाहत के अनुरूप है। *मैंने विचार किया कि संसार में, मैं ही क्यों अपने और अपने परिवार की आजीविका के लिए धन कमाने को इस तरह से घंटों काम में लगकर अपना समय जाया कर रहा हूँ?*

मैं अपनी आजीविका के लिए कमाने और अपने समय व्यतीत करने के तरीक़े में स्वतंत्रता चाहता था। एकदम शुरुआत से, यह महत्त्वपूर्ण था कि मैं अपने परिवार और दोस्तों के साथ जितना चाहूँ उतना समय बिता सकूँ और हम अपनी शर्तों पर जिस तरह का जीवन बिताना चाहें, बिता सकें।

और किसी भी अन्य चीज़ से ज़्यादा मेरी सोच थी कि मैं अपना समय ख़रीद सकूँ। मैं उन लोगों के साथ समय बिताना चाहता था, जिन्हें मैं प्यार करता था। ऐसी चीज़ें करना चाहता था, जो मज़ेदार हों और हमारे लिए सार्थक हों – जीवन के हरेक पल का आनंद लेते हुए (ना कि यह सोचकर कि एक दिन हम बहुत मज़े करेंगे), अपनी सेहत का ध्यान रखते हुए, एक संतृप्त मानसिकता के साथ और उदारता के साथ लोगों को और उन उद्देश्यों को कुछ देते हुए, जो हमारे लिए महत्त्वपूर्ण हैं। जीवनशैली निवेश से मैंने यह सब कुछ और उससे कहीं ज़्यादा प्राप्त किया है।

यह किताब आगे देते रहने और वापस लौटाने के बारे में है। यह मेरे अनुभवों और सीखों को साझा करने का प्रयास है, जिससे आप वह जीवनशैली प्राप्त कर सकें, जिसकी आपको चाहत है। वापस लौटाने और उदारतापूर्वक देने की मेरी इच्छा के अनुरूप इस किताब से होने वाला लाभ उन सेवा संस्थाओं को दान में दिया जाएगा, जो दूसरों के जीवन में बुनियादी स्तर पर सुधार लाने में मदद करती हैं।

जब *एंटरप्रेन्यूर मैग्ज़ीन* में एक आलेख में मुझे जीवनशैली निवेश का वॉरेन बफ़े बताया गया, तब मैंने यह महसूस किया कि मैंने अपने आप को विकसित करने की रणनीतियाँ और गुणों को सीखने के लिए मैंने कितना अधिक समय प्रशिक्षकों, विशेषज्ञों, कार्यक्रमों, उस्तादों और यात्रा पर निवेश किया है। उसी समय से मैं अन्य लोगों को वित्तीय आज़ादी प्राप्त करने में मदद के बारे में सोचने लग गया।

शुरुआत मैंने निवेशकों, एग्ज़ीक्यूटिव और उद्यमियों को व्यक्तिगत स्तर पर प्रशिक्षण की पेशकश के साथ की। लायंस नेटवर्क निजी प्रशिक्षण समूह आरंभ करने का एक कारण था कि जब भी मैं वित्तीय आज़ादी पर अपने विचार साझा करता था तो ज़्यादातर मुझसे कहा जाता था,'' मैं भी यह करना चाहता हूँ।'' उसके बाद जब साल भर में जितने लोगों को मैं प्रशिक्षित करना चाहता था, उससे कहीं ज़्यादा मेरी प्रशिक्षण सेवाओं

की माँग हो गई तब अगले क़दम के रूप में मैंने जीवनशैली निवेशक मास्टरमाइंड को आकार दिया। यह समूह समान विचार वाले सदस्यों को प्रशिक्षण देता है जहाँ वे आपस में संवाद करते हैं। अपने निजी लायंस नेटवर्क प्रशिक्षण कार्यक्रम और जीवनशैली निवेशक मास्टरमाइंड के माध्यम से मैंने रणनीतियाँ, सिद्धांत और अवधारणाएँ सीखीं और तैयार की हैं, जो मेरे ग्राहकों को पसंद आई हैं।

मैं व्यक्तिगत रूप से मुझसे प्रशिक्षण लेने के लिए अपने ग्राहकों से ख़ासी रक़म शुल्क के रूप में लेता हूँ। लेकिन मैं उनको अच्छी तरह से यह बता देता हूँ कि किस तरह से उन्हें अपने जीवन में कम से कम समय में जीवनशैली निवेशक सिद्धांतों और नियमों को कैसे अपनाना है। मेरा लक्ष्य है कि मेरे ग्राहक जल्दी से जल्दी नग़द आय प्राप्त करना शुरू कर दें और संभावित चूकों से बचें।

प्रशिक्षण अवधि के दौरान मैं अपने ग्राहकों को उन डील से परिचित कराता हूँ, जिन तक मेरी पहुँच है। मैं उनको सिखाता हूँ कि अच्छे लाभ के साथ तुरंत नगद आय प्राप्ति की शुरुआत के लिए वे किस तरह से अपने पक्ष में शर्तों को लाने के लिए सौदेबाजी करें। मैं उनको बताता हूँ कि कैसे कम से कम ज़ोखिम के साथ वे ऐसा कर सकते हैं। मैं उनको यह भी बताता हूँ कि कैसे यह सब करें, जिससे वे अपने 20 साल बचा सकते हैं, जो मैंने इन सिद्धांतों और नियमों को समझने और उनको लागू करने में लगाए। कई ऐसी रणनीतियाँ और अवधारणाएँ इस किताब में शामिल की गई हैं।

आपके लिए जीवनशैली निवेश

नग़द आय निवेश के माध्यम से वित्तीय आज़ादी की ओर आपका मार्ग बताने में मदद के लिए यह किताब मेरा अगला चरण है। यह मेरी पूर्व अध्ययन और प्रशिक्षण का परिणाम है। यदि आप मेरे दिशानिर्देशों का अनुसरण करें तो आप ठीक वही कर सकते हैं, जो मैंने किया। मैंने इस किताब का शीर्षक द *लाइफ़स्टाइल इन्वेस्ट – बिना समय दिए नग़द आय और वित्तीय आज़ादी के 10 नियम रखा, क्योंकि जिनको मैं जानता हूँ,* उन सभी को यह अच्छा लगा। सभी समय की स्वच्छंदता चाहते हैं। सभी वित्तीय आज़ादी चाहते हैं।

अपना समय वापस पाने का सबसे तेज़ तरीक़ा है, कुशल प्रशिक्षक और सलाहकारों पर निवेश करना जो अपने 20 साल के ज्ञान और अनुभव का निचोड़ तीन, छह या 12 महीने में आपको दे सकें। यह किताब आपकी यात्रा में एक अहम क़दम है।

यदि आप प्रशिक्षण योग्य हैं और अगर अपने तथा अपने परिवार के लिए एक उज्ज्वल भविष्य बनाने के इच्छुक हैं तो आप सही जगह पर, सही समय पर और सही मार्गदर्शक के साथ हैं।

इस किताब का इस्तेमाल कैसे करें

इस किताब के पहले भाग में मैंने अपनी पूरी पृष्ठभृमि की जानकारी दी है कि मैं कौन हूँ और आप क्यों जीवनशैली निवेश पर विचार करना चाहते हैं। जीवनशैली निवेशक के रूप में आपके लिए ज़रूरी मूलभूत सिद्धातों के साथ ही मैंने वित्तीय ग़लतफ़हमियों को दूर करने पर चर्चा की है, जिससे आपको मानसिक रूप से तैयार करने में सहायता मिलेगी। अंत में आपको जीवनशैली निवेश के लिए मर्फ़ी के नियम पढ़ने को मिलेंगे। आप इन नियमों की अनदेखी करना नहीं चाहेंगे।

दूसरे हिस्से में आपको जीवनशैली निवेशक के **10 नियम** सीखने को मिलेंगे। प्रत्येक नियम के साथ मैंने उन वास्तविक डील को भी शामिल किया है, जिनपर मैंने काम किया है। पहले, मैं आपको डील के बारे में समझाऊँगा, जिससे आप अवसर को देख सकें और जान सकें कि क्यों मैंने वह डील की। आप यह जानेंगे कि क्या पृष्ठभूमि है और क्यों मैंने डील को निवेश के लिए उपयुक्त समझा। नग़द आय की अवधारणाओं को बेहतर ढंग से समझने में आपकी मदद के लिए हरेक नियम के अंत में मैंने सोच, संरचना, सावधानियों और बातचीत के बारे में चर्चा की है। अंत में मैंने हरेक नियम का निष्कर्ष सार पेश किया है, जिससे आप इस अध्याय का सिद्धांत ग्रहण कर सकें और अपने नगद आय निवेश पर उसे प्रयुक्त कर सकें।

तीसरा भाग आपको बताता है कि कैसे अपनी यात्रा की शुरुआत करें – आपके अगले क़दम क्या हैं और क्यों। इसके साथ ही मेरे विचारों के समापन की ओर बढ़ने की शुरुआत होती है।

पूरी किताब में आपको निवेश और वित्तीय शब्दावली मिलेगी। चूँकि हरेक शब्दावली पहली बार आई है तो उसे **मोटे** अक्षरों में किया गया है। हालाँकि इस तरह के ज़्यादातर शब्दों के लिए मैंने संक्षिप्त विवरण उसी स्थान पर किताब में दिया है।

प्रशिक्षण, शिक्षा और अनुसंधान में मेरे गहन निवेश से निकली रणनीतियों को किताब में समाहित किया गया है। मुझे आशा है कि आप इन्हें पूरी तरह से पढ़ने का समय निकालेंगे।

मेरा सुझाव है कि इस किताब में दी अवधारणाओं और सूचनाओं को आप पढ़ें और अपने भीतर तक गहराई से ग्रहण करें। वे मेरे पूरे जीवनकाल की सीख हैं और मैं यह उम्मीद नहीं करूँगा कि आप शुरू से लेकर अंत तक उसे केवल सरसरी तौर पर पढ़ लें।

क्या आप अपनी वित्तीय आज़ादी की यात्रा शुरू करने के लिए तैयार हैं?

आभार

मैंने जो कुछ भी किया है, उसमें इस किताब की रचना सबसे प्रेरणास्पद और सृजनात्मक कार्यों में से एक है। मेरे पिछले 20 साल के उद्यमशील और निवेश के करिअर का यह चरमोत्कर्ष है। इस दौरान बहुत कुछ सीखने को मिला और बहुत से लोगों ने इस किताब की सामग्री में योगदान दिया। मैं उन सभी के प्रति आभारी हूँ, जिन्होंने इसमें अपना योगदान दिया। इतनी उच्च क्षमता वाले लोगों की अविश्वसनीय टीम की मदद और प्रभाव के बिना यह संभव नहीं हो पाता।

इतने वर्षों के दौरान कई दोस्तों ने मुझे बहुत दृढ़ता के साथ किताब लिखने के लिए प्रेरित किया। उनके निरंतर याद दिलाने के कारण मुझे आख़िर यह विचार रास आ गया। मेरे मित्र *जॉन रुलिन, जॉन केन, जोन ब्रोमन* और *हेल एल्रोड* का लेखन की इस यात्रा के दौरान समर्थन और प्रेरित करते रहने के लिए शुक्रिया। मेरे लिए हमारी यह दोस्ती बहुत महत्त्वपूर्ण है और में आपकी ज़िद, प्रोत्साहन और विश्वास के लिए आपका धन्यवाद करता हूँ। मेरे जीवन में निवेश और धन के लिए अपना समय बेचने के कारोबार के संबंध में मेरी सोच पर *टिम निकोलेव* का प्रभाव रहा है। अपने समय को ख़रीदने के साधन के रूप में आमदनी पैदा करने वाली संपदा का निर्माण करने और परिसंपत्तियाँ ख़रीदने के संबंध में अपनी सोच को साझा करने के लिए मैं उनका बहुत आभारी हूँ।

ब्रैड जॉनसन, शॉन स्पार्क्स और *रेयान लेवेस्क्यू* : ना केवल इस किताब को लगातार अपना विश्वास और समर्थन देने के लिए, बल्कि लाइफ़स्टाइल इन्वेस्टर मास्टरमाइंड और इन्वेस्टमेंट क्लब के मूल सदस्य

होने के नाते मैं आपका आभारी हूँ। किताब की मूल सामग्री का बहुत बड़ा हिस्सा मुझे क्लब से ही मिला। आपने किताब को समृद्ध बनाने में हमेशा मूल्यवान सुझाव दिए और इस रोमांचक योजना को उसके अंजाम तक पहुँचाने के लिए हमेशा प्रेरित और प्रोत्साहित किया।

माता-पिता : अथाह प्रेम से और शिष्टता से भरे परिवार में परवरिश देने और आज मैं जो कुछ भी बना हूँ, वहाँ तक पहुँचने के लिए मेरे मन मुताबिक़ आज़ादी और स्वायत्तता प्रदान करने के लिए मैं आपका धन्यवाद करना चाहता हूँ। मैंने जो कुछ भी किया, आपने हमेशा उसमें मुझे समर्थन दिया। मैं इसके लिए आपका ऋणी हूँ। आपने मुझे विकल्प दिए और मुझे ग़लतियों से सीखने का मौक़ा दिया। आपने मुझे पंख फैलाने और अपने दम पर उड़ना सीखने के लिए आसमान दिया। मेरी सफलता का बहुत बड़ा हिस्सा आप दोनों को जाता है और मैं आप दोनों को मुझ पर हमेशा विश्वास करने के लिए धन्यवाद करता हूँ।

माइक कोएनिग्स और *मरीसा ब्रासफ़ील्ड :* आपकी प्रेरणा और रचनात्मक विचारों के लिए आपका शुक्रिया। आपने मुझे इस महान रचना को आकार देने और अपनी कहानी को कहने की दृष्टि और रोमांचक वातावरण प्रदान किया। आप दोनों ने कुछ ऐसा ख़ास देखा और उसे अभिव्यक्त करने में मेरी मदद की जैसा उससे पहले कभी किसी ने नहीं किया था। कहने की ज़रूरत नहीं है कि आप दोनों के साथ बिताया समय मेरे जीवन के कुछ सबसे आनंददायक समय में से है। ना सिर्फ़ इस किताब पर आप दोनों के साथ काम करते हुए, बल्कि बीते सालों के दौरान आपके साथ बिताए समय में हमारे बीच बने दोस्ताना संबंधों ने मुझे बेहद ख़ुशी दी है।

अंबर विल्यर : इस किताब के संबंध में और इस किताब से जुड़े अन्य कार्यों को लेकर मैंने जो कुछ भी किया, उसमें आपके उत्साह और विश्वास के लिए मैं आपका धन्यवाद करना चाहूँगा। आप बहुत उच्च स्तर की सेवाएँ और समर्थन प्रदान करने के लिए अविश्वसनीय रूप से समर्पित रहे हैं। आप कई तरह से बहुत बेहतरीन सहयोगी और भागीदार रहे हैं। आपने अपने कार्य में उच्च मूल्यों को सामने रखा है और इस क्षेत्र में अन्य किसी के भी मुक़ाबले में आप सबसे अधिक उज्ज्वल नज़र आते हैं। आपके साथ काम करते हुए बिताया हरेक पल मेरे लिए बहुत अज़ीज है!

कैरी ओबरब्रनर और कर्स्टन सेमुअल, डेविड सेमुअल और ब्रेंडा हेअर सहित उनकी शानदार टीम : अपनी पैनी और गहरी अंतर्दृष्टि, सहयोग और बारीकियों पर ध्यान केंद्रित करने के लिए। आपकी पूरी टीम बहुत तेज़ दिमाग़ वाली और रचनात्मकता से भरपूर है और मैं अपना सौभाग्य समझता हूँ कि आपके साथ काम करने का मुझे मौक़ा मिला। आपके साथ बहुत ही अच्छा समय मैंने बिताया है और मुझे बेहद अच्छा महसूस होता है कि आप सभी का इस किताब पर प्रभाव है।

सवाना : आप मुझे प्रेरित करती हो और इस किताब में मैंने जो कुछ भी जानकारी दी है, उसमें से बहुत कुछ आपके लिए है, जिससे वक़्त आने पर आप उसे जानें और समझें। आपमें पहले से ही सीखने की ललक और सब कुछ जानने की जिज्ञासा मुझे हैरान कर देती है। आपके बिना यह किताब संभव नहीं होती, क्योंकि आप ही वह कारण थीं, जिसके कारण मैं जानता था कि मुझे अपने विचार एक जगह पर एक साथ रखने हैं। मैं आपसे बेहद प्यार करता हूँ और मुझे बेसब्री से आपके बड़े होने का इंतज़ार है, जब आप यह निर्णय लोगी कि आप मेरे साथ निवेश करना पसंद करती हो!

जेनिफ़र : मैंने जो कुछ भी किया है, आपने हमेशा मुझे समर्थन दिया है। आप मेरे हर क़दम में प्रोत्साहन का बहुत बड़ा स्रोत रही हैं। सचमुच में आप मेरी सबसे बड़ी प्रशंसक हैं और मेरे लिए यह सबसे बड़ी बात है। मेरे कार्यों के दौरान चुनौतियों और विजय के क्षणों में आप मेरे साथ मज़बूती के साथ खड़ी रही हैं। आपका चतुर दिमाग़ वास्तव में एक बहुत ख़ूबसूरत उपहार है। मैं आपसे बेहद प्यार करता हूँ और हर दिन अपने को ख़ुशक़िस्मत मानता हूँ कि आपके साथ जीवन बिताने का मुझे मौक़ा मिला।

भाग - 1

चुनौती

मैं कौन हूँ, और आपको मेरी बात क्यों सुनना चाहिए?

आपको खेल के नियम समझने होंगे और उसके बाद
आपको दूसरों से बेहतर खेलना होगा।

– अल्बर्ट आइंस्टीन

निवेश की कला में विश्व स्तरीय लोगों को मैं बहुत महत्त्वपूर्ण मानता हूँ और उनसे सीख लेने में अपना समय देता हूँ। मैं ऐसे निवेशकों और लोगों की किताबें पढ़ता हूँ और उनके पॉडकास्ट सुनता हूँ, जिनकी अलग-अलग विचारधाराएँ हैं, जो उनके लिए कारगर सिद्ध हुई हैं। और एक जीवनशैली निवेशक के रूप में अपने संरक्षकों को लेकर मेरा मंतव्य एकदम स्पष्ट रहता है, उनका #1 छात्र बनने के लिए जी-तोड़ मेहनत करना।

मेरी सफलता के पीछे बहुत बड़ा हाथ शिक्षा का है। मैंने क़रीब 10 लाख डॉलर की रक़म अपनी शिक्षा, प्रशिक्षिण शिविर और परिचर्चाओं में भाग लेने और प्रशिक्षकों, अपने सलाहकारों और उद्योग के महारथियों से सीखने में निवेश किया है। निवेश के तरह-तरह के तरीक़ों में महारत हासिल करने के लिए मैंने ज़मीन-जायदाद के प्रकारों, **निजी इक्विटी, पब्लिक इक्विटी,** क़र्ज़ (विशेषकर वरिष्ठ नागरिकों द्वारा प्राप्त), संकटग्रस्त संपत्तियों, परिचालित कम्पनियों, फ्रेंचाइज़ी, ई-कॉमर्स, टेक्नोलॉजी, सिंडिकेशन्स, फ़ंड, रॉयल्टी, **संग्रह योग्य वस्तुओं, क्रिप्टो करेंसी** आदि-आदि के बारे में गहन अध्ययन किया।

संक्षेप में कहूँ तो मैं इस पूरे क्षेत्र में हुनरमंद होना और इसके बारे में ज्ञान जुटाना तथा निवेश डील को परखने और चुनने के अपने मानदंडों को कसौटी पर कसना चाहता था।

मैंने जब पहले-पहल निवेश की शुरुआत की, तब मेरे कोई मापदंड नहीं थे या मुझे उनकी किसी तरह की जानकारी नहीं थी। मैंने डील को इसी तरह से देखा कि *यह ठीक लग रही है या यह सही है।* लेकिन इतने वर्षों तक सीखने की प्रक्रिया से गुज़रने और जिस प्रकार के निवेशों का मैंने चुनाव किया था, उनके विश्लेषण से, एक स्पष्ट मानदंड उभर कर आया, जिसने बहुत सरलता से बता दिया कि किस तरह से मैंने जो फ़ैसले किए उनके पीछे अवचेतन दिमाग़ ने काम किया, तब भी उनमें निरंतरता बनी रही।

मूल्यों की ठोस बुनियाद

एक वेतनभोगी परिवार के माहौल में मेरी परवरिश हुई थी। मेरे माता-पिता दोनों ही ईसाई धर्म पर आस्था रखने वाले सज्जन व्यक्ति थे। उन्होंने परिवार में ईमानदारी और निष्ठा के सिद्धातों को सर्वोपरि रखा। इन्हीं मूल्यों की बुनियाद पर मेरी परवरिश हुई। आज मैं जो कुछ भी हूँ, इसी आधार पर खड़ा हूँ।

हम जिस चर्च में जाया करते थे, मेरी माँ उसी चर्च में पूर्णकालिक सेक्रेटरी थी, जहाँ उन्हें 27,000 से 30,000 डॉलर मिला करते थे। वे बोलचाल में बहुत कुशल थीं। किसी का भी भला करने में वे सबसे आगे थीं। उन्होंने मुझे लोगों से मेल-मिलाप बढ़ाने के बारे में बताया। कैसे किसी भी समस्या का सामना किया जाए और कैसे अपने संबंधों को निभाना है, यह मैंने उनसे ही सीखा।

मेरे बड़े होने तक मेरे पिता सेल्स में काम कर रहे थे, कार और उपकरणों को बेचने की नौकरी। मैंने काम के संबंध में उनसे बहुत उपयोगी सबक़ सीखे। उनका पूरा दिन काम में ही बीत जाता था। अक्सर सुबह सात बजे से रात के नौ बजे तक। सप्ताह के छह दिन यही दिनचर्या रहती थी। कभी-कभार ही ऐसा होता था कि वे जल्दी घर आते हों। वे चाहते थे कि मैं बड़ा होकर कुछ बेहतर बनूँ और मुझे उनकी तरह इतनी कड़ी मेहनत

न करनी पड़े। उनका जीवन मेरे लिए एक उदाहरण था, जिसने मेरे लिए सफलता की राह बनाई। उनके काम के सिद्धांत मेरी बुनियाद बने।

मुझे पिता से लक्ष्य निर्धारित करने की सीख मिली। मैंने उनको अपने लक्ष्य हासिल करने के लिए कठोर परिश्रम करते हुए देखा था। उन्होंने अपने कोटे तक पहुँचने और बोनस पाने के लिए मासिक लक्ष्य तैयार किए थे। उन्होंने अपने लक्ष्यों के बारे में मुझे भी बताया था कि किस तरह से रणनीतिक तौर पर उनको टुकड़ों में बाँट कर हासिल किया जाता था। उन्होंने मुझे लक्ष्य तय करने की ज़रूरत और अपने लक्ष्यों को प्राप्त करने के बारे में सिखाया था।

परिवार के अन्य सदस्यों के मूल्यों ने भी मुझे प्रभावित किया था। मेरा छोटा भाई 18 साल की उम्र में सेना में शामिल हो गया था और बड़े फ़ख्र के साथ उसने सात साल देश की सेवा की, जिसमें कई बार विदेश में भी उसकी तैनाती की गई। मैंने इतने वर्षों के दौरान उससे सोच, अनुशासन और साहस के बारे में बहुत कुछ सीखा है।

नैतिक मूल्यों का आधार

मुझे याद आता है, जब मैं सातवीं कक्षा में था और अपने माता-पिता से पैसे माँगा करता था। उनका जवाब होता था, तुमको किसी काम की ज़रूरत है। हम तुमको अधिक समय तक धन नहीं देंगे। तब मैंने घर-घर जाकर अख़बार बेचने का काम शुरू किया। मेरा काम भी मेरे पिता की तरह था, एक निश्चित संख्या तक बिक्री करने पर ही मुझे बोनस मिलता था। मैंने अपने लक्ष्य को प्रतिदिन के हिसाब से विभाजित कर लिया और उसे हासिल करने के लिए कड़ी मेहनत की।

शुरुआत में मुझे बहुत बार नकारात्मक जवाब मिले। बिक्री के इस काम से जुड़े लोगों को कई अस्वीकृति झेलने के बाद कहीं जाकर सकारात्मक जवाब मिलता है। धीरे-धीरे मैंने अस्वीकृति के लिए अपने को मज़बूत बना लिया और इसे अपने दिल पर लेना बंद कर दिया। जल्दी ही मैं अपने समकक्षों की टीम में सबसे आगे हो गया और हाई स्कूल तक मैंने अपनी इस स्थिति को बनाकर रखा। साल में अलग-अलग समय के हिसाब से मैं शाम को चार या पाँच घंटे, हफ़्ते में तीन या चार दिन काम करता

था। इस काम में मुझे प्रति सप्ताह 250 से 500 डॉलर की आय हो जाती थी। मुझे लगता था कि ढेर सारा पैसा होना चाहिए जिससे मैं सैर-सपाटा, मौज़-मस्ती और दोस्तों के साथ खुशियों के पल बिता सकूँ। मेरे दोस्तों को मेरे पास ढेर सारा धन देखकर बड़ा कौतूहल हुआ करता था कि आख़िर मैं कहाँ से यह सब कर लेता हूँ। तो मैंने कई दोस्तों को अपने काम में शामिल कर लिया। जल्दी ही मेरी टीम बन गई, जो मेरे लिए ग्राहक बनाने का काम करने लगी। इससे मुझे नेतृत्व करने और उसका लाभ हासिल करने का मौक़ा मिला। शुरुआत में यह कठिन था और मुझे यह सीख मिली कि बेचना हर किसी के लिए ''स्वाभाविक'' नहीं होता। हालाँकि समय के साथ मैंने यह भी सीखा कि कैसे मेहनती, प्रतिभावान लोगों को भर्ती करना है और ऐसी टीम बनाना है, जो मेरे लिए ग्राहक बनाएँ और बिक्री का काम करें।

मैं बिक्री और ग्राहक बनाने के लिए जिस तरह से अपनी बात रखता था, वह इतनी कामयाब थी कि मेरे बॉस ने उसे लिखने को कहा, जिससे इस काम में दूसरे लोग भी उसे उपयोग कर सकें। यह बिक्री के लिए तैयार की गई मेरी पहली स्क्रिप्ट थी और अपनी टीम के नए सदस्यों को तैयार करने के लिए मैं उसका इस्तेमाल करता था। मैंने अपनी स्क्रिप्ट के कुछ ख़ास बिंदुओं को अपने ऑफ़िस में बोर्ड पर लगाया था, जिसमें प्रोत्साहन के अवसर प्राप्त करने के लिए विक्रय के लक्ष्य भी शामिल थे। मेरी टीम के मेरी भाषा और स्क्रिप्ट का उपयोग शुरू करने के बाद सभी की बिक्री बढ़ गई, जिससे मेरे लिए प्रतिस्पर्धा और बढ़ गई। तब भी ज़्यादातर मैं उनसे ज़्यादा बिक्री करने का रास्ता खोज लेता था। (आप *LifestyleInvestor.com/gift* पर बिक्री की मेरी स्क्रिप्ट का नमूना देख सकते हैं।)

स्पर्धा की लगन

मनोरंजक गतिविधियों के साथ-साथ काम में भी मैं हमेशा से प्रतिस्पर्धा की भावना रखता रहा हूँ। धन या किसी और पुरस्कार की लालसा के परे ऐसे काम को पूरा करना, जो मैंने कभी नहीं किया हो, यह सोच मुझे सबसे ज़्यादा प्रेरणा देती है। मेरी जिज्ञासा मुझे सीखने को लालायित बनाए रखती है। मुझे लक्ष्य

कौतूहल ज़रूरी है और यह आपकी सीखने की ललक बनाए रखता है।

निर्धारित करने, उसे हासिल करने और यह जानने का अहसास ही बहुत पसंद है कि मैं अपना सर्वश्रेष्ठ पूर्ण कर रहा हूँ।

मेरे प्रिय खेलों में क़िस्मत से अधिक रणनीति शामिल है। रमी, पोकर हार्ट्स, स्पेड्स और रेसहॉर्स कैनेस्टा जैसे ताश के खेल हों, या क्लू, रिस्क और स्ट्रैटिजो के बोर्ड गेम से लेकर मेज़ क्रेज ऑन अटारी, जेल्दा और मारियो ब्रोज जैसे वीडियो गेम्स, सभी जगह मुझे अपनी स्पर्धा की लगन से लाभ मिला है।

सभी तरह के स्पर्धा वाले खेलों ने कामयाबी और अपना सर्वश्रेष्ठ प्रदर्शन करने की मेरी चाहत पर प्रभाव डाला है। छह या सात साल की उम्र तक मैं एक किसी व्यवस्थित लीग में उपलब्ध युवाओं के सभी खेलों में हाथ आजमा चुका था। ख़ासकर बेसबॉल और फ़ुटबॉल में। वॉलीबॉल और बास्केटबॉल भी मैंने कम नहीं खेला था। मुझे किसी भी क्षेत्र में बेहतर से कम कुछ भी कतई पसंद नहीं था। किसी खेल में अच्छा नहीं करने पर श्रेष्ठ देने तक लगनशील रहना, खेल के पहलुओं को समझने के लिए अध्ययन और काम करते रहना तथा खेलते रहना और अभ्यास करते रहना, यही मुझे सफलता का अहसास कराता था।

मुझे टीम का साथ बहुत अच्छा लगता था, लेकिन मुझे हार से सख़्त नफ़रत थी। मुझे युवावस्था के ख़ासकर वे दुखदायी पल याद आते हैं, जब मैं बेसबॉल में नाकाम होने पर रो दिया करता था। मैं आँखों में आँसू लिए हुए मैदान को देखा करता था। पहले तो मैं असमंजस में रहता था कि आख़िर मैं क्यों रोया? लेकिन अंत में मुझे यह समझ आ गया कि मुझे ऐसा महसूस हुआ कि मैंने अपनी टीम को नीचा दिखाया, जो कि मैं कभी नहीं चाहता था।

पारिवारिक समय

मैं एक पति हूँ और एक पिता हूँ। जब मैंने विवाह किया और परिवार बसाया तब मैं पैसे के लिए समय देना नहीं चाहता था। मैं जानता था कि मैं हर खेल, हर प्रस्तुति और अपनी बेटी के जीवन की महत्त्वपूर्ण गतिविधि में उपस्थित रहना

काम के समय में कड़ी मेहनत करें, लेकिन संबंधों की क़ीमत पर नहीं।

चाहता था। जब मेरी बेटी बड़ी हुई तो मैंने अपने काम का तरीक़ा इस तरह से कर लिया, जिससे मेरे पारिवारिक संबंध प्रभावित नहीं हों। मैंने अपने जीवन को इस तरह से बनाने को महत्त्व दिया, जो मुझे और मेरे परिवार को जीवन जीने की आज़ादी देती और मैंने यही किया।

21 महीने के समय में अपने 40वें जन्मदिन के ठीक पहले मेरा निवेश इतना हो गया था, जिससे मुझे इतनी आमदनी प्राप्त हो जाती कि मेरी पत्नी और मैं, हम दोनों अपनी नौकरी छोड़ सकते थे। मैंने सौ से ज़्यादा कंपनियों के साथ डील की, अपनी संपत्ति को कई गुना बढ़ाकर आठ अंकों तक ले गया। दो साल से भी कम समय में मैंने अपनी जीवनशैली इस तरह से बना ली, जिसमें मेरा परिवार प्रमुख था। और दो साल के बाद मैंने अपनी संपत्ति फिर से दोगुनी कर ली।

जीवनशैली निवेश कारगर है!

मैंने अब कम जोख़िम वाले नग़द प्रवाह निवेश के सिद्धांतों में महारत हासिल कर ली है और मैं अपने अनुभव और रणनीतियाँ दुनिया भर में उद्यमियों और कंपनी अधिकारियों के साथ साझा करता हूँ। इस किताब में मैंने ऐसे सभी सिद्धांतों के बारे में बताया है, जो नौकरी जैसे रोज़मर्रा के काम से हमें आज़ाद रखते हुए आय प्राप्ति कराए और संपत्ति निर्मित करे।

जीवनशैली निवेश वास्तव में कारगर होता है। मैंने, मेरे कई दोस्तों और ग्राहकों ने भी यह किया है और मैं जानता हूँ कि आप भी किस तरीक़े से इसे कर सकते हैं। निवेश और धन कमाने की मेरी प्रणाली काम करती है। इससे कोई फ़र्क़ नहीं पड़ता कि आप निवेश के क्षेत्र में किस स्तर पर हैं। *LifestyleInvestor.com/gift* पर जाकर देखें।

वित्तीय स्वतंत्रता का अपना मार्ग खोजें

मेरे पिता ने हमें नाकाम होने के लिए प्रोत्साहित किया इसने बहुत कम उम्र में मेरी सोच को बदल दिया कि नाकामी परिणाम नहीं है, नाकामी है कोशिश नहीं करना। नाकामी से डरें नहीं।

– सारा ब्लेकली

इतने वर्षों के दौरान मैंने लोगों की मानसिकता को, उनकी सोच को पढ़ा और समझा है – क्या उनको उद्वेलित करता है और वे जीवन में क्या चाहते हैं। इसके अलावा मैं ऐसे मुकाम पर आ गया हूँ, जहाँ मैं समझता हूँ कि *मैं* जीवन में क्या चाहता हूँ। यह महत्त्वपूर्ण है, क्योंकि ज़रूरी नहीं है कि जो अन्य लोग चाहते हैं, वही मेरे लिए भी उचित हो। यदि मैं जो चाहता हूँ, उन नतीजों को लेकर मेरे भीतर स्पष्टता है और मैं इसे लेकर दृढ़ हूँ कि कहाँ समझौता नहीं करना है, तो उसके बाद अपना वित्तीय प्रबंधन करना एक खेल की तरह हो जाता है। मुझे खेलने की स्वतंत्रता मिल सकती है। एक बार आप उस दौर में पहुँच जाएँगे तो आप भी खेल सकते हैं।

जीवनशैली निवेशक बनने और **नग़द आय निवेश** की कामयाब जीवनशैली विकसित करने के लिए, आपको फ़ैसला करना होगा कि आप अपने लिए किस तरह की जीवनशैली देखना चाहते हैं। आप जीवन में क्या चाहते हैं? जो भी चाहते हैं तो ऐसा क्यों चाहते हैं? इन सवालों का जवाब ही आपको वित्तीय आज़ादी की ओर बढ़ने की तीन स्थितियों में काम करने के लिए तैयार करता है।

वित्तीय आज़ादी

वित्तीय आज़ादी की तीन अलग-अलग स्थितियाँ हैं। हरेक का अपना महत्त्व है और आप वास्तव में जिस तरह का जीवन चाहते हैं, उसका निर्माण करने के लिए आपके भीतर ऊर्जा बनाने में मदद करती हैं।

स्थिति 1 : आजीविका के अपने न्यूनतम ख़र्च को शामिल करें।

स्थिति 2 : अपनी वर्तमान जीवनशैली को बनाकर रखें।

स्थिति 3 : वह ज़िंदगी बिताएँ जिसकी आपने कल्पना की थी।

यह आपके ऊपर है कि आप इन स्थितियों से किस तरह से गुज़रते हैं। यह किताब बताती है कि एक *जीवनशैली निवेशक* के रूप में इसे कैसे करना है।

स्थिति 1 और 2 तो प्रतिदिन काम करने वाले व्यक्ति के जीवन के लिए बुनियादी हैं। हालाँकि स्थिति 3 में जाने के लिए आपको अपनी सोच को समझना और उसका मूल्यांकन करना चाहिए। यह सोच ही है, जो सीमाएँ तय करती है कि आप किस तरह से निवेश को देखते हैं, आप धन को कितना महत्त्व देते हैं, और किस तरह से धन को अपने जीवन को प्रभावित करने देते हैं। स्थिति 3 में आप प्रतिमाह नग़द आय प्राप्ति के आधार पर *अपनी* शर्तों पर अपना जीवन जी रहे हैं। ना कि सालाना नगर आय प्राप्ति पर। वित्तीय आज़ादी आपको उन कामों को बंद करने की स्वतंत्रता प्रदान करती है, जो आप नहीं करना चाहते और यह स्वतंत्रता प्रदान करती है कि आप जो चाहते हैं, वह करें।

आप अपने जीवन को उसी तरह से बना सकते हैं जैसा आप चाहते हैं और अपनी शर्तों पर जीवन व्यतीत कर सकते हैं। धन आपकी सभी समस्याओं का समाधान नहीं करेगा। हाँ, इतना ज़रूर है कि वित्तीय समस्याओं का हल कर देगा।

यदि आप चीज़ों को देखने के तरीक़े में बदलाव करेंगे तो आप जिन चीज़ों को देख रहे हैं, वे बदल जाती हैं।
– वैन डायर

जब आप अपनी शर्तों पर जीवन बिताने की अवस्था में पहुँचते हैं, तब आप पूरी तरह से एक आदर्श बदलाव का अनुभव करते हैं। आप अभावों की सोच से प्रचुरता की

सोच में पहुँच जाते हैं। आप धन को जकड़ कर पकड़े रखने और बहुत कंजूसी करने की बजाय यह जानने लगते हैं कि यह आपके लक्ष्यों को प्राप्त करने का साधन है। इस स्थिति में आप समझते हैं कि अभावों की मानसिकता शायद सर्वो-त्तम नहीं है और प्रचुरता की मानसिकता ज़्यादा समझदारी भरी है।

नग़द आय निवेश

बहुत से लोग कारोबार में निवेश करते हैं। किसी को अनिश्चित समय-सीमा के लिए वास्तव में बिना किसी ब्याज का क़र्ज़ दे देते हैं। दरअसल वे इस विश्वास के साथ उस कारोबार में हिस्सेदारी ख़रीदते हैं, कि निवेश के बदले में एक दिन उनका पैसा उनको वापस मिल जाएगा। निवेश का यह नज़रिया जुए की तरह है। जब तक कि उनके पास किसी बुद्धिमानीपूर्ण डील को समझने और करने के लिए अधिक जानकारी नहीं हो तब तक यह निवेश नहीं है। वे केवल पाँसा फेक रहे हैं और मनमुताबिक़ संख्या आने की उम्मीद कर रहे हैं।

धन के संबंध में ज़्यादातर लोगों की सोच ग़लत होती है। या तो वे धन के संबंध में विरोधाभासी होते हैं और इसे जानते हैं या वे विरोधाभासी होते हैं, लेकिन इससे अनभिज्ञ होते हैं।

आपके पास इस तरह के निवेश के नज़रिये के लिए जगह हो सकती है, लेकिन मुझे ऐसा लगता है कि उस निवेश को कोई अर्थ नहीं है, जिससे वित्तीय आज़ादी प्राप्त होने वाली नहीं है। दूसरा, उससे मिलने वाला लाभ बहुत कम है या आपको उससे 10 से 20 साल तक मुनाफ़ा नहीं मिलने वाला हो। मेरे विविध निवेश का बड़ा हिस्सा नग़दी के प्रवाह की ओर केंद्रित है। मुझे ना केवल अपने निवेश की मूल रक़म की वापसी की उम्मीद रहती है, बल्कि मैं उससे नग़द आय की प्राप्ति चाहता हूँ और वह भी जितनी जल्दी संभव हो।

नग़द आय निवेश का अर्थ है कि नियमित रूप से नग़द की प्राप्ति हो - चाहे वह मासिक हो, तिमाही या किसी अन्य अवधि में। इसका उद्देश्य कि यह इस तरह से प्राप्त हो, जिससे आप उससे अपनी आजीविका चला सकें। आपका समय जाया किए बिना होने वाली आय के पीछे सोच है कि यह धन आपके काम पर निर्भर नहीं है, बल्कि संपत्तियों और अन्य

प्रकार के धन से अर्जित आय पर निर्भर है, जिसके लिए आपके समय की या (कई मामलों में) किसी के भी समय की ज़रूरत नहीं है।

मेरा लक्ष्य पहले महीने के भीतर नग़द आय की प्राप्ति का है। कुछ क़िस्म के निवेशों के लिए यह लक्ष्य यथार्थवादी नहीं है। निवेश के साथ ही हो सकता है कि एक तिमाही या उससे भी कुछ अधिक समय तक उससे लाभ की प्राप्ति नहीं हो। लेकिन नए निवेशकों के लिए इस प्रकार से निवेश करना सर्वश्रेष्ठ है, जिससे तुरंत नग़द आय की प्राप्ति हो जाए।

मेरे प्रत्येक निवेश का अंतिम लक्ष्य निर्भर होता है, डील की विशिष्टताओं और इस बात पर कि मूल निवेश में आय की गारंटी कितनी है यानी कि यह कितना **सुरक्षित** है। यह इस पर भी निर्भर करता है कि निवेश के दौरान मुझे मूल रक़म पर कितनी आमदनी प्राप्त हो रही है। यदि मुनाफ़ा अधिक है तो हो सकता है कि मुझे लंबे समय तक उस निवेश को बनाए रखने में कोई दिक्कत नहीं हो, क्योंकि मुझे उस पूँजी पर अच्छा लाभ हासिल हो रहा है। हालाँकि ज़्यादातर समय मुझे यही उचित लगता है कि जितनी जल्दी मूल रक़म वापस आ जाए उतना अच्छा है, क्योंकि मेरी आरंभिक मूल रक़म के मुझे वापस मिलने के बाद भी अक्सर मेरे हिस्सेदारी उतनी ही बनी रहेगी। मैं अपनी मूल रक़म को अन्य डील में दोबारा निवेश के लिए वापस चाहता हूँ।

अपनी मूल रक़म को एक से दो वर्ष में वापस हासिल करना मुझे आदर्श स्थिति महसूस होती है। ज़मीन-जायदाद के कुछ निवेशों में हो सकता है कि इतनी शीघ्रता से मूल रक़म की प्राप्ति नहीं हो। लेकिन तीन साल के भीतर तो हो सकती है। यह समयसीमा मुझे स्वीकार है, लेकिन इससे अधिक समय तक मूल रक़म की प्राप्ति के लिए मैं शायद ही कभी ठहरा हूँ। मुझे ज़मीन-जायदाद और **क़र्ज़ में निवेश** सबसे अधिक पसंद है। मैं यहाँ पर संक्षेप में उनका जिक्र करूँगा और आगे विस्तार से।

ज़मीन-जायदाद में निवेश :

ज़मीन-जायदाद में निवेश करते समय स्थान और संरचना महत्त्वपूर्ण हैं। अच्छे स्थान को चुनने से जोख़िम कम हो जाता है। उदाहरण के लिए, आप ऐसे किसी शहर-कस्बे में निवेश करना नहीं चाहेंगे, जहाँ रोज़गार देने वाली

केवल एक ही बड़ी कंपनी हो। यदि वह कंपनी कारोबार बंद कर दे तो पूरा शहर या कस्बा प्रभावित होगा। यदि पूरे शहर या कस्बे पर असर होगा तो ज़मीन-जायदाद के मूल्य कम हो जाएँगे। उसमें रहने के लिए किराएदार मिलना या उसे बेचना कठिन हो जाएगा।

मैं बड़ी आबादी वाले और ठोस आर्थिक वृद्धि वाले बड़े शहरों में निवेश को प्राथमिकता देता हूँ। मैं कुछ महत्त्वपूर्ण संकेतकों की ओर देखता हूँ, जिससे उस स्थान की मज़बूत माँग बनी रहती है, जैसे कि रोज़गार देने वाली बड़ी कंपनियों की व्यापक मौज़ूदगी, बेहतर इलाज सुविधाओं वाले नामचीन अस्पताल और कई शिक्षण संस्थान और विश्वविद्यालय जो अच्छी पढ़ाई के लिए विख्यात हों।

यह भी महत्त्वपूर्ण है कि आप जमीन-जायदाद में अपने निवेश को किस **प्रकार** से करते हैं। आपको ऐसी डील की ओर ध्यान देना चाहिए जो आपको मुनाफे के विविध विकल्प दे। मिसाल के लिए, आप **ज़मीन-जायदाद** में कुछ इस प्रकार से निवेश कर सकते हैं, जो कि एक समान व्यवहार करने वाले निवेशों का समूह है और एक ही तरह की बाज़ार ताक़तों के अधीन है। इससे आपको लंबी अवधि की हिस्सेदारी प्राप्त करने का अवसर मिलेगा। साथ ही आपको प्राथमिकता आधारित आमदनी भी हासिल होगी, जो आपके लिए नग़दी प्रदान करेगा। प्राथमिकता आधारित मुनाफ़ा रोज़मर्रा का कामकाज देखने वाले **सामान्य भागीदार** कोई मुनाफ़ा ले सकें, उसके पहले निवेशकों को भुगतान किया जाने वाला लाभ वितरण है। इस प्रकार से आपको तुरंत ही नग़द आय प्राप्त होना आरंभ हो जाएगी।

आप ऐसी परिसंपत्तियों में भी निवेश करना चाहते हैं, जहाँ मूल रक़म शीघ्रता से वापस आए *और* आपकी हिस्सेदारी या अंशधारिता उतनी ही बनी रहे। नग़द आय शुरू होने के साथ मूल रक़म की शीघ्रता से वापसी आपको दूसरे निवेश करने और अधिक हिस्सेदारी तथा अतिरिक्त नग़द आय स्रोत बनाने का मौक़ा प्रदान करती है।

क़र्ज़ में निवेश

मुझे गारंटीशुदा क़र्ज़ में निवेश सबसे ज़्यादा पसंद है, जो उच्च ब्याज दर के साथ प्रतिमाह नग़द आय प्रदान करता है। अक्सर इस तरह के निवेश में

आप अतिरिक्त लाभ की माँग के बारे में डील के दौरान बात कर सकते हैं। अक्सर इसमें आपको कोई अतिरिक्त लागत नहीं देनी पड़ती है और यह मुफ़्त मिल सकता है। यहाँ मैं अतिरिक्त लाभ दिलाने वाले कुछ उपायों के उदाहरण बता रहा हूँ :

- **इक्विटी या हिस्सेदारी :** किसी परिसंपत्ति के स्वामित्व में हिस्सेदारी का प्रतिशत
- **वारंट :** एक पूर्व निर्धारित क़ीमत पर भविष्य में हिस्सेदारी ख़रीदने का विकल्प
- **राजस्व अंश :** चुकता कुल राजस्व का एक प्रतिशत
- **लाभ ब्याज :** कंपनी के भावी मूल्य पर आधारित हिस्सेदारी का अधिकार

अतिरिक्त लाभ प्राप्ति के अवसर बनाने के विभिन्न तरीक़े हैं। मैं अपने को लचीला, पूरी प्रक्रिया के साथ रचनात्मक बनाए रखना चाहता हूँ और ऐसे कुछ नए विचार लाना चाहता हूँ, जो मेरे परिवार और मेरे लिए सबसे अधिक उपयुक्त हों। यह अतिरिक्त लाभ के उपाय आरंभ में बहुत ही मामूली प्रतीत हो सकते हैं, लेकिन आप जब समय के साथ कई इस तरह के उपक्रम जोड़ते जाते हैं तो इसका कई गुना प्रभाव होता है। आप जब इस तरह के अतिरिक्त लाभ के उपक्रम करने का निर्णय लेते हैं तो अंत में आपको प्रत्येक निवेश से आपका धन वापस प्राप्त हो सकता है और उसके बाद भी आप अपने अतिरिक्त उपक्रम को कंपनी या निवेश में लंबी अवधि की वृद्धि में भागीदार बनाए रख सकते हैं। और सबसे अच्छी बात है कि इन उपक्रमों की शुरुआत करने में आपको कोई अतिरिक्त लागत नहीं देनी होती है।

अपनी सोच को गहराई से खँगालते हुए और बुद्धिमानी से अपने निवेश का चयन करते हुए आप जब वित्तीय आज़ादी की अपनी राह पर बढ़ेंगे तो ये उपाय आपकी सहायता करेंगे।

जीवनशैली निवेश के मूल सिद्धांत और मानदंड

सफल जीवन के लिए मेरा 1 मार्गदर्शी सिद्धांत : सही चीज़ करें, ना कि आसान चीज़। फ़ैसला करने के किसी भी पल में आसान करने की बजाय, सही चीज़ करने का चुनाव करें। इससे आपको सफल होना तय है।

– हैल एलरोड

मेरे प्रत्येक निवेश का मार्ग चार मूलभूत सिद्धांतों से प्रशस्त हुआ है। इस किताब के भाग–2 में इन सिद्धांतों पर आधारित अपने सभी *10 नियमों* के बारे में मैंने विस्तार से बताया है और यह भी बताया है कि किस तरह से वे प्रत्येक नियम पर प्रयुक्त होते हैं। यहाँ पर मैं आपको संक्षेप में प्रत्येक सिद्धांत और प्रत्येक नियम से परिचित कराना चाहता हूँ।

सिद्धांत 1 : सोच

कभी भी आप अपना सर्वश्रेष्ठ निवेश आपकी **मानसिकता** और व्यक्तिगत विकास में करते हैं। कोई भी आपका ज्ञान और शिक्षा आपसे नहीं छीन सकता। वारेन बफ़ेट से लेकर बेंजामिन ग्राहम, रे डालियो, जॉन टेम्पलटन, जॉर्ज सोरोस और जॉन बोग्ले तक सभी अपनी सोच और डर पर नियंत्रण पाकर अविश्वसनीय व्यक्तित्व के मालिक बने हैं और आज लोग उनके नक़्शे–क़दम पर चलते हैं। आपके लिए भी यह सच हो सकता है।

मैंने अपनी शिक्षा को निरंतर बनाए रखने के लिए बहुत अधिक धनराशि का निवेश किया और साल में सौ से ज़्यादा किताबें पढ़ डालीं। क्योंकि मेरी निरंतर शिक्षा और व्यक्तिगत विकास मेरे सभी निवेशों में से सबसे अहम है। किसी भी निवेश में मेरी सोच मेरे फ़ैसलों का मार्गदर्शन करती है।

सिद्धांत 2 : स्वरूप

क्या आप जानना चाहते हैं कि कैसे बिना किसी जोखिम के **अपने निवेश पर मुनाफ़े** को दोगुना करें? एक बेहतर डील की रूपरेखा तय करना सीखें। किसी समझौते में विशिष्ट निवेश शर्तों के बीच संबंध ही **संरचना** को बनाते हैं।

मैं **डील की रूपरेखा** को तय करने में काफ़ी माहिर हूँ। जिस डील में मैं निवेश करता हूँ, लगभग उन सभी से अनुमान योग्य नग़दी की आय बार-बार होती रहनी चाहिए। आदर्श रूप से यह मूल धन की शीघ्र वापसी के साथ नगद आय और हिस्सेदारी दिलाती है। आगे के अध्यायों में आप को कम जोख़िम के साथ और भी अधिक मुनाफ़ा कमाने के तरीक़े की जानकारी मिलेगी – जिसे मैं **रणनीति का भंडार** कहता हूँ। यह कई कुछ अप्रत्यक्ष पद्धतियों का मेलजोल करके तैयार किया गया है।

सिद्धांत 3 : छानबीन

किसी शानदार डील को या ऐसी डील को पहचानना, जिससे जितनी जल्दी से जल्दी हो सके, दूर हो जाना चाहिए, इसका सबसे तेज़ तरीक़ा क्या है? छानबीन! **छानबीन** एक ऐसा मानदंड है, जो निवेश के अवसरों को छाँटने और उनको कम करते जाने में इस्तेमाल किया जाता है। निवेशों की जाँच के लिए छानबीन का इस्तेमाल करना महत्त्वपूर्ण समय की बचत करता है और अधिक दक्षता निर्मित करता है।

कोई अवसर मेरे मानदंड को पूरा करता है या नहीं, और मुझे उस पर काम करना चाहिए या नहीं, इसके लिए मैंने कुछ आधुनिक क़िस्म से छानबीन करने और निर्णय लेने की प्रक्रियाओं का विकास किया है। यह छानबीन अक्सर **अदृश्य डील** (इस पर बाद में विस्तार से चर्चा करेंगे) की

पहचान करने और भावावेश में निर्णय लेने से बचाने में मदद करती हैं। मेरी छानबीन जितनी बेहतर होगी मैं ज़्यादा समय उच्च गुणवत्ता वाले निवेशों के मूल्यांकन में दे सकता हूँ।

सिद्धांत 4 : डील की बातचीत

डील की **बातचीत** मेरी निवेश रणनीति का मूल हिस्सा है। सभी अवसर बातचीत के लायक़ होते हैं। बातचीत में आवश्यक नहीं है कि टकराव या विरोधात्मक हो। तो कभी भी यह मान कर नहीं चलें कि शर्तनामा आख़िरी है।

मैंने बातचीत में कुछ अनोखी और अपनी प्राथमिकता की शर्तों को जोड़कर कम से कम 70 लाख डॉलर की अतिरिक्त संपत्ति कमाई है। नियमित रूप से कंपनियाँ और निवेशक मेरी सेवाओं के लिए मुझे बुलाते रहते थे, क्योंकि मेरे पास अतिरिक्त शेयर, वारंट, भविष्य में बढ़ने वाले शेयरों और विभिन्न डील के ज़रिये अधिक मुनाफा प्राप्त करने की कई रणनीतियाँ तैयार रहती थीं। अक्सर मेरी फ़ीस और न्यूनतम निवेश में भी कमी हो जाती थी। डील की बातचीत में मेरा उद्देश्य दोनों पक्षों के लिए फ़ायदे की स्थिति वाली शर्तें तय करना हुआ करता है। डील तय करने की बातचीत के मेरे तौर-तरीक़ों के कारण जिन कंपनियों और निवेशक समूहों के साथ मैंने पहले काम किया है, वे भविष्य की निवेश ज़रूरतों को लेकर सबसे पहले मेरे पास आते हैं।

10 नियम

वर्षों तक मेरे दोस्त मुझसे निवेश के अपने सिद्धांतों, नियमों, रणनीतियों और राज़ साझा करने के लिए किताब लिखने को कहते रहे हैं। पहले तो वास्तव में मुझे ही नहीं पता था कि वे क्या थे। लेकिन फिर मैंने उन करारों, सौदों को गौर से देखा, जो अब तक मैंने किए हैं। मैंने उनमें एक प्रकार की प्रवृत्ति को खोजा और उससे मैं उन मानदंडों तक पहुँचा, जो मैंने निवेश के लिए इस्तेमाल किए थे। आगे आने वाले अध्यायों में प्रत्येक नियम के साथ मैंने एक या अधिक निवेश के उदाहरण साझा किए हैं, जिससे आप इन्हें अपने निवेश में प्रयुक्त कर सकते हैं।

जीवनशैली निवेशक™ के 10 नियम

नियम 1 : सर्वप्रथम है जीवनशैली

आपका निवेश कारोबार में लगाया गया समय नहीं, बल्कि पूरी तरह से बिना आपका समय लगाए होने वाली आय है। बिना समय दिए होने वाली आय का अर्थ है कि आप सो रहे हैं या ऑनलाइन नहीं हैं तब भी आपको आय की प्राप्ति हो रही है।

नियम 2 : जोख़िम को कम करना

जोख़िम को कम से कम करने और मुनाफ़ा अधिक से अधिक करने के लिए पूरी डील का परीक्षण करें।

नियम 3 : नज़र नहीं आने वाले अवसर की तलाश

नई और बदलाव लाने वाली टेक्नोलॉजी सहित उभरते बाज़ारों और गैर-परंपरागत निवेश अवसरों को या बदलाव कर नयापन लाने के दौर से गुज़र रही कंपनियों को देखें।

नियम 4 : मूल धन शीघ्रता से वापस हासिल कर लें

क्या आप अपने निवेश के मूल धन को एक से दो साल में वापस प्राप्त कर सकते हैं? जितनी जल्दी आप अपने मूल धन को दोबारा निवेश के लिए वापस प्राप्त कर लेंगे, उतने ही आपके निवेश में कई गुना वृद्धि होगी।

नियम 5 : तुरंत नग़द आय की प्राप्ति सुनिश्चित करें

क्या आप मासिक या तिमाही आधार पर नग़द आय की प्राप्ति के लिए बातचीत कर सकते हैं। जितनी अधिक नग़द आय आपको होगी, यह आपकी जीवनशैली के लिए मददगार होगी और अंत में यह अतिरिक्त निवेश के लिए काम में आएगी।

नियम 6 : आय में वृद्धि के उपाय खोजिए

मुनाफ़े की संभावनाओं को बढ़ाने के लिए अपनी प्राथमिकता के आधार पर शर्तों या करार पर बातचीत करें।

नियम 7 : डील में और मुनाफ़ा बढ़ाएँ

डील को कम जोख़िम, अधिक मुनाफ़े और लंबी अवधि में मूल्यवान बनाने के लिए अतिरिक्त लाभ और शर्तों की तलाश कर अधिकतम लाभों तक ले जाएँ।

नियम 8 : अतिरिक्त लागत कम करें

किसी भी अनावश्क शुल्क राशि को कम करें, चाहे वह बिचौलियों, बैंकों या अन्य वित्तीय संस्थानों की ओर से हो।

नियम 9 : निवेशित धन का लाभ के लिए इस्तेमाल

ऐसे क़र्ज़ निवेशक के संरक्षण के लिए कारगर रणनीति में आते हैं, जिनमें केवल बंधक संपत्ति ही क़र्ज़ वसूली के लिए ज़ब्त की जा सकती है। ऐसे में किसी डील पर मुनाफ़ा नहीं होने नहीं पर केवल बंधक संपत्ति ही ज़ब्त होती है। कभी-कभी किसी वित्तीय संस्थान के साथ काम करने के लाभ उनके शुल्क से अधिक होते हैं।

नियम 10 : निवेश की पाई-पाई से मुनाफ़ा

यदि आप अपनी मदद के लिए किसी पेशवर (जैसे कि क़ानूनी, कर और वित्तीय टीम) की सेवाएँ लेते हैं तो उनके साथ काम करते हुए अपनी जानकारी और ज्ञान में वृद्धि के लिए उनसे सवाल पूछें। यह सुनिश्चित करें कि जो वे कर रहे हैं उसे सीखें और वे ऐसा क्यों सोचते हैं कि यह सर्वश्रेष्ठ है। इसका उद्देश्य सेवाओं के लिए उनसे मिलने के बाद आप पहले से अधिक जानकार और शिक्षित हों। इस जानकारी की मुफ़्त कॉपी *LifestyleInvestor.com/gift* से डाउनलोड करें।

निवेश में सफलता का एक प्रमुख सूत्र मानदंड हैं, जो आपके निवेश के फ़ैसलों को सही राह दिखाते हों। जैसे कि मेरे दस नियम। इन मानदंडों से आप एक सोची-समझी प्रक्रिया के आधार पर निवेश करेंगे, ना कि भावनाओं पर। यदि आपके बहुत सोचे-समझे मानदंड हैं और आपका संभावित निवेश इनमें से हरेक मानदंड को पूरा कर सकता है तो यह सकारात्मक संकेत है कि आपकी निवेश संभावनाएँ मज़बूत हैं।

आप आगे जैसे-जैसे किताब को पढ़ेंगे तो पाएँगे कि इसमें दिए गए निवेश के ज़्यादातर उदाहरणों में यदि सभी 10 नियम नहीं तो बहुत अधिक नियम प्रयुक्त हुए हैं, ना कि केवल वही नियम जिसके अंतर्गत उस उदाहरण का उल्लेख किया गया है। मैंने हर जगह इसका अलग से उल्लेख नहीं किया है, इसलिए हरेक उदाहरण को गहराई से समझें कि कैसे वह ख़ास निवेश 10 नियमों में से प्रत्येक पर प्रयुक्त होता है।

जीवनशैली निवेश ही जवाब क्यों है

लक्ष्य अधिक धन नहीं है।
लक्ष्य अपनी शर्तों पर जीवन बिताना है।
– विल रोज़र्स

शायद आप अपने जीवन में उस मुक़ाम पर पहुँच गए हों, जहाँ आप यह समझें या इसे स्वीकार कर सकते हों कि दौलतमंद होना मानसिकता, व्यवहार, अनुशासन और दृष्टिकोण *से* जुड़ा हुआ है। इसके लिए आपके पास या आपके बैंक खाते में बहुत अधिक धन होना ज़रूरी नहीं है। मेरे आधारभूत सिद्धांतों और लाइफ़स्टाइल इन्वेस्टर के दस नियमों को सीख कर आप अगले स्तर पर जा सकते हैं।

कार्य से और कार्य करने की आज़ादी

बहुत संभावना है कि आप इस किताब को इसलिए पढ़ रहे हों, क्योंकि आप किसी काम *से* किसी काम के लिए आज़ादी चाहते हों। धन कमाने के लिए अपना समय देने की ज़रूरत से आज़ादी और पूरी तरह से इरादतन अपनी शर्तों पर जीवन जीने की आज़ादी। आप बहुत अधिक विकल्प और जैसी इच्छा हो, बिना किसी प्रतिबंध के जब और जैसा चाहें वैसा करने की क्षमता चाहते हों।

आप इतने सामर्थ्यवान बनना चाहते हों कि जब चाहें और जितना चाहें, उतना समय आप अपने हिसाब से व्यतीत करना चाहते हों। आप अपने बच्चों को सबसे बेहतरीन स्कूल में पढ़ाने, सर्वश्रेष्ठ ब्रांड की चीज़ें ख़रीदने, दुनिया में कहीं भी लंबी छुट्टियाँ मनाने और अपने साथी तथा जिन्हें आप बेहद प्यार करते हैं उनके लिए ख़ास अनुभव और तोहफ़े ख़रीदना चाहते हों, जहाँ आपको यह पूछने की ज़रूरत नहीं हो कि इसकी क़ीमत कितनी है? इससे अधिक महत्त्वपूर्ण है कि आप कभी भी वित्तीय रूप से डर या अभाव महसूस करना नहीं चाहते हों।

यदि आप उद्यमी हैं, जिसने अपने समय को वापस ख़रीदने के लिए आज़ाद होने के इरादे से कोई कारोबार शुरू किया था और किसी अन्य के लिए काम करना बंद किया था तो हो सकता है कि आप यह जान गए हों कि जाने-अनजाने आप अपने कारोबारी के गुलाम बन गए हैं। आप एक कारोबार से बंध गए हैं, जिससे आपके ख़र्चे या आपकी मौज़ूदा जीवनशैली के ख़र्चे पूरे हो रहे हैं। यह ज़रूर है कि आप ख़ुद अपने मालिक बन गए हैं, लेकिन ख़ुद का कारोबार आपको किसी अन्य रोज़गार की दौड़ में उलझा सकता है। क्या यह बेहतर दौड़ है? निश्चित ही, लेकिन फिर भी यह एक दौड़ ही है और निरंतर आपका समय ले रही है। और भी बुरा है कि यह छुपे रूप से आपका समय आपसे चुरा रही है। कई बार तो आप यह जान भी नहीं पाते हैं।

एक निवेशक के रूप में स्वयं को कैसे विकसित करें : अधिक से अधिक ग्रहण करने वाले बनें। जितना सीख सकते हों, सीखें और कल, आज से एक ज़्यादा करें।

किसी कारोबारी या उद्यमी के सामने भी जीवन की समस्याएँ और मसले उसी तरह से पेश आते हैं जैसे किसी भी अन्य के कारोबार में कर्मचारी के सामने। दुर्भाग्य से बहुत से उद्यमी कभी भी वित्तीय आज़ादी की जीवनशैली को हासिल नहीं कर पाते या लंबे समय तक उसे नहीं रख पाते। एक अच्छी ख़बर है : आपका समय वापस ख़रीदने और आपके ख़र्च पूरे करने का एक तरीक़ा है। और एक बार आपके ख़र्च पूरे हो जाते हैं तो आप अपने व्यवसाय और अपने परिवार *और* क़रीबियों के लिए भी ज़्यादा बेहतर कर पाएँगे।

बस गतिविधियों से गुज़रना

यदि आप किसी और के कारोबार में एक कर्मचारी हैं तो आप केवल काम और जीवन के चक्र में ही उलझे हुए हैं। एक नौकरी या रोज़गार जिससे आपको किसी तरह का लगाव नहीं है, लेकिन वेतन के लिए उससे बँधे हुए हैं। आपके लिए एक अच्छी ख़बर है। अपनी शर्तों पर जीवन बिताने का एक अलग तरीक़ा है और ऐसा तरीक़ा जो आपके भीतर एक जुनून, ऊर्जा, रोमांच और उत्साह भर देता है। इसके लिए आपको सुबह अंधेरे घड़ी में अलार्म लगा कर जागना नहीं होता। अस्त-व्यस्त यातायात के बीच किसी और के लिए काम करने जिसे आप बिलकुल भी पसंद नहीं करते और जिससे कोई दूसरा अपने लिए दौलत कमाता है। एक बार फिर से इस पूरी कवायद को दोहराएँ।

रोज़ाना आप किसी और के लिए काम पर जाते हैं, आप जितना ख़ुद कमाते हैं, उससे कहीं अधिक उनके, उनके कारोबार या संगठन के लिए कमाते हैं। इससे भी बुरा यह कि आपसे अपेक्षा की जाती है कि आप उनके प्रति यह अवसर प्रदान करने के लिए बहुत आभारी रहें। अपने कर और ख़र्चों को चुकता करने के बाद बाक़ी बची-खुची रक़म पर आपको *अपना* जीवन बसर करना है। मैं यह सब कुछ जानता हूँ, क्योंकि मैंने यह अनुभव किया है। हममें से बहुत से अपनी सोच के दायरे या आदत और दिनचर्या के द्वारा आजीविका हासिल करने के लिए उसी नज़रिये के साथ जकड़े रहे हैं या अब भी जकड़े हुए हैं। रोज़गार और आमदनी उनकी शर्तों पर होती है, ना कि आपकी। यह मॉडल अब ध्वस्त हो गया है। इससे बाहर निकलने का रास्ता जितना आप सोचते हैं, उससे कहीं आसान है।

आपके ख़र्चों को पूरा करने के लिए उतनी अधिक राशि की ज़रूरत नहीं है, जितना कि आप सोचते हैं।

यदि आपके पास ऐसी नौकरी है, जिसे आप पसंद करते हैं। आपके बॉस के साथ आपके मधुर संबंध हैं और इसमें सेवानिवृत्ति के लिए योजना है तो आपको कम से कम इस वक़्त के लिए बहुत बधाई। आप एक गड़बड़झाले के बीच में एक अपवाद हैं। आप बहुत गिने-चुने अल्पसंख्यकों में से हैं। तब भी यह है तो एक गड़बड़झाला।

अंतहीन माँगों से भरा जीवन

मैं ऐसे ही ध्वस्त मॉडल में रहा करता था। मैं घड़ी में अलार्म लगा देता था और एक निश्चित समय पर उठ जाया करता था, क्योंकि मेरे सिर पर ज़िम्मेदारियाँ थीं। सामान्य रूप से मैं सुबह सबसे पहले कॉन्फ्रेंस कॉल किया करता था, जो अक्सर सुबह 6 या 7 बजे होती थी। यदि मेरे दिन की शुरुआत कॉन्फ्रेंस कॉल के साथ नहीं होती थी तो मैं जो भी अन्य सहयोगी कार्य सँभाल रहा होता था, उसके संबंध में चर्चा करता था कि वे उसे व्यवस्थित कर रहे हैं या नहीं। क़िस्मत से मेरे लिए रोज़ाना और पूरे दिन दफ़्तर में रहने की बाध्यता नहीं थी। अक्सर मैं जल्दी उठ जाता था और सीधे कसरत करने ज़िम जाया करता था। इसके अलावा मेरे पास कसरत करने के लिए कोई और समय ही नहीं था।

उस वक़्त का मेरा जीवन भागम-भाग के सिवाय और कुछ नहीं था। मैं इधर से उधर भागता रहता था। मेरे पास सोचने का वक़्त भी नहीं था। एक मीटिंग से दूसरी मीटिंग, एक काम से दूसरे काम के लिए। बीच में दो पल भी फ़ुर्सत के नहीं मिल पाते थे। हालाँकि मैंने दिन के कार्यक्रमों को पहले से निर्धारित करने के पूरी सक्रियता से प्रयास किए। लेकिन मेरा ज़्यादातर समय समस्याओं से निपटने और उनको सुलझाने में चला जाता था। मैं सोचता था *आख़िरकार यह मेरा काम है। है ना?*

काम के बाद मैं थका-हारा घर आता था। कारोबार की माँग को पूरा करना और घर पहुँचकर परिवार के साथ बैठकर रात का भोजन कर पाना कठिन होता था। मैंने रात में परिवार के साथ भोजन करने की अपनी प्राथमिकता तय किया। क्योंकि परिवार का साथ महत्त्वपूर्ण था। तब भी मैं लगातार यह महसूस करता रहा कि मेरे सिर पर काम का बोझ बना रहता है। मैंने दूसरी गतिविधियों में पूरी तरह से मौज़ूद रहने के लिए संघर्ष किया। इसकी जगह मैंने महसूस किया कि और अधिक कर सकने का निरंतर दबाव पर्याप्त हासिल करने नहीं दे रहा था तथा अधिक आय प्राप्त नहीं हो रही थी। इस आपाधापी से अपने और परिवार के लिए थोड़ा भी समय निकालने का अर्थ था कि अगले दिन दोगुने काम का सामना करना।

बिक्री के व्यापक क्षेत्र की माँगें अंतहीन थीं- अन्य दायित्वों के साथ सप्ताह में और सप्ताहांत में यात्रा, बोर्ड की मीटिंग, कॉन्फ्रेंस, तिमाही बैठकें,

साप्ताहिक कॉन्फ्रेंस कॉल, टीम के कार्य, दफ़्तर जाना जैसे ढेरों कार्य। सुस्त कारोबारी दिनों में भी माँगें कम नहीं होती थीं। तभी गर्मियों के दिन आ गए। मेरी पत्नी को पढ़ाने से छुट्टी मिल गई और मेरी बेटी के स्कूल में भी छुट्टी घोषित हो गई। लेकिन मेरे काम के लिए यह बहुत चुनौतीपूर्ण समय था। जब मेरा परिवार पूरी तरह से उपलब्ध था, तब मैं सबसे ज़्यादा व्यस्त था। अक्सर सप्ताह में छह दिन, रोज़ाना दस या ज़्यादा घंटों तक मैं काम करता रहता था। यह सिलसिला ऐसे ही चलता जा रहा था।

मेरे जीवन का यह समय कोई आदर्श नहीं था, तब भी इससे कई सकारात्मक चीज़ें मुझे हासिल हुईं। मैं शुक्रगुज़ार हूँ, मुझे मिले अवसरों के लिए, आगे बढ़ने, ज्ञान, हुनर और शानदार लोगों से मुलाक़ात के मौक़ों के लिए। इनमें से कई मेरे कुछ क़रीबी दोस्त बने रहे। दबाव से भरे इस समय ने जीवन के संबंध में मेरे विचारों और फ़ैसलों के लिए मुझे तैयार किया और उनको आकार दिया। इसने मुझे अपनी जीवनशैली को अपने जीवनमूल्यों के अनुरूप करने के लिए बाध्य किया।

मेरा जीवन मेरी शर्तों पर

अब सुबह जल्दी उठकर ज़िम जाने और उसके बाद सीधे दफ़्तर का रुख़ करने की बजाय मैंने कुछ समय सोच-विचार, पढ़ने के लिए निकाला। मेरे लिए मेरी आस्था वास्तव में महत्त्वपूर्ण है। मैंने प्रार्थना और समर्पण को भी समय दिया क्योंकि यह मेरे भावी जीवन के लिए एक अच्छी बुनियाद थे।

जब तक मेरा परिवार सुबह जागता था, तब तक मैं उनके साथ समय बिताने के लिए तैयार हो जाया करता था। हमारे पास सुबह ताश खेलने, बातचीत करने, एक-दूसरे की बात सुनने और अपने पसंदीदा संगीत पर नाचने या साथ में किताब पढ़ने का वक़्त होता था। मेरी बेटी के स्कूल जाने के बाद मैं ज़िम जाता था ताकि जब तक वह घर में है तब तक उसके साथ ज़्यादा वक्त बिता सकूँ। मैं मानसिक रूप से बेहतर महसूस कर रहा था, मेरे पास परिवार के साथ बिताने के लिए समय था और ज़िम जाकर अपने शरीर को स्वस्थ भी बनाकर रख पा रहा था। यह समय मेरे दिन का बहुत महत्त्वपूर्ण हिस्सा था और मैं रोज़मर्रा के ज़रूरी कार्यों के पहले इनका आनंद उठा पा रहा था।

मेरे लिए संपूर्ण शरीर का स्वास्थ्य अहम है। मैं नए शोध-अनुसंधान और नई सोच की जानकारी रखता हूँ, जैसे कि कुछ दिनों के अंतराल में उपवास करना और हरेक आहार के साथ साबुत अनाज खाने को प्राथमिकता देना। मैं प्रति सप्ताह अपने पूरे शरीर की मालिश कराता हूँ, जिससे नई ताज़गी का अहसास होता है। सप्ताह में कम से कम किसी एक सुबह मैं वॉलीबॉल खेलता हूँ और इसी तरह से हफ़्ते की एक सुबह कहीं जंगल, पहाड़ या प्रकृति के बीच बिताता हूँ। बाक़ी दिनों में, मैं वज़न उठाने की कसरत करता हूँ या अपने दिल की सेहत बनाए रखने वाली कसरत करता हूँ।

दिन का अपना काम ख़त्म करना मेरे ऊपर निर्भर होता है। जब भी मैं चाहूँ ऐसा कर सकता हूँ। उसके बाद मैं पत्नी और बेटी, हम तीनों साथ में रात का भोजन करते हैं। इसके बाद मैं बेटी के साथ अधिक से अधिक समय बिताता हूँ। हम पति-पत्नी उसके सो जाने के बाद अंतरंग पलों के साक्षी बन जाते हैं। इस दिनचर्या के ही कारण आज मेरे और पत्नी के बीच असाधारण रूप से ख़ूबसूरत संबंध हैं। अपनी पत्नी का छात्र बनने से मुझे उन पर, अपने विवाह संबंध पर और हमारे परिवार पर ध्यान देने का मौक़ा मिलता है, जो उसके प्यार के संकेतों की ज़रूरतों की पूर्ति करता है। इसी तरह से हमारा जीवन चलता है।

जहाँ तक मेरी साप्ताहिक गतिविधियों के कार्यक्रम का प्रश्न है, मैं अपने सप्ताह की शुरुआत और समाप्ति बहुत प्रेरणास्पद तरीक़े से करना पसंद करता हूँ। सोमवार का दिन मैं किसी विचारोत्तेजक गतिविधि के लिए छोड़कर रखता हूँ। शुक्रवार को कुछ मौज़-मस्ती, जैसे सैर-सपाटा, परिवार के साथ कहीं सैर पर जाना, पत्नी के साथ ख़ास पल बिताना या दोस्तों के साथ गपशप करना। मंगलवार, बुधवार और गुरुवार को मैं अपनी योजनाओं पर काम करता हूँ। इन दिनों में से कम से कम किसी एक दिन मैं किसी ऐसे व्यक्ति के साथ दिन का भोजन या कॉफ़ी पीने के लिए तय करता हूँ, जिससे मैं कुछ सीख सकता हूँ।

समय की स्वतंत्रता है, धन की स्वतंत्रता नहीं।

मैं उन लोगों के साथ मिलना पसंद करता हूँ, जो मेरी जिज्ञासा को और बढ़ा देते हैं। यह मेरे लिए बहुत ज़रूरी है। जैसा कि मैंने पहले ज़िक्र किया था, जिज्ञासा मुझे और अधिक सीखने के लिए प्रेरित करती रहती है। मेरा लक्ष्य हर सप्ताह एक या दो नए लोगों से मिलना होता है। यदि मैं ऐसा कर सकता हूँ तो मुझे लगता है कि मेरा सप्ताह सफल बीता है। टेक्सास के ऑस्टिन में मुझे रचनात्मक उद्यमियों, निवेशकों, टेक्नोलॉजी क्षेत्र के शीर्ष व्यक्तियों, अन्य होनहार पेशेवरों, टीमों और कंपनियों से निरंतर विकास करने और सीखने के बहुत अधिक अवसर प्राप्त हुए। मैं लोगों से प्रेरित होने, सीखने के नए अवसर और अन्य निवेशक तलाशता रहता हूँ, जो मेरी तरह के काम कर रहे होते हैं, जिससे हम आपस में एक-दूसरे से कुछ सीख सकें।

इन दिनों यात्रा के दौरान मैं अपने परिवार को भी साथ ले लेता हूँ, जिससे पूरा परिवार साथ में कुछ रोमांचक मज़ेदार पलों का आनंद उठा सके। यह हम सभी के लिए ज़्यादा स्वस्थ, साफ़-सुथरा और बेहतर माहौल निर्मित करता है। मेरी पत्नी और मैं अपने संबंधों को जीवंत बनाए रखने और कुछ शानदार अनुभवों के लिए हर तीन महीने में एक-दो रातें और सालाना एक सप्ताह किसी नए और पसंदीदा स्थान की यात्रा पर निकल जाते हैं। परिवार के साथ सैर-सपाटे का सिलसिला साल भर कई-कई दिनों तक चलता रहता है। कई बार हम किसी अन्य परिवार या दोस्तों के साथ छुट्टियों पर चले जाते हैं, लेकिन इस सबके पीछे सोच यही होती है कि हम सब साथ में अच्छा समय बिता सकें।

मेरी जीवन संगिनी और मैं, हम दोनों ही अपने दोस्तों के साथ अलग ख़ास पल बिताने के लिए यात्रा पर जाने को भी उतना ही महत्त्वपूर्ण मानते हैं। वे अपनी कुछ दोस्तों के साथ साल में कुछ यात्राएँ करती हैं और मैं भी अपने दोस्तों के साथ सैर-सपाटे पर जाता हूँ। अपने क़रीबी दोस्तों और परिवार के साथ अपने संबंधों को जीवंत बनाए रखने के लिए हम इन यात्राओं का भरपूर आनंद उठाते हैं।

एक उद्यमी के रूप में अपने कारोबार, परिवार और ख़ुद अपने लिए मैं जैसे जीवन की चाहत रखता हूँ, उसे पूरी सक्रियता के साथ वैसा बनाने के लिए टेक्नोलॉजी से मुक्त होकर मनन-चिंतन करने के मक़सद से मैंने हर

सप्ताह दो घंटे का समय तय किया है। कुल मिलाकर मैं अपने अध्यात्मिक, मानसिक और शारीरिक स्वास्थ्य को गंभीरता से लेता हूँ। रोज़मर्रा की इन गतिविधियों से मुझे अपने परिवार, दोस्तों, कारोबारी सहयोगियों और कामकाज के मेरे साथियों के सामने बेहतर तरीक़े से उपलब्ध रहने की ऊर्जा मिलती है। इन सब गतिविधियों का अपना एक मिलाजुला प्रभाव भी होता है। ऊर्जा देने वाली दैनिक गतिविधियों की आदतें विकसित करना और लगातार उनको करते रहना अधिक स्पष्टता, बुद्धि और किसी भी प्रक्रिया के लिए ज़्यादा समय प्रदान करता है।

मैं जो काम करता हूँ, उसे पसंद करता हूँ, क्योंकि मैंने अपने काम का ख़ुद चुनाव किया है। इसके साथ ही यह भी मैंने ही पसंद किया है कि मैं किसके साथ काम करूँगा और वे काम कब करने हैं। मुझे सीखने और उसे दूसरों को सिखाने में एक तृप्ति और संतुष्टि का अहसास होता है। मेरी जीवनशैली मुझे अपने हिसाब से जीवन बिताने की छूट देती है। निश्चित ही इसके साथ ही मुझे अन्य काम भी करने होते हैं, लेकिन यह कार्य ऐसे होते हैं, जिन्हें मैं अपनी पसंद से चुनता हूँ और मुझे उन कामों को करने में आनंद मिलता है।

हालाँकि किसी भी अन्य चीज़ से महत्त्वपूर्ण होता है कि मैं अपने दिन की प्राथमिकताएँ किस तरह से तय करता हूँ। मैं अपने परिवार को समय देने की ओर ज़्यादा ध्यान देने की कोशिश करता हूँ। यह मुझसे नहीं होता कि पहले काम और उसके बाद परिवार और बाक़ी सभी कुछ के लिए किसी तरह से समय निकालने की कवायद करता रहूँ। मैं अभी तक वही करता रहा था, जो काम के लिए ज़रूरी था और उसके बाद बचे-खुचे समय में परिवार, कसरत और आराम, और बाक़ी सब कुछ किसी तरह से जोड़-तोड़ करता था। मुझे यह रास नहीं आया। ना ही इससे मुझे जीवन में वह आनंद मिल रहा था, जिसकी मैं इच्छा रखता था। अब परिवार सबसे पहले है, उसके बाद मेरी सेहत और अपनी देखभाल। पहले परिवार के लिए समय और उसके बाद काम के लिए। पहले मैं मशीन की तरह काम करता था। शारीरिक और मानसिक रूप से थका देने वाले काम की क़ीमत मुझे अपने स्वास्थ्य, अपने परिवार और अपने जीवन के

पहले परिवार के लिए योजना बनाएँ और उसके बाद काम के लिए।

रूप में चुकानी पड़ रही थी और इसने मेरी आज़ादी छीन ली थी। तब मैंने तय किया कि बस अब मैं और यह नहीं कर सकता।

आपका जीवन, आपकी शर्तों पर

कुछ लोग यह नहीं जान पाते कि वे बंधक की तरह है। लेकिन कुछ समय की बात होती है, आख़िरकार वे इसे जान जाते हैं। किसी भी नई नौकरी में शुरुआती कुछ समय के लिए ही अच्छा महसूस होता है। थोड़े समय के बाद ही बंधक होने की हक़ीक़त सामने आ जाती है। किसी नौकरी के लिए आभार जताना बहुत अच्छी बात है, लेकिन अपनी शर्तों पर जीवन के लिए बेहतर और सबसे अच्छे मौक़े चुनने में चतुराई दिखाना भी उतना ही अच्छा है।

इसे देखने का एक और तरीक़ा है। आपके पास ऐसी नौकरी होने की ज़रूरत नहीं है, जो आपकी जीवनशैली के अनुरूप जीवन जीने जितनी आमदनी आपको दे या आपको ऐसी जीवनशैली रखने की ज़रूरत नहीं है, जो आपकी आमदनी से पूरी हो जाए या उस पर आमदनी से कहीं ज़्यादा ख़र्च हो। इस तरह की सोच वास्तव में दिमाग़ी तौर पर अपंग बना देती है, जो आपको किसी कारोबार में या आप जो पैसे कमा रहे हैं, उसका गुलाम बनाकर रख देती है। आप कैसे काम करना चाहते हैं, आप किस तरह से अपना समय व्यतीत करना चाहते हैं, आप कितना कमाना चाहते हैं और आप जिस तरह से जीना चाहते हैं, उसकी क़ीमत क्या है। आप इसको तय करने के लिए जितना अधिक जानते हैं, आप अपने फ़ैसलों में उतने ही अधिक स्पष्ट हो जाएँगे। अपनी नौकरी या अपने कारोबार के बंधक नहीं बनें।

मेरा मक़सद है कि आपका समय ख़रीदने में आपकी मदद करूँ, जिससे कि आप पूरे सोच-विचार के साथ आगे बढ़ सकें कि कैसे, कहाँ और किसके साथ आपको समय बिताना है। मैं चाहता हूँ कि आप अपनी शर्तों पर अपनी ज़िंदगी जिएँ।

मेरा मानना है कि इस तरह का बदलाव लाने में हर कोई समर्थ है। इसकी शुरुआत अपने जीवन को और अपने समय को हासिल करने की प्रतिबद्धता के साथ होती है। आरंभ में यह मानसिकता और सोच के

बदलाव के सिवाय और कुछ नहीं है। लेकिन एक बार आप मानसिक तौर पर तैयार हो जाते हैं तब आपका व्यवहार बदलता है। आप जिस तरह का अपना जीवन बनाना चाहते हैं, उसके लिए रास्ता बनाने के क़दम उठाना शुरू करते हैं।

मुझे ऐसे लोगों की तलाश है, जो जीवन को अलग तरीक़े से बिताने पर विचार करने के इच्छुक हों और इसको लेकर खुले हों। जो सोचते हों कि जैसा चल रहा है, वैसा ठीक है, यानी कि जैसी स्थिति में हैं, उसी में ख़ुश हों, उन पर लागू नहीं होता हो। और जो अपनी शर्तों पर जीवन के लिए निर्णय लेने के संबंध में खुली सोच रखते हों।

यह जीवनशैली निवेश से संबंधित है, ना कि निवेशक की जीवनशैली।

मैं चाहता हूँ कि आप आज़ादी का अनुभव करें और अपने सपनों का जीवन जीने की स्वतंत्रता को महसूस करें। मैं चाहता हूँ कि आपके भीतर *अभी,* इसी समय अपनी आदर्श जीवनशैली निर्मित करने का जुनून पैदा हो। ना कि सेवानिवृत्त होने पर। सेवानिवृत्ति, निवेश, भविष्य के लिए पैसा और आपका स्वास्थ्य- किसी की भी गारंटी नहीं है।

आप आर्थिक आज़ादी हासिल करने में बहुत ज़्यादा समय लगा सकते हैं और इस दौरान आपके लिए अपने परिवार को समय दे पाना कठिन होगा। वह उपेक्षित रहेगा और अंत में जब आपको आर्थिक आज़ादी मिल जाएगी तब हो सकता है कि आपका परिवार आपके साथ ना हो। कोई भी कारण हो सकता है, जीवन क्षणभंगुर है, मृत्यु, तलाक़ या कोई भी और कारण हो सकता है, जो आज नज़र नहीं आ रहा है। उस समय पर हो सकता है कि आप जिसे महत्त्वपूर्ण समझते हों, ऐसा कुछ करना चाहते हों, जो ऐसा कारण बन जाए कि आपका परिवार बाद में आपके साथ नहीं हो। जब आप अपने सपने की जीवनशैली को अभी जी सकते हैं और अपने जीवन के सबसे बेहतरीन लम्हों को आज और सेवानिवृत्ति के बाद भी मज़ेदार बना सकते हैं तो इंतज़ार क्यों करना?

इस किताब में दी गई जानकारी को अगर आप अपने जीवन में अपनाएँगे तो आपको अपने जीवन में वैसा ही बदलाव लाने में मदद

मिलेगी, जैसा मैंने अपने जीवन में किया है। यह रातों-रात नहीं होगा, इसमें समय लग सकता है। एक साल, पाँच साल या दस साल भी, लेकिन एक न एक दिन आप इस चक्र से बाहर आ जाएँगे और अपनी सफलता रचेंगे, वह भी अपनी शर्तों पर। तो क्यों ना अभी से ही एक पेशेवर नज़रिये के साथ अपने लक्ष्य की ओर दौड़ना आरंभ कर दें, जब आप युवा हैं और आपके पास सफलता की नई जीवनशैली का आनंद लेने के लिए आगे कई वर्षों का समय है?

ज़रूर ही आपके रास्ते में रुकावटें आएँगी, जिनको आपको पार करना होगा। आर्थिक आज़ादी को पाने के लिए अच्छा प्रशिक्षण अनिवार्य है। जहाँ तक मेरा सवाल है कि मेरे लिए आर्थिक आज़ादी मेरे निवेश के मेरी **अर्जित आय** की प्रतिपूर्ति करने के बाद ही संभव थी, जिससे मेरे पास जीवन में वह सब कुछ करने के लिए भरपूर समय हो, जो मुझे सबसे ज़्यादा आनंद देता है। मैं उस आनंद के लिए अपने समय को ख़रीद सकूँ। मैंने जो भरपूर समय अपने लिए ख़रीद लिया उसने मुझे अपनी निजी ज़िंदगी को अपने हिसाब से बिताते हुए अपनी ताक़त और ध्यान और अधिक आमदनी पैदा करने की ओर लगाने का मौक़ा दिया।

आज मुझे काम पर जाना नहीं होता, बल्कि मैं अपनी सुविधा से काम करता हूँ। रोज़ सुबह उठकर यह नहीं सोचना पड़ता है कि आज मैं कहाँ से अपने लिए आमदनी जुटाऊँगा। मैंने जिस गतिविधि पर ध्यान केंद्रित करने का निर्णय लिया है, उसमें आमदनी प्राप्त होना कोई ज़रूरी नहीं है, क्योंकि बिना कोई समय दिए प्राप्त होने वाली मेरी आय मेरी जीवनशैली की लागत से ज़्यादा है।

अपने भविष्य के मालिक बनिए

एक सज्जन ने मेरे साक्षात्कार को सुना; जो मैंने हाल ही में किया था। उन्होंने मुझे कॉल किया और मुझसे प्रशिक्षण लेने की मंशा ज़ाहिर की। उन्होंने कहा, अपने जीवन के अनेक क्षेत्रों में मुझे बहुत अधिक सफलता मिली है और काफ़ी लोगों के मानदंडों से मैंने कारोबारी जगत में बहुत सारी दौलत अर्जित की है और रुतबा कमाया है। अब तक हो सकता है कि आपने अनुमान लगा लिया होगा कि मैंने उनसे क्या कहा!

हो सकता है कि आपको अपनी जीवनशैली को और अधिक ऊँचे दर्जे पर ले जाने की संभावना पहुँच के बाहर प्रतीत होती हो, तब भी यह किया जा सकता है। आपका अपने भविष्य पर नियंत्रण आप जो निर्णय लेते हैं और जो क़दम उठाते हैं, उन पर निर्भर करते हैं। आप उम्मीद कर सकते हैं कि इस किताब में आपको निवेश और जीवन जीने के अलग तरीक़े के बारे में जानने को मिला सकता है। यह इतना कठिन नहीं है, जिनता कि आप सोचते हैं। और अगर आप ऐसा सोचते हैं कि इसमें बहुत ज़्यादा धन लगता है, तो ऐसा भी नहीं है।

यह भविष्य के लिए लाखों-करोड़ों रुपए की बचत करना नहीं है। बल्कि यह एक बार में किसी संपत्ति में निवेश करने से संबंधित है, जिससे आपको बिना समय दिए आपकी जीवनशैली की पूर्ति करने के लिए ज़रूरी आय प्राप्त हो। यह संपत्तियों में सीधे आपके द्वारा किया निवेश हो सकता है या एक सीमित साझेदार के रूप में साझेदारी के माध्यम से जिसमें एक अनुभवी टीम पेशेवर तरीक़े से संपत्तियों का प्रबंधन करती हों और उसे परिचालित करती हों।

यदि आप इसका हिसाब लगाएँ कि अपनी मौजूदा जीवनशैली के साथ जीवन बिताने पर आपको प्रति माह कितनी राशि की ज़रूरत होती है, तो यह आप जितना सोचते हैं, उससे बहुत कम हो सकता है। आपकी जीवनशैली के ख़र्च को पूरा करने के लिए कितनी ज़रूरत है, इसे समझना और अपने हित में इस भेड़चाल से बाहर आना, प्रेरणा देने वाला और बहुत चौंकाने वाला है। यह कर दिखाने का बीड़ा उठा लीजिए!

निवेश के संबंध में आम ग़लतफ़हमियाँ

जोख़िम तब है, जब आप जो कर रहे हैं,
उसके बारे में नहीं जानते हैं।
– वारेन बफ़ेट

धन के बारे में पहले मैं *जो सोचा करता था* और अब मैं जो कुछ जानता हूँ, दोनों पूरी तरह से अलग हैं। हम आगे बढ़ें, उससे पहले इस पर ध्यान दें – कभी भीड़ के पीछे नहीं भागें। बहुसंख्यक लोग क़र्ज़ में डूबे हुए हैं, वे कोई दौलत नहीं बना रहे हैं। इस किताब में मेरा लक्ष्य आपको यह बताना है कि जीवनशैली निवेशक कैसे बनें।

भले ही आपकी मौजूदा वित्तीय स्थिति कैसी भी हो। अगर आपको कहीं निवेश करने और उस निवेश पर मुनाफ़े के लिए दस या अधिक वर्ष तक इंतज़ार करने में कोई दिक्कत नहीं है तो संभवतया मेरे पास आपके लिए कुछ नहीं है। मैं जल्दी से जल्दी नतीज़े चाहता हूँ और जितनी तेज़ी से हो सके दौलत बनाना चाहता हूँ। मैंने कुछ अलग क़िस्म की डील के लिए कई बेहद रचनात्मक तरीक़े ढूँढ़े हैं, सामान्यतया अपने अनुकूल शर्तों के लिए बातचीत करता हूँ और लंबी अवधि के लिए अपनी हिस्सेदारी रखते हुए वर्षों की बजाय महीनों में नग़द आय की प्राप्ति सुनिश्चित करता हूँ। यह सब हर क़दम पर जोख़िमों को कम करने पर ध्यान केंद्रित करते हुए किया गया है। इसे मैं अपना ''रणनीति भंडार'' कहता हूँ, जिससे मैं अपनी

और जिन लोगों को मैं प्रशिक्षित करता हूँ, उनकी संपत्ति को कई गुना करता हूँ।

आपने परंपरागत वित्तीय सलाहें सुनी होंगी, लेकिन जो कुछ मैं करता हूँ और दूसरों को करने के लिए प्रशिक्षित करता हूँ, यह उस परंपरागत वित्तीय सलाह से एकदम भिन्न है। अब मैं निवेश के संबंध में बहुत सामान्य छह ग़लतफ़हमियों को दूर करूँगा, जो लोगों में आम तौर पर बनी हुई हैं :

ग़लतफ़हमी 1 : दौलतमंद बनने का सबसे अच्छा तरीक़ा है, सेवानिवृत्ति लाभ खाते में वेतन से एक अंश जमा करते जाना, परंपरागत निवेश सलाह का पालन करना या शेयर बाज़ार में निवेश करना।

दौलत जमा करने और सेवानिवृत्ति के लिए यह नज़रिये पुराने पड़ चुके हैं और दोषपूर्ण हैं। इतने वर्षों के दौरान आपको जो कुछ भी पढ़ाया-समझाया गया है, अब वह किसी काम का नहीं है। उसे फेंक दें। अर्हक योजनाएँ दोषपूर्ण हैं। सामाजिक सुरक्षा ख़त्म हो सकती है। हो सकता है कि स्वास्थ्य देखभाल की योजना भी लंबे समय तक नहीं चले। तब क्या होगा यदि कुछ ऐसा हो जाता है कि आप जब सेवानिवृत्त होना चाहते हैं और उसी समय अर्थव्यवस्था पूरी तरह से बैठ जाती है? तब क्या होगा यदि आपकी सेवानिवृत्ति आय की आधी राशि इसमें डूब जाती है? आपके पास इस संपत्ति को दोबारा बनाने का पर्याप्त समय नहीं है और इस बीच में आपने सेवानिवृत्ति के लिए बचाकर रखा अपना काफ़ी सारा धन ख़र्च कर दिया है, जो सेवानिवृत्ति के दौरान कभी भी दोबारा प्राप्त नहीं कर पाएँगे।

अब ज़रा इसके बारे में सोचें। सरकार अब आपको करों में रियायतें क्यों दे रही है? इसकी वज़ह है कि जब आप सेवानिवृत्त हो जाएँगे तो आपकी बचत उसके लिए आमदनी का ज़रिया बनेगी। आपकी धनराशि का मोटा हिस्सा सरकार ले लेगी। बहुत से लोग अपने भविष्य के लिए संचित बचत को लेकर यह नहीं समझते कि लगभग उसमें से आधी सरकार को जाने वाली है। कर व्यवस्था सरकार के हित में होती है, आपके हित में नहीं।

जब भी सरकार दावा करती है, आपके धन को कर मुक्त योजना में लगाकर कई गुना कर दिया जाएगा तो दरअसल, वह आपके अंशदान की राशि को सीमित कर देती है। आपके अंशदान को सीमित किया गया है, क्योंकि सरकार वृद्धि में अपना हिस्सा चाहती है और उसको वह मिल जाएगा। बुरी बात यह है कि सरकार किसी भी वक़्त नियमों को बदल सकती है। यदि उसे जल्दी धन चाहिए तो वह जल्दी धन ले लेगी। यदि वह सेवानिवृत्ति की उम्र को आगे बढ़ाना चाहती है तो वह ऐसा भी कर सकती है। सभी नियंत्रण उसके पास हैं, जीवनशैली निवेशक बनने के लिए आपको अपनी सोच को बदलना होगा। आपको अलग तरह से निवेश की दिशा में सोचना चाहिए। आप अपनी शर्तों पर जीवन व्यतीत कर सकत हैं, लेकिन वहाँ पहुँचने के लिए भिन्न नज़रिया अपनाना होगा।

जब किसी व्यक्ति का वेतन किसी चीज़ को नहीं समझने के लिए है, तो उसे वह समझाना कठिन है।
– अपटॉन सिनक्लेयर

वास्तविक लाभ दर का हिसाब लगाएँ

अपने निवेश के काम के शुरुआती दिनों में अपने वित्तीय सलाहकार तथा जिन निवेश और वित्तीय संस्थाओं के माध्यम से मैं निवेश कर रहा था, उनसे तिमाही और वार्षिक विवरण प्राप्त होते थे, जिनमें 7–10% की **औसत लाभ दर** दिखाई गई थी। वर्षों तक मैंने इन पर कभी सवाल नहीं उठाया और ख़ुश होता रहा कि मैंने कितना सोचा था और कितना अधिक प्राप्त हो रहा है। तभी एक दिन मेरे मन में विचार कौंधा कि जब लाभ की औसत दर इतनी अधिक है तो मुझे और ज़्यादा धन क्यों नहीं मिला। तब मैं आंकड़ों की गहराई में उतर गया।

क़िस्मत से मेरे पास पूरा हिसाब–किताब था कि हरेक निवेश में मैंने मूल रूप से कितना धन लगाया और मेरे पास विवरण था, जिसमें आरंभिक और अंतिम रूप से अवशेष रक़म का पूरा ब्योरा था। इन आंकड़ों से मैं यह जान सका कि मेरे विवरण दस्तावेज़ों में दिए गए औसत मुनाफ़े की बजाय वास्तव में मैंने कितना धन बनाया। मुझे मुनाफ़े की वास्तविक दर का हिसाब

लगाने की ज़रूरत थी, ना कि मुनाफ़े की औसत दर की जो मुझे प्राप्त हो रही थी। मेरा **वास्तविक मुनाफ़ा** कहीं दर्ज नहीं था। मुझे उसका हिसाब-किताब ख़ुद ही करना था।

मुझे बहुत हैरानी हुई कि ये संस्थाएँ जितनी आमदनी होने का यक़ीन दिलाने की कोशिश कर रहे थे, वास्तव में मेरी आमदनी उससे बहुत कम थी। दरअसल, पहली बार जब मैंने अपना हिसाब-किताब लगाकर निवेश की गहराई से पड़ताल की तो मुझे पता चला कि शेयर बाज़ार में एक ख़राब दौर के चलते मुझे सचमुच में नुक़सान हुआ था। तब भी मेरे विवरण दस्तावेज़ों में *औसत दर से* लाभ ही दिखाया गया था।

ये वित्तीय संस्थाएँ मुझे दस्तावेज़ों के ज़रिये धोखा दे रही थीं। वे मेरी आँखों के सामने परदा डाल रही थीं और मैं वास्तव में जो कुछ हासिल कर रहा था, उससे मुझे भटका रही थीं। बताया ऐसे जा रहा था कि मुझे अच्छा लाभ मिल रहा है। मैं पैसे गंवा रहा था। तब भी किसी तरह मुझे औसतन मुनाफ़ा मिल रहा था, जिससे मुझे ऐसा लग रहा था कि मैं कुछ धन कमा रहा हूँ।

ज़्यादातर *वित्तीय सलाहकार औसत रिटर्न* दर की ही बात करते हैं। क्योंकि आप तभी उनके पास अपने धन का निवेश करेंगे, जब आप ऐसा सोचेंगे कि आपको कुछ फ़ायदा हो रहा है। वे भी उम्मीद करेंगे कि आप और ज़्यादा धन दें। यह तरीक़ा मुझे पसंद नहीं आया। नियम 7 डील को और बढ़ाएँ और नियम 8 ''निवेश को कम करें'' औसत रिटर्न पर निर्भर रहने की ग़लतियों के बारे में विस्तार से बताते हैं और यह समझने में आपकी मदद करते हैं कि आपके निवेश के साथ क्या हो रहा है।

मैं जानता हूँ कि आपको यह मालूम है, लेकिन मैं इसे फिर भी बताना चाहता हूँ : आप जब घाटे में हो, तब भी वित्तीय सलाहकार आपके धन पर पैसे कमा रहा है। एसपीआईवीए (एसऐंडपी सूचकांक बनाम एक्टिव) की 2019 की वर्षांत रिपोर्ट के अनुसार पिछले 15 वर्षों में आपने अपने निवेश के प्रबंधन के लिए जिन फ़ंड प्रबंधकों को मोटी फ़ीस अदा की है, उन्होंने 95% मौक़ों पर उससे भी बदतर काम किया है। इससे तो आप अगर ख़ुद किसी इंडेक्स फ़ंड में निवेश करते तो बेहतर प्रदर्शन करते। दूसरे शब्दों में आप अपने धन के प्रबंधन के लिए किसी को फ़ीस का भुगतान कर रहे हैं,

जबकि ज़्यादा संभावना है कि यदि आप ख़ुद एसऐंडपी 500 सूचकांक में बुद्धिमानी के साथ निवेश करें तो उनसे अधिक रिटर्न प्राप्त कर लेंगे। कारण? कोई भी भविष्य का अनुमान नहीं लगा सकता। इसलिए आप एक पेशेवर वित्तीय सलाहकार को अपने निवेश के प्रबंधन के लिए फ़ीस का भुगतान करते हैं और आंकड़े बताते हैं कि केवल 5% बार ही वे वास्तव में बाज़ार सूचकांकों को मात दे पाते हैं। इतनी कम दर भी सामान्य मानी जाती है!

आप सूचकांकों में निवेश करने की शुरुआत करें, जहाँ आपको शेयर बाज़ार में निवेश के लिए कम से कम फ़ीस का भुगतान करना पड़े।

नियोक्ता के अंशदान वाली पेंशन योजना 401 (के) :

पेंशन योजनाएँ ज़्यादा कारगर नहीं रह गई हैं। कई कंपनियों ने इन्हें बंद कर दिया है। वे इसकी बजाय नियोक्ता यानी कर्मचारी की कंपनी द्वारा प्रायोजित पेंशन की योजना 401(के) विकल्प पसंद कर रहे हैं। जल्दी ही लोग जान लेंगे कि 401(के) योजना भी उस तरीक़े से उनके लिए कारगर नहीं है, जैसा कि उन्होंने सोचा था। जब सेवानिवृत्ति के लिए बचाई गई रक़म की प्राप्ति का समय आता है तब सरकार एक-तिहाई या उससे ज़्यादा सरकार को मिलेगा। कई बार यह 40% या उससे भी अधिक हो सकता है। यह करों की दर और संचित बचत से होने वाली आय पर निर्भर करता है। यदि आपके पास 401(के) है तो आपको ज़रूर इसकी बहुत ज़्यादा फ़ीस के संबंध में सोचना चाहिए, जिससे आप यह सुनिश्चित करें कि आपसे जो फ़ीस ली जा रही है वह जायज है और सामान्य से अधिक नहीं है। शुरुआत में आपकी आमदनी का एक बहुत मामूली प्रतिशत हिस्सा फ़ीस में देना आपको हो सकता है बहुत अधिक प्रतीत नहीं हो, लेकिन हरेक प्रतिशत आपकी आमदनी पर निर्भर करता है, जो समय के साथ बढ़ते हुए लाखों-करोड़ों रुपए में हो सकता है। म्यूचुअल फ़ंड की फ़ीस भी कोई बहुत कम नहीं है और अक्सर ये भी बहुत अधिक फ़ीस ले सकते हैं। यह वास्तविक दौलत है, जो लोग गंवा रहे हैं।

संचित बचत को निकालते समय इसका बड़ा हिस्सा कर चुकाने में जाएगा। इसके अलावा सेवानवृत्ति पर जब बचत की यह रक़म आप निकालेंगे तो ध्यान रहे कि तीन महत्त्वपूर्ण क़र कटौतियों के लाभ से आप

वंचित रहेंगे – आश्रित, मॉर्गेज ब्याज और कारोबारी व्यय। हो सकता है कि इन कटौतियों से आपको करों की बचत करने में ख़ासी मदद हो रही हो और इससे शेष कर चुकता करने के बाद हो रही मौजूदा आमदनी के आप आदी हो चुके हों। इन कटौतियों का लाभ मिलना बंद होने पर वही जीवनशैली बनाकर रखना कठिन होगा। अमेरिका पर लगातार बढ़ रहे भारी-भरकम क़र्ज़ के कारण यह भी संभावना है कि आय पर कर की दरें भी आज के मुक़ाबले ज़्यादा हों।

सामाजिक सुरक्षा भरोसेमंद नहीं

इन सभी से ऊपर सामाजिक सुरक्षा है, जो कि हो सकता है कि भविष्य में नहीं मिले। आप ऐसी व्यवस्था में धन का भुगतान कर रहे हो जो हो सकता है कि अस्तित्व में नहीं रहे। सामाजिक सुरक्षा प्रणाली का इस समय जितने लोग लाभ ले रहे हैं, उनके मुक़ाबले उसमें धन देने वाले लोग कम हैं। सामाजिक सुरक्षा लेने वालों की संख्या लगातार बढ़ेगी। सामाजिक सुरक्षा प्रशासन की ओर से जारी वर्तमान आँकड़े बताते हैं कि सामाजिक सुरक्षा 2035 में ख़त्म हो जाएगी। यह कोई विचार नहीं है। इस सरकारी एजेंसी में काम करने वाले और इसकी वित्तीय व्यवस्था को सँभालने वाले और राष्ट्रीय बजट ऐसा संकेत दे रहे हैं कि यह बंद होने वाली है और जारी नहीं रह पाएगी।

और भी बुरी बात यह है कि सामाजिक सुरक्षा प्रशासन द्वारा 2020 में जारी किए गए आंकड़े जिनमें इस योजना के 2035 में बंद होने का अनुमान दिया था, वह मौजूदा स्वास्थ्य और आर्थिक संकट के कारण घरों में रहने के आदेश के पहले के थे। इस किताब को लिखते समय ताज़ा आकलन में अनुमान है कि यह और जल्दी 2029 तक बंद हो सकती है। सच्चाई यह है कि सामाजिक सुरक्षा भी अपने आप में एक **पोंजी स्कीम** है। पोंजी स्कीम में आने वाले नए धन से वादे के मुताबिक़ किसी पूर्व के निवेशक को धन अदा किया जाता है। इस तरह की स्कीम काम नहीं कर सकती और उसका डूबना तय है। इसमें कम या ज़्यादा समय लग सकता है।

शिक्षा से लेकर वित्तीय साक्षरता तक हमारे वित्तीय ढाँचे का खाका पुरान है और ध्वस्त हो गया है। दुर्भाग्य से यह भेड़ चाल की मानसिकता

से ग्रस्त है, जिसमें लोग वही करते हैं, जो दूसरे सभी लोग कर रहे हैं। हालाँकि जो बाक़ी सभी लोग कर रहे हैं, वही करने लगना, अगर यह रणनीति कारगर ढंग से काम करती तो दौलत का समाज में बटवारा इस तरह से नहीं होता। किसी के पास बहुत कम दौलत है तो किसी के पास ज़्यादा। विश्वास करें कि सबसे अमीर एक प्रतिशत लोग पेंशन बचत योजना, शेयर बाज़ार और अर्हक योजनाओं में निवेश नहीं कर रहे हैं। इनमें कई विसंगतियाँ हैं जो लोगों को बहुत दौलतमंद बनाने में समर्थ हैं, लेकिन अपनी मनमाफ़िक जीवनशैली के मुताबिक़ जीवन बिता रहे लोग 401(के) पेंशन योजना में अपनी पूँजी बढ़ाने की कोशिश में रात-दिन जी तोड़ मेहनत नहीं कर रहे हैं।

आप बहुत जल्दी या बहुत देर से जीवनशैली निवेशक नहीं बन सकते।

भविष्य के लिए शेयरों में निवेश

भविष्य के लिए शेयरों में निवेश करने का विचार पूरी तरह से दोषपूर्ण सोच है। ज़्यादातर लोगों का धन मूल रूप से या विशिष्ट रूप से इसी तरह के निवेश में है। जब भी शेयर बाज़ार में गिरावट आती है तो वे अपनी बड़ी पूँजी उसमें गँवा देते हैं। इससे उनके निवेश के डूबने का जोख़िम ज़्यादा हो जाता है। बहुत से लोग ऐसा सोचते हैं कि वे पेशेवर जानकारों की सलाह लेकर जोख़िम को कम कर रहे हैं, लेकिन शेयर बाज़ार में अपनी पूरी पूँजी का निवेश कर वास्तव में वे अपनी भविष्य की पूरी बचत को एक ही जगह दाँव पर लगा रहे हैं, वह है अमेरिकी अर्थव्यवस्था और अमेरिकी कंपनियाँ (या उनसे संबंधित देश)।

जब महँगाई बढ़ती है तो डॉलर उतनी तेज़ी से नहीं भागता। कुछ अधिक डॉलर बाज़ार में लाकर और लगातार राहत पैकेज के माध्यम से हमारी सरकार वित्तीय प्रणाली में डाली जाने वाली आधिकारिक करेंसी की मात्रा को बढ़ा रही है। आधिकारिक करेंसी ऐसा धन है, जिसे सोने जैसी किसी भौतिक सामग्री का समर्थन नहीं है, लेकिन तब भी सरकार उसे वैधानिक दर्जा प्रदान करती है। अमेरिकी डॉलर उसी श्रेणी में आता है। इस तरह से करेंसी की छपाई डॉलर के मूल्य को कम कर देती है और जिन्होंने

धन की बचत की है, उनके धन की क़ीमत को कम करना एक तरह से उनको दंडित करना है। अधिकतर लोगों का वेतन उस तरह से नहीं बढ़ रहा है, जिस तरह से महँगाई दर बढ़ रही है। ऐसे में उनकी ख़रीदारी की क्षमता और कुल संपत्ति, दोनों ही सीमित हो रही है।

महँगाई दर बढ़ने के दौरान और सामान्य दिनों में भी, नग़द आय पैदा करने वाली संपत्तियाँ निवेश के लिए सबसे बेहतर साधन हैं। अतिरिक्त करेंसी की छपाई के साथ डॉलर की क़ीमत गिरती है, लेकिन परिसंपत्ति का मूल्य और ख़ासकर नग़द आय देने वाली परिसंपत्तियों का मूल्य बढ़ता है। इसका कारण है कि हमारी वित्तीय प्रणाली में धन की आपूर्ति बढ़ाए जाने के साथ उनमें वृद्धि होती है। जब आप नग़द आय देने वाली परिसंपत्तियों में और धन बढ़ाते हैं और मुनाफ़े में वृद्धि होती है, ये दोगुना बढ़ते हैं। इस प्रकार से आपको ना केवल इनसे पैदा होने वाली आय की प्राप्त होती रहती है जो कि महँगाई दर के साथ बढ़ती है बल्कि आपकी परिसंपत्ति के मूल्य में भी बढ़ोतरी होती है और आपको भौतिक परिसंपत्ति में डॉलर के अवमूल्यन से संरक्षण भी मिलता है। दूसरे शब्दों में जब मौद्रिक आपूर्ति बढ़ती है, आपकी परिसंपत्ति का भी विस्तार होता है।

इसकी कोई गारंटी नहीं है कि अमेरिका महाशक्ति बना रहेगा जो कि अभी है या अभी दिए जा रहे विशाल राहत पैकेज का आगे कभी बहुत लंबा नकारात्मक प्रभाव नहीं पड़ेगा। कोई गारंटी नहीं है कि जब आप सेवानिवृत्त होंगे उस समय तक अर्थव्यवस्था आज से अधिक मज़बूत हो जाएगी। यह कहीं नहीं लिखा है कि अगर आप आर्थिक रूप से संकट में घिरे तो आपके पास इस हालत से उबरने के लिए पर्याप्त समय होगा।

उन सभी अवरोधों पर नज़र दौड़ाएँ जो आपके निवेश की वृद्धि और उसके कई गुना होने की रफ़्तार को रोक रहे हैं – महँगाई दर, **उतार-चढ़ाव,** कर और कुछ भी, कहीं भी करें तो उसके लिए लगने वाली फ़ीस। यदि आप अपनी वित्तीय समझ को बढ़ाने की ओर ध्यान केंद्रित नहीं करते हैं और फ़ैसले लेने की ज़िम्मेदारी दूसरों पर छोड़ रहे हैं तो ज़्यादातर ये वहीं करेंगे जो उनके लिए बेहतर है। ना कि जो आपके लिए श्रेष्ठ है।

ग़लतफ़हमी नंबर 1 को ख़ारिज करने के लिए मैंने जो कुछ कहा है, उसका सार : परंपरागत वित्तीय शिक्षा यह है कि कर लाभ वाली योजनाओं

में धन की बचत करें और शेयर बाज़ार में निवेश करें तथा उम्मीद करें कि यह आपको लाभ दिलाए। यह सब लाभ की दर से संबंधित है और यह सभी अलग-अलग योजनाओं पर आधारित है- *यह योजना या कोई और योजना जो आपको बेहतर लाभ दिला सके।* आपकी योजना को अधिक व्यापक और समग्र होने की ज़रूरत है। आपको अपने लक्ष्य तक पहुँचाने के लिए कई अलग-अलग रास्ते हैं। एक ही उत्पाद पर आधारित रणनीति बेचने वाले से दूर हो जाएँ।

किसी भी ऐसी योजना से दूर रहें जो औसत दर से मुनाफ़ा देने वाली हो, क्योंकि औसत मुनाफ़ा दर किसी काम की नहीं है। औसत मुनाफ़ा दर दरअसल एक धोखा है, जिससे कि लोग अपने निवेश पर पूरा धन नहीं कमा पाने के बाद भी अच्छा महसूस करते रहें। यह आँखों पर परदा डालने जैसा है कि लोग यह नहीं समझ पाएँ कि वे उतना धन अर्जित नहीं कर रहे हैं, जितना कि वे सोच रहे हैं। *वास्तविक* रिटर्न की दर और वास्तव में जो धन मिल रहा है वह मायने रखता है, क्योंकि वही वास्तविक धन है।

ग़लतफ़हमी नंबर 2 : आप आज खुले हाथों से ख़र्च करते हुए अपनी दौलत को भी बढ़ाने के दो काम एक साथ नहीं कर सकते।

भविष्य के लिए बचत की योजना से धन और संपदा का निर्माण नहीं होता, जिसमें आप ताउम्र जोड़-जोड़कर लाखों रुपए जमा करते हैं और सेवानिवृत्ति पर उस रक़म को निकालकर खुशहाल जीवन बिताते हैं। यह रणनीति अंतहीन उम्मीदों पर टिकी है। *उम्मीद* कि आप इतनी अधिक दौलत जमा करने में समर्थ होंगे, और उम्मीद कि जब तक आप सेवानिवृत्त होंगे शेयर बाज़ार उथल-पुथल से नहीं गुज़र रहा होगा और उम्मीद कि आप अर्थव्यवस्था की अच्छी सेहत के दौरान सेवानिवृत्त होंगे। यदि यह सभी उम्मीदें पूरी हुईं तो *आशा है कि* आप भी तंदुरुस्त होंगे और अच्छी सेहत में होंगे, जिससे कि सेवानिवृत्त जीवन का आनंद ले सकें।

गौर करें कि कितनी तरह के यदि, किंतु, परंतु और शर्तें औसत व्यक्ति के निवेश के तरीक़े का आधार हैं। सच्चाई यह है कि यदि आप

अपनी बचत में से ही वितरित करेंगे और ऐसा करते हुए आपकी मूल रक़म कम हो तो एक समय पर आपकी बचत घटती हुई शून्य रह जाएगी।

भविष्य के लिए दौलत जमा करने का लक्ष्य ज़रूर रखना है। कभी मूल धन से छेड़छाड़ नहीं करें। ब्याज से ख़र्च चलाएँ। हालाँकि यह लक्ष्य इस विश्वास पर टिका है कि आपका इतना निवेश है, जो कि लगातार इतना ब्याज देगा, जो जीवन बिताने के लिए काफ़ी होगा – यह किसी भी समय बदल सकता है। आपको मिलने वाला रिटर्न परिवर्तित हो सकता है, बाज़ार की स्थिति बदल सकती है और रहन–सहन की लागत तो निश्चित ही बदलेगी।

अपने मासिक ख़र्च का हिसाब लगाएँ

इस पर विचार करना अधिक महत्त्वपूर्ण है कि आपको अपने जीवनयापन के ख़र्च के लिए मासिक आधार पर कितनी नग़द आमदनी की ज़रूरत है; बजाय कि सालाना आय के। जीवनयापन के अपने ख़र्च को सालाना आधार पर देखें और उसके बाद उसे कम करके जीवनयापन के ख़र्च के मासिक आधार पर ले आएँ। यह राशि आपको अपने मासिक ख़र्चों की पूर्ति के लिए अर्जित करने की ज़रूरत है। दरअसल, यह वास्तविक रणनीति है, जो आंकड़ों पर निर्भर करती है, जिनका आप अनुमान लगा सकते हैं और यह किसी तरह की उम्मीद या भविष्य में किसी अज्ञात आय पर निर्भर नहीं करती है। यहाँ कुछ महत्त्वपूर्ण सवाल हैं, जो आपको ख़ुद से पूछने हैं :

- न्यूनतम ज़रूरतों पर जीवन बिताते हुए मेरे सभी मासिक बुनियादी ख़र्चों (किराया/मकान के क़र्ज़ की किस्त, भोजन, बिजली, पानी, परिवहन आदि) के लिए मुझे कितनी धनराशि होती है?
- मेरी मौजूदा जीवनशैली पर कितनी मासिक धनराशि ख़र्च होती है?
- मैं जिस तरह की जीवनशैली बिताने की इच्छा रखता हूँ, उसके लिए कितनी धनराशि की ज़रूरत है?
- मैं अपना समय दिए बिना उस जीवनशैली के ख़र्चों को वहन करने के लिए कैसे आय का सृजन कर सकता हूँ?

- सबसे महत्त्वपूर्ण है कि मैं किस तरह से बिना समय दिए हुए प्राप्त आय के सहारे कैसे अपने न्यूनतम बुनियादी मासिक ख़र्चों को वहन कर सकता हूँ?

इन सवालों के जवाबों से आप जिस तरह की जीवनशैली आज चाहते हैं उसके निर्माण के लिए आपको अपने भावी क़दमों के बारे में स्पष्टता मिल सकती है। यह जीवनशैली आपकी नौकरी या आपके कारोबार की आय पर निर्भर नहीं करती है।

एक बार आपके ख़र्च आपकी आय में समाहित हो जाते हैं, तो दो बातों में से कोई एक हो सकती है। आप अपनी जीवनशैली में वृद्धि कर सकते हैं। यदि आप ऐसा करने का फ़ैसला करते हैं तो आप अपनी आय को बढ़ाना चाहेंगे। आदर्श रूप से तो आप नौकरी या कारोबार की आय से ऐसा नहीं करते हुए बिना समय दिए होने वाले निवेश और परिसंपत्तियों के स्वामित्व के ज़रिए ऐसा कर सकते हैं। एक बार आपके ख़र्च की पूर्ति होने पर दूसरा तरीक़ा यह हो सकता है कि ख़र्च की पूर्ति के बाद बचने वाले अतिरिक्त धन को आप फिर से निवेश में बढ़ा सकते हैं, जो निरंतर आपको आय प्रदान करे।

एक ही जगह निवेश के ख़तरे

बिना समय दिए आय प्राप्त करने के साधन निर्मित करना शुरू करते हुए अपनी नग़द आमदनी प्राप्ति के साधनों को अलग-अलग परिसंपत्तियों के वर्गों, क्षेत्रों, उद्योगों में बाँटें। उनमें विविधता बनाकर रखने के लिए ज़रूरी क़दम उठाएँ ताकि निवेश एक जगह केंद्रित नहीं हो। कहीं कुछ ऐसा घटित हो जाता है, जिससे उनमें से किसी एक क्षेत्र पर नकारात्मक प्रभाव होता है तो आपको उतना नुक़सान नहीं होगा, क्योंकि अपनी नग़द आमदनी की प्राप्ति के लिए आप केवल उसी क्षेत्र पर निर्भर नहीं हैं। यह रणनीति कई सारे निवेश एक ही प्रकार के आर्थिक क्षेत्र के **जोख़िमों पर केंद्रित होने के ख़तरे** को कम करती है।

आर्थिक आज़ादी पाने की अपनी यात्रा के दौरान मैंने अपने परिवार के ख़र्चों को बहुत लंबे समय तक एक समान बनाए रखने के लिए कड़ा परिश्रम किया, जिससे कि आय बढ़ने पर भी हमारी जीवनशैली नहीं बदली

और वह अतिरिक्त आय ख़र्च नहीं हुई। मैंने इसे उसूल बना लिया और आजीविका के ख़र्च से अधिक जो भी आय होती, उसको मैं ले लेता था और तरह-तरह के नए उपक्रमों में निवेश करता, जिससे और अधिक नग़द आय प्राप्त हुई।

आरंभ में मैंने जो निवेश किए उनमें मेरी सोच कुछ पुरानी रही। मैंने पूरी तरह से ऐसे निवेशों पर ध्यान केंद्रित किया, जिनसे नग़द आय की प्राप्ति हुई। एक बार मेरे पूरे ख़र्च उस आय से पूरे होने पर मैं अपने निवेश को लेकर और अधिक उदार हो गया। इस रणनीति ने हमें एक शानदार जीवन जीने का मौक़ा दिया और हमें अपनी आमदनी के साथ अधिक उदार होने में भी समर्थ बनाया। एक बार हमारे ख़र्च की पूर्ति होने पर मैं कुछ अलग हटकर जोख़िम लेने में भी सहज महसूस करने लगा। मैं निवेश की दृष्टि से कुछ सुधार की गुंजाइश को देखने लगा या फिर ऐसा कुछ नया निवेश, जिसके बारे में मैंने कभी पहले सोचा नहीं था। मैंने अन्य विशेषज्ञों और जानकारों से मिलना तथा सीखना शुरू कर दिया। उन्होंने मुझे अलग रणनीतियाँ और निवेश अवसरों की जानकारी दी, जिससे मुझे अपने जोख़िमों को कम करने और लाभ बढ़ाने के साथ ही परिसंपत्तियों में विविधता लाने में मदद मिल सके।

जोख़िम बर्दाश्त करने की मेरी क्षमता में बदलाव हुआ। वित्तीय आज़ादी ने मुझे निवेश करने के और अधिक विकल्प दिए। उदाहरण के लिए मैंने शेयर बाज़ार में और इक्विटी में निवेश (ख़ासकर **एंजेल निवेश**-इसके बारे में आगे चर्चा की गई है) को तब तक के लिए रोके रखा था, जब तक कि मैंने यह सुनिश्चित नहीं किया था कि नग़द आय प्राप्ति मेरी जीवनशैली के ख़र्च की पूर्ति करने के लिए ख़ासी पर्याप्त हो गई है। ये निवेश बहुत अधिक जाँच-पड़ताल वाले अचल संपत्ति किराये (सीधे या फ़ंड के जरिये) या अमानत पर क़र्ज़ देने वाले फ़ंडों से अधिक जोख़िम वाले हैं। इनसे होने वाली आय की प्राप्ति का अनुमान लगाया जा सकता है।

अब मैं अपनी जीवनशैली के ख़र्च की पूर्ति के अतिरिक्त नग़द आय को अब मैं **इक्विटी निवेश,** शेयर बाज़ार के इंडेक्स, अन्य पसंदीदा शेयरों और अन्य विकल्पों में निवेश में इस्तेमाल करता हूँ, जिन्हें मैं ठोस नग़द आय देने वाली संपत्तियों के मुक़ाबले अधिक जोख़िम भरा मानता हूँ। इन

विकल्पों में ऑपरेटिंग कंपनियों में निवेश करना और अनोखी शर्तें, संरचना तथा एक बार के सौदे करना शामिल है। अब आजकल मैं इनमें ज़्यादा दिलचस्पी ले रहा हूँ। एक बार आपकी बुनियादी जीवनशैली के ख़र्च की बिना समय दिए हासिल होने वाली आय से पूर्ति होने लगे तो उसके बाद आप अलग-अलग निवेश के साधनों के बारे में सोच-विचार करने पर ज़्यादा समय दे सकते हैं, जिन्हें आप अपने निवेश की सूची में रखना चाहते हैं। ख़ुद से पूछे जाने वाले कुछ महत्त्वपूर्ण सवाल हैं :

- कम से कम जोख़िम में मुझे कहाँ पर सबसे अधिक मुनाफ़ा मिल रहा है?
- कौन से उभरते बाज़ारों पर मुझे विचार करना चाहिए, जो बहुत पहले नहीं थे?
- मैं अपने निवेश को नग़द आय प्राप्ति के अन्य अवसरों में समान रूप से किस तरह से विभाजित कर सकता हूँ?

जैसा कि आप देख सकते हैं, निवेश पर मेरी सोच ज़्यादातर लोगों से अलग है। यहाँ मैं संक्षेप में इसके बारे में बता रहा हूँ। अपनी जीवनशैली के सभी ख़र्च की पूर्ति के लिए पहले बिना समय दिए आय प्राप्त करने पर ध्यान केंद्रित करें। उसके बाद उस आय को आमदनी के कई स्रोत बनाने के लिए विभाजित करें, जिससे आप आय के लिए किसी भी एक परिसंपत्ति पर आश्रित नहीं रहें। इसके बाद शेयर बाज़ार में निवेश का सबसे सस्ता तरीक़ा शेयर बाज़ार सूचकांक में निवेश का है, जिसमें सबसे कम फ़ीस है। शेयर बाज़ार में लंबी अवधि के लिए निवेश करें, क्योंकि भावनात्मक आधार पर निवेश करने से कभी-कभार लाभ हो सकता है, लेकिन लंबे समय में देखें तो नुक़सान ज़्यादा हैं। ग़लत मौक़ों पर ख़रीदफ़रोख़्त से बचें जैसे कि बाज़ार के उच्चतम स्तर पर पहुँचने पर ख़रीदी करना या बाज़ार में संकट के समय बिकवाली करना। इससे आपके निवेश को बहुत भारी झटका लग सकता है।

नग़द आय प्राप्त करने और साथ ही साथ उन्नति में भागीदार बनने के लिए चालू कंपनियों में निवेश और कुछ अलग प्रकार के समझौते करना एक अन्य मज़बूत निवेश अवसर है, जो आपके ख़र्च की पूर्ति के पहले और

बाद में, दोनों स्थितियों में बिना समय दिए आय प्राप्त करने की आपकी रणनीति का हिस्सा बन सकता है। सीधे इक्विटी में निवेश नहीं करें जब तक कि आपके जीवनयापन के पूरे ख़र्च की पूर्ति के लिए नग़द आय की पूर्ति नहीं हो जाए क्योंकि ये सबसे ज़्यादा जोख़िम वाले निवेश होते हैं। किसी स्टार्टअप के लिए **आरंभिक दौर** का निवेश सबसे अधिक जोख़िम वाला होता है। अपने निवेश में, मैं इनके लिए बहुत छोटा सा हिस्सा ही रखता हूँ। यह बहुत ज़्यादा लाभ देने वाला हो सकता है, लेकिन प्रतिकूलताएँ आपके पक्ष में नहीं होतीं। ख़ासकर जब कोई बड़ी रक़म का मामला होता है तो कई बार कई दशक तक लग जाते हैं।

जब कभी आप स्टार्टअप में आरंभिक दौर का निवेश करें तो यह सुनिश्चित कर लें कि यह धनराशि बिना समय लगाए प्राप्त नग़द आय की हो और यह वही धन हो जो आपके जीवनशैली के ख़र्च की पूर्ति के अतिरिक्त हो। यदि निवेश सफल नहीं होता है तो आपको उस संपत्ति से प्राप्त होने वाली एक बार की आय का ही नुक़सान होगा। ना कि वास्तविक मूल राशि का जिससे आपको नग़द आय की प्राप्ति हो रही होती हो। इस तरह से निवेश की प्राथमिकता को तय करना मेरी निवेश की रणनीति की सफलता का एक अहम हिस्सा साबित हुआ है। मैं निवेश के हर तरीक़े को आगे के पृष्ठों में और विस्तार से बताने वाला हूँ।

ग़लतफ़हमी 3 : सर्वश्रेष्ठ निवेश आज़माए और वास्तविक फ़ैसले होते हैं, जिनके बारे में आपने पहले सुना होता है।

पंद्रह साल पहले एक-परिवार मकान किराया, जैसी संपत्ति की कोई श्रेणी नहीं थी। क़रीब बारह साल पहले यह आधिकारिक संपत्ति श्रेणी में है और अमेरिका में सबसे तेज़ी से बढ़ती हुई संपत्ति की श्रेणी में है।

गाँजा, भाँग, सीबीडी का उद्योग अब शुरू हो रहा है। अमेरिका में यह सबसे तेज़ी से बढ़ता हुआ उद्योग है।

संगीत उद्योग में रॉयल्टी निवेश के इतने अधिक अवसर बन रहे हैं जो पहले कभी भी नहीं बने और निवेशकों के लिए आसान पहुँच वाले। यह हमेशा से रहे हैं, लेकिन अब उनको प्रभावी तरीक़े से नग़दी में भुनाने और उन रॉयल्टी की निगरानी के नए तरीक़े हैं। ख़ासकर जो तेज़ी आई है

और कलाकार तथा निवेशकों, दोनों के इसमें आने के लिए रुकावटें कम हुई हैं।

मौलिक निर्माण सामग्री जैसे कि फ़िल्मों, संगीत और शो आदि में निवेश की और अधिक संभावनाएँ हैं। यह तेज़ी से बढ़ता हुआ एक नया वर्ग है जो कि एक दशक पहले केवल एचबीओ और कुछ अन्य निर्माताओं तक ही सीमित था। अब कई प्रतिस्पर्धी कंपनियाँ हैं, जो निवेश के अवसरों के आकर्षक प्रस्ताव लेकर आ रही हैं और इनमें प्रवेश के लिए अवरोधक बहुत कम हैं।

अंतरराष्ट्रीय स्तर पर अवसरों के लिए कई अन्य उभरते बाज़ार हैं। ज़्यादातर लोग केवल उन्हीं देशों को देखते हैं, जहाँ वे रह रहे होते हैं, लेकिन हमारे देश के बाहर भी ऐसे देशों में अवसर होते हैं, जहाँ बहुत से लोग सोच भी नहीं पाते हैं। यदि आप अपने आप को शिक्षित करेंगे या ऐसे लोगों को खोजेंगे जो उनके संबंध में जानते हैं तो अवसर हर कहीं उपलब्ध है।

टेक्नोलॉजी एक अन्य बाज़ार है, जहाँ निवेश के मौक़े हैं। इनका लाभ उठाया जा सकता है या इनको छोड़ा जा सकता है, लेकिन यहाँ हमेशा नया, नवोन्मेष और कुछ विध्वंसात्मक विकास होता रहता है, जिस पर ध्यान दिया जाना चाहिए। वित्तीय टेक्नोलॉजी या फ़िनटेक तेज़ी से बढ़ रही है। **सॉफ़्टवेयर एज़ अ सर्विस (सास)** का क्षेत्र भी प्रगति कर रहा है। लोगों से ऑनलाइन आइडिया, सेवाएँ या समाधान जुटाना यानी कि क्राउडसोर्सिंग और **क्राउडफ़ंडिंग** लोकप्रिय तथा सामान्य होता जा रहा है। ई-कॉमर्स का पूरा क्षेत्र ही लोगों के ख़रीदारी और कारोबार के तरीक़े को पूरी तरह से बदल रहा है। अब जहाँ लोग ख़रीदारी कर रहे हैं, वह बाज़ार का पैमाना बन गया है।

स्वास्थ्य देखभाल और बुज़ुर्गों की जीवनशैली कुछ अन्य क्षेत्र हैं जो फल-फूल रहे हैं। होटलों को निजी इकाइयों और अपार्टमेंट में परिवर्तित करने की माँग भी बढ़ी है। ई-कॉमर्स बढ़ने के साथ औद्योगिक वितरण केंद्र और वेयरहाउस भी बहुत तेज़ रफ़्तार के साथ बढ़े हैं।

सूची ऐसे ही बढ़ने वाली है। यही मेरा कहना है। इन सभी नए, तरक्की कर रहे और उभरते बाज़ारों में मौक़ों की भरमार है, जिनको समझने

का ज़्यादातर लोगों के पास समय नहीं है या इनमें जाने का विश्वास नहीं है।

ग़लतफ़हमी 4 : बिना लाभ का त्याग किए हुए आप अपनी जीवनशैली को उन्नत नहीं कर सकते।

महँगाई से जीवनशैली पर होने वाला असर आगे चलकर वित्तीय आज़ादी के लिए ख़तरा है। मैं इसको दूसरे तरीक़े से बताता हूँ। कुछ भी तय नहीं है। जीवनशैली निवेशक होने का अर्थ है कि जहाँ आपकी आय बढ़ रही है, वहीं आपकी जीवनशैली उसी तरह से नहीं बढ़ रही है। जिनको मैंने प्रशिक्षित किया, सिखाया और विकसित किया है, वे इस नियम को समझते हैं। जब तक कि आप अपनी मनमाफिक जीवनशैली को निरंतर बनाए रखने के लिए लगातार एक के बाद एक निवेश नहीं करते हैं तब तक आपकी जीवनशैली में नाटकीय ढंग से एकाएक बदलाव नहीं आता है। याद रखें कि आप निवेशक की जीवनशैली जीने से कहीं ज़्यादा जीवनशैली निवेशक बनते हैं।

जब मुझे अतिरिक्त आय मिलती है तो मैं यह फ़ैसला लेने के लिए स्वतंत्र हूँ कि मुझे अपनी जीवनशैली को सुधारना है या नहीं, क्योंकि मैंने पहले ही एक अन्य संपत्ति ख़रीद ली है, जो उस अतिरिक्त ख़र्च की पूर्ति के लिए आय दे रही है। उदाहरण के लिए यदि मैं नई कार लेना चाहता हूँ तो इसके लिए मेरा तरीक़ा क्रमिक गणित के नज़रिये से होगा। अपने धन से कार ख़रीदने की बजाय मैं जानता हूँ कि कार ख़रीदने से पहले एक अन्य संपत्ति ख़रीदने में ज़्यादा चतुराई है, जिससे होने वाली आय कार के भुगतान और उसके रखरखाव के ख़र्च की पूर्ति करे। यदि मैं कार ख़रीदने पर धन ख़र्च कर दूँगा तो मैं मूल धनराशि ऐसी जगह पर लगा दूँगा, जहाँ से कोई आय हासिल नहीं होने वाली है।

कार सामान्य रूप से कोई परिसंपत्ति नहीं है। यह एक व्यय है। समझदारी इसी में है कि मूल धन को अतिरिक्त आय अर्जित करने के लिए काम करने दिया जाए, जिससे कार के ख़र्च और देनदारी की पूर्ति होगी। इस तरीक़े से मुझे कार का क़र्ज़ आदि चूक जाने पर निवेश किए गए मूल धन पर और आय प्राप्त करने का अवसर भी मिला गया। मैंने अपने ग्राहकों को जब यह रणनीति बताई तो वे हैरान रह गए। क्या ऐसा आप कर सकते

हैं? मैंने कभी इस बारे में सोचा तक नहीं था। लेकिन मैं यह कैसे करूँगा? मेरे लिए यह ख़रीदी का एक समझदारी भरा तरीक़ा है।

अपने आवास को बेहतर करना भी इसका एक अच्छा उदाहरण है, जहाँ पर आप पहले आय देने वाली परिसंपत्तियाँ ख़रीद कर अपने ख़र्च की पूर्ति कर सकते हैं। अतिरक्त आय आपको नया फ़र्नीचर ख़रीदने, घर को दोबारा तैयार करने या और भी बड़ा या महँगा आवास ख़रीदने में सक्षम बनाती है।

मेरे परिवार का मौजूदा आवास हमारे पिछले घर से ज़्यादा बहुमूल्य जगह पर है। यह घर पिछले घर से दोगुनी क़ीमत का है, लेकिन इसे ख़रीदने से पहले मैंने ऐसी संपत्ति ख़रीदी, जो मकान के क़र्ज़ की लागत से दोगुनी आय देने वाली थी। हमने ज़मीन जायदाद के अपने निवेश को बढ़ाने से पहले तक नया घर नहीं लिया। ज़मीन जायदाद के निवेश से नया घर लेने और नए क़र्ज़ की पूर्ति करने की आय की पूर्ति होने के बाद ही हमने नया घर लिया। इसके बाद नया घर एक सुरक्षित और चतुर निवेश था।

जब भी मेरा परिवार अपनी जीवनशैली में इजाफ़ा करना चाहता है, कुछ नया ख़रीदना चाहता है, नया घर चाहता है, घर को सजाना-सँवारना चाहता है या और कुछ भी हो तो मैं नग़द आय देने वाली संपत्ति में निवेश करना चाहता हूँ, जो आने वाले नए ख़र्च की पूर्ति करेगी। यही रणनीति यात्रा के लिए भी लागू होती है। हमने दुनिया भर में कई यात्राएँ की हैं। कई देशों का भ्रमण किया है और उनके ख़र्च की पूर्ति निवेश से होने वाली नग़द आय से की है। यूरोप की अपनी अंतिम यात्रा के दौरान हमने भूमध्य सागर के कई देशों की सैर करते हुए छह हफ़्ते बिताए और अलग-अलग समुद्र तटों के किनारे-किनारे यात्राएँ कीं। इन यात्राओं के पूरे ख़र्च की पूर्ति एक अन्य संपत्ति से प्राप्त नग़द आय से हो रही थी, जो कि हमने पहले ख़रीदी थी।

ऐसी संपत्ति ख़रीदें जिसका भविष्य में उच्च मूल्यांकन हो। पहले से सक्रिय रहें।

एक और नसीहत : जब आपकी टीम में करों से संबंधित सही रणनीतिकार होते हैं तब छुट्टियों को बोर्ड की बैठकों की तरह देखा जा सकता है। यह तभी हो सकता है, जब आप ब्योरे को नोट करते रहें और

आपने जो कुछ किया है, उसे साबित करने के लिए सभी आईआरएस नियमों का अनुसरण करें। आप LifestyleInvestor. com/podcast पर मेरे पॉडकास्ट को सुनकर इन कर रणनीतियों के संबंध में और भी बहुत कुछ जान सकते हैं।

इस रणनीति को इस्तेमाल करने का एक अन्य रास्ता कारोबारी उन्नति होने या वृद्धि के अवसर आने पर नई आय की प्राप्ति निर्मित करना है। मैंने कई कारोबारों में ऐसा किया है। यहाँ मैं बता रहा हूँ कि आप इसे कैसे कर सकते हैं। ऐसा समझते हैं कि आपको अपने कारोबार और उसकी संपूर्ण वृद्धि के लिए निवेश की ज़रूरत है। आपको अपने कर्मचारी बढ़ाने हैं, मार्केटिंग बढ़ाना है, ज़्यादा आधुनिक उपकरण ख़रीदने हैं या बड़ा दफ़्तर बनाना है या ख़रीदना है। यदि कारोबारी मुनाफ़ा इस बढ़े हुए ख़र्च के लिए पर्याप्त है तो आप अपने कारोबार के लिए नग़द आय प्रदान करने वाली संपत्ति ख़रीद सकते हैं, जो नए ख़र्चों की पूर्ति करे। यदि व्यावसायिक मुनाफ़ा इस बढ़े हुए ख़र्च के लिए पर्याप्त नहीं है तो आपको क़र्ज़ लेने की ज़रूरत हो सकती है। यहीं पर पेंच है। यदि यह क़र्ज़ आपके लिए हो तो क्या हो? आप नग़द आय देने वाली संपत्तियों में निजी तौर पर निवेश कर सकते हैं, जिससे कंपनी के विस्तार में होने वाले अतिरिक्त ख़र्च की पूर्ति हो और मय ब्याज के क़र्ज़ भी वापस हो जाए। यह आपके और आपके कारोबार, दोनों के लिए अनुकूल है। साथ ही आप अधिक नग़द आय देने वाली संपत्तियों की ख़रीदी करते हुए इसे आप पूरा करेंगे।

ग़लतफ़हमी 5 : ज़्यादातर निवेश सलाहकार नेक सलाह देते हैं।

क्या आप जानते हैं कि वित्तीय सेवा उद्योग में बहुत अधिक संख्या में लोग किसी विश्वसनीय ज़िम्मेदारी के तहत संचालित नहीं होते हैं? **विश्वसनीय** ज़िम्मेदारी का अर्थ है कि जो भी आपके धन का निवेश कर रहा है, उसका यह दायित्व है कि वह आपके लिए जो सर्वश्रेष्ठ है, वही करे। बहुत से वित्तीय सलाहकारों को वह नहीं करना है, जो उनके ग्राहकों के लिए सर्वश्रेष्ठ है, केवल कुछ जो थोड़ा अच्छा हो या जिसे वे *सोचते* हैं कि अच्छा है, ऐसे में आम तौर पर वही करते हैं, जो *उनके लिए* सर्वश्रेष्ठ है।

इसके अलावा इन सलाहकारों से आपको मिलने वाली सलाह अक्सर पूर्वाग्रह से प्रभावित होती है, क्योंकि उनको एक ख़ास तरह से काम करने में प्रोत्साहन मिलता है, जो कि हो सकता है कि आपके सर्वश्रेष्ठ हित में नहीं हो। इसके कारण वे ऐसी जगहों पर निवेश करेंगे, जहाँ उनको अतिरिक्त बोनस, कमीशन या रिश्वत मिले। दुर्भाग्य से वित्तीय सेवा उद्योग में यह व्यवहार बहुत ज़्यादा सामान्य है। इतने वर्षों के दौरान अख़बारों में अनेक आलेखों में इस व्यवहार को उजागर किया गया है।

मैं इसे दोबारा कहना चाहता हूँ : *किसी व्यक्ति को वित्तीय आज़ादी सेवानिवृत्ति की योजना और अर्हक योजनाओं से नहीं मिलती है।* वित्तीय आज़ादी इन तरीक़ों को बताने वाली किताबों से नहीं मिलती है। कम से कम केवल उनके सहारे पर नहीं मिलती है।

उन पेशेवरों से सीखना अच्छा हो सकता है, जिन्होंने जो वे सिखा-पढ़ा रहे हैं, उसके आधार पर ही धन-दौलत कमाई है। आपको यह समझने की ज़रूरत है कि हो सकता है कि कुछ लोगों ने वित्तीय आज़ादी प्राप्त की हो, लेकिन आवश्यक नहीं है कि उन वित्तीय पद्धतियों से ही की हो, जो वे पढ़ा रहे हैं और यही उनका धंधा भी है। कोई अमीर है तो जो वह कह रहा है, वही श्रेष्ठतम होना चाहिए, ऐसा मानने की बजाय यह मूल्यांकन करना बेहतर है कि दौलत दरअसल, आई कहाँ से। आप किसी को आदर्श की तरह देखना चाहते हैं, जिसने उन तरीक़ों से वित्तीय आज़ादी प्राप्त की है, जो वह सिखा-पढ़ा रहा है।

डेव रैम्सी जैसे विशेषज्ञों ने लोगों को क़र्ज़ से उबारने में मदद करके शानदार काम किया है। हालाँकि वे *लोगों को दौलत बनाने या दौलतमंद होने की सोच* के बारे में शिक्षा नहीं देते हैं और संभवतया यह उनका लक्ष्य नहीं है। इस प्रकार से यदि आपका लक्ष्य दौलत कमाना है तो हो सकता है कि आप अभावों की मानसिकता को दूर रखना चाहते हों। अभावों की मानसिकता किस तरह की दिखाई देती है, उसका एक उदाहरण है : यह लैटे कॉफ़ी मत ख़रीदो, 400 रुपए की कॉफ़ी लेने की जगह इस रक़म को बचा लो तो 50 साल में तो यह रक़म इतनी से इतनी हो जाएगी। क्या आप लैटे ख़रीदने में समर्थ होना चाहते हैं? यदि हाँ तो आप कैसे यह उपाय कर

सकते हैं, जिससे आप अपने वित्तीय लक्ष्य भी हासिल कर लें और उसके साथ ही लैटे कॉफ़ी भी ख़रीद लें?

यदि आप जीवनशैली निवेशक बनना चाहते हैं तो मानदंडों का अनुसरण करने पर ध्यान नहीं दें, क्योंकि आप सामान्य के लिए कुछ भी नहीं कर रहे हैं। औसत व्यक्ति नहीं जानता है कि वह अपने वित्तीय साधनों के साथ क्या कर रहा है? जब भी आप देखें कि ज़्यादातर लोग क्या कर रहे हैं तो उसके विपरीत दिशा में भागें, क्योंकि ज़्यादातर लोग इसे नहीं समझ पा रहे हैं। ख़राब उदाहरण की नक़ल क्यों की जाए?

अभावों की मानसिकता के साथ जीवन नहीं बिताएँ। आज मेरे जीवन के संबंध में आप बेहतर महसूस करते हैं तो आपके सामने और अधिक अवसर हैं।

उन लोगों की *राह पर चलें* जिन्होंने इसको जान लिया है और वे वही जीवनशैली बिता रहे हैं, जो आप चाहते हैं। उन लोगों की नक़ल करें, जिन्होंने वे उपलब्धियाँ हासिल की हैं, जिनका आप सम्मान करते हैं और वे जब बताते हैं कि बाज़ार के रुझान से हटकर उन्होंने व्यक्तिगत रूप से क्या किया है तो वे जो सिखा रहे हैं, उसका अभ्यास करें। एक वित्तीय प्रशिक्षक के पास जाएँ, जो अपनी आय को लेकर पारदर्शी हो और जिसने *हाल में* वह सब कुछ हासिल किया हो, जो आप प्राप्त करना चाहते हैं।

ग़लतफ़हमी 6 : नग़द आय प्राप्ति का निवेश शुरू करने के लिए आपको बहुत बड़ी रक़म की ज़रूरत है।

इस किताब में मैंने कई तरह के निवेशों की जानकारी साझा की है। आपके लिए यह जानना सबसे ज़्यादा ज़रूरी है कि आपको कितना भी निवेश करना हो, आपके लिए *सभी रणनीतियाँ कारगर हो सकती हैं। यह आपकी जानकारी, जोख़िम लेने की क्षमता और निवेश करने के लिए उपलब्ध पूँजी पर निर्भर* करता है कि आप किस तरह से शुरुआत करने का फ़ैसला करते हैं। आपके लिए अच्छी ख़बर यह है कि शुरुआत करने के लिए मेरे पास कई रणनीतियाँ हैं।

कुछ निवेशों के मामले में यह ज़रूरी हो सकता है कि आप **मान्यता प्राप्त निवेशक** हैं या नहीं। मान्यता प्राप्त निवेशक ऐसा व्यक्ति या कारोबारी इकाई है, जिसे उसकी आय, संपत्ति या पेशागत अनुभव के संबंध में कम से कम एक शर्त को पूरा करने के आधार पर किन्हीं निवेश अवसरों में निवेश की अनुमति प्राप्त होती है। किसी व्यक्ति को मान्यता के लिए 10 लाख डॉलर की संपत्ति या पिछले दो वर्षों के लिए प्रति वर्ष कम से कम 2 लाख डॉलर की सालाना आय (यदि विवाहित है तो 3 लाख डॉलर की संयुक्त वार्षिक आय) होना ज़रूरी है।

प्रतिभूति और विनिमय आयोग (एसईसी) ने नियामक संबंधी प्रकटन के संरक्षण की कम ज़रूरत वाले संवेदनशील निवेशकों की पहचान के लिए यह शर्तें निर्धारित की हैं। मूल रूप से एसईसी अशिक्षित निवेशकों को धोखाधड़ी वाली निवेश योजनाओं से संरक्षण प्रदान करने की कोशिश करता है।

ज़्यादातर लोग यह नहीं जानते कि ऐसे ढेरों निवेश अवसर हैं, जिनके लिए अधिमान्य निवेशक होने की ज़रूरत ही नहीं है। निवेश के प्रकार और सेक्टर के आधार पर निवेश की ज़रूरतें बदलती हैं। उदाहरण के लिए ज़मीन जायदाद के कई निवेशों में अधिमान्य निवेशक होने की शर्त नहीं है।

एक महत्त्वपूर्ण फ़ैसला आपको यह करना है कि आप सीधे निवेश करना चाहते हैं या ऐसे फ़ंड में निवेश करना चाहते हैं, जिसमें कई तरह के निवेशों का समूह है। यदि निवेश एक ठोस अवसर है तो उसमें सीधे निवेश करने में समझदारी हो सकती है। हालाँकि कई बार जोख़िमों को कम करने के लिए निवेशों के समूह को चुनना बेहतर होता है। इस तरह से कोई एक निवेश असफल भी हो जाता है तो दूसरे निवेश जो बेहतर हैं, उनसे क्षतिपूर्ति हो जाती है। (आगे के अध्यायों में इन रणनीतियों को मैं और अधिक विस्तार से बताऊँगा।)

एक और फ़ैसला प्लेटफ़ॉर्म को लेकर करना है। आप कौन से प्लेटफ़ॉर्म का इस्तेमाल करेंगे। क्राउडस्ट्रीट, पीयरस्ट्रीट और फ़ंडराइज़ सहित कई प्लेटफॉर्म लोगों से धन जुटाने वाले हैं। अधिमान्य के साथ गैर अधिमान्य निवेशक इसमें शामिल हो सकते हैं। ये मंच प्रचुर अवसर निर्मित करते हैं और एक लाख रुपए जैसी छोटी सी रक़म से निवेश की शुरुआत

करना चाह रहे लोगों के लिए एक शानदार विकल्प है। यदि आप अनुसंधान करें और गहराई में जाएँ तो उनके पास आपको निवेश के लिए अच्छी डील मिलेंगी। इन मंचों पर सभी निवेश अवसर बहुत शानदार नहीं होते, लेकिन यदि आप निवेश अवसरों का मूल्यांकन करना सीखते हैं तो कई अच्छी डील हैं। मैंने इनमें से कुछ मंचों के माध्यम से कुछ डील में निवेश किया था। मैं एक उचित डील के लिए इन पर *पूरा भरोसा करता हूँ।*

आम जनता से धन जुटाने के प्लेटफ़ॉर्म के अलावा कुछ **संगठित समूह** भी हैं। यह किसी ऐसी संपत्ति को ख़रीदने और उसके प्रबंधन के लिए कई निवेशकों के बीच हुनर, संसाधन और पूँजी की साझेदारी है, जो अकेले व्यक्तिगत रूप से वे नहीं ख़रीद सकते। यदि आप इस तरह के निवेश में मौक़ा तलाश रहे हैं, जहाँ कोई एक परिचालन टीम हो तो यह देखें कि उनके पास कितना अनुभव है। पता लगाएँ कि वे कितना शुल्क लेते हैं और इस पर विचार करें। **कुछ लोग यह नहीं जानते कि निजी प्लेसमेंट करार (पीपीएम)** दस्तावेज़ों में छुपा हुआ शुल्क भी हो सकता है। ऐसे में आपको दस्तावेज़ों में पूरे विवरण को गहराई से पढ़ने की ज़रूरत है। इस तरह के समूहों के बारे में किताब में आगे विस्तार से जानकारी दी जाएगी।

यदि आपके पास निवेश के लिए 50 हज़ार डॉलर या इससे कम हैं...

शेयर बाज़ार सूचकांकों में निवेश के अलावा एक विकल्प ज़मीन–जायदाद में निवेश का है। मुझे सामान्य रूप से ज़मीन–जायदाद का निवेश पसंद है, क्योंकि इनकी हमेशा क़ीमत रहती है। शेयरों की तरह ज़मीन का भाव शून्य नहीं होता। ज़मीन की क़ीमत होती है, जिससे ख़रीदी के लिए उसे अमानत के रूप में इस्तेमाल किया जा सकता है। अन्य निवेश जैसे कि ऐसे कारोबार जिनमें गिरवी रखने के लिए कुछ नहीं होता, उनकी तुलना में संपत्ति की इस श्रेणी को वित्त प्रदान करना आसान हो सकता है।

ज़मीन जायदाद के किराये के कारोबार में निवेश कई लोगों को आकर्षित करता है। इसमें अक्सर तुरंत ही नग़द आय की प्राप्ति होने लगती है। इसमें फ़्लैट, आवासीय योजनाएँ, औद्योगिक वितरण केंद्र और वेयरहाउस तथा गोडाउन तथा कई अन्य विकल्पों में निवेश शामिल है। जब

आपको उचित डील मिल जाएगी तो यह पहले दिन से आपको नग़द आय प्रदान करेगी। अगर आप नए निवेशक हैं तो यह थोड़ा जोख़िम भरा है और कुछ अचल संपत्तियाँ तुरंत नग़द आय नहीं देती हैं। ऐसे में यह सुनिश्चित करें कि जहाँ भी आप निवेश कर रहे हैं, उसमें नग़द आय प्राप्त होती रहे।

निश्चित समय के लिए और ब्याज पर कारोबारों को दिए जाने वाले सीनियर क्रेडिट फ़ंड निवेश का एक अन्य दिलचस्प विकल्प है। ज़मीन-जायदाद में या अन्य किसी बंधक अमानत में आप क़र्ज़ भुगतान में चूक होने पर उस संपत्ति पर **सबसे पहले अपना हक़** रख सकते हैं। इस तरह से यह अन्य निवेशों की तुलना में कम जोख़िम वाले हैं। ये फ़ंड विशेष कर मासिक आधार पर निरंतर और एक अनुमानित नग़द आय देते रहते हैं।

यदि आपके पास 50 हज़ार डॉलर या उससे भी कम राशि है तो कई अन्य पहले किए जाने वाले निवेश हैं। लेकिन मैंने कुछ रेखांकित किए हैं, जो मुझे लगता है कि कारगर हो सकते हैं।

यदि आपके पास निवेश के लिए 50 हज़ार डॉलर से अधिक की राशि है...

मुझे याद है कि मैंने जब पहली बार 50 हज़ार डॉलर से ऊपर का निवेश किया था तो रात भर मुझे नींद नहीं आई थी। *मैं सोच रहा था, हे भगवान कहीं कुछ गड़बड़ हो गई तो क्या होगा? यह बड़ी रक़म है। मैं पूरी रक़म गँवा सकता हूँ।* लेकिन मैं अपनी सोच को सीमित करने वाली बातों को रोकना चाहता था। तो जानते हैं, मैंने क्या सोचा? *अगर मैं किसी तरीक़े से सीख लूँगा तो वह तभी होगा, जब डील में मेरी धनराशि लगी होगी।* उस डील को करने के बाद मैं अगली डील में पूरी तरह आश्वस्त हो गया था और रात में भी मुझे चैन की नींद आई। मैंने पूरी प्रक्रिया को बेहतर तरीक़े से समझा और जो कुछ हुआ वह मेरे लिए सीख बन गई- वह अनुभव वास्तव में मायने रखता है।

अगर आपने भी वही महसूस किया, जैसा मैंने किया था तो आपको मैं यही सलाह दूँगा कि ज़्यादातर लोग जब निवेश की शुरुआत करते हैं तो ऐसा ही महसूस करते हैं। यह आपके लिए सीखने का मौक़ा है। आपका काम है कि आप कड़ी मेहनत और लगन से यह तय करें कि आप एक

अच्छी डील में निवेश कर रहे हैं या नहीं। यदि डील के संबंध में आपको संदेह है तो उस क्षेत्र के जानकार लोगों से उसके बारे में पड़ताल करें। कुछ बेहतरीन सलाहकारों के साथ जुड़े रहें।

जब आप सीखने की प्रक्रिया से गुज़र रहे हैं तो विविध क्षेत्रों में निवेश को अपनी रणनीति बनाएँ। उदाहरण के लिए यदि आप 2.5 लाख डॉलर का निवेश करना चाहते हैं तो आप उसे 50-50 हज़ार डॉलर की कई छोटी डील में निवेश कर सकते हैं। यदि आपकी किसी एक ख़ास संपत्ति में विशेषज्ञता नहीं है तो इस तरह से अलग-अलग संपत्तियों में अपने धन का निवेश करना एक अच्छा तरीक़ा है। आवश्यक रूप से इस तरह से एक ही जगह पर रक़म को निवेशित करना आपको जोख़िम से बचाता है।

इसमें कोई संदेह नहीं है कि आपके पास ज़्यादा धन है तो अधिक अवसर उपलब्ध हैं। उदाहरण के लिए मैंने जो कुछ सबसे अधिक प्रबल निवेश अवसर देखे हैं, उनमें न्यूनतम निवेश बहुत अधिक है (जैसे कि 2.5 लाख या 10 लाख डॉलर तक)। लेकिन न्यूनतम निवेश ज़्यादा होने का अर्थ यह नहीं है कि उससे कम लागत वाले निवेश अवसर उचित नहीं हैं। दूसरी ओर, अधिक पूँजी में बेहतर शर्तों के साथ कई तरह की अतिरिक्त डील और निवेश मौजूद होते हैं।

जब आप निवेश शुरू करते हैं तो यह आँकड़े असंभव की तरह दिखाई दे सकते हैं, लेकिन अभ्यास और शिक्षा के साथ ये आसान तथा और अधिक सुपरिचित हो जाते हैं। अनुभव और शिक्षा ने मेरे लिए अधिक रक़म के निवेश को भी आसान बना दिया। पहले मैं एक निश्चित रक़म के बाद उससे ज़्यादा निवेश में बेचैनी महसूस करता था।

एक बार जब निवेश शुरू करते हैं और आगे बढ़ते हुए सीखते जाते हैं तो निवेश आसान बन जाता है। आप भावनात्मक रूप से निवेश से नहीं जुड़ते और परिणाम पर नज़र रखते हैं।

जीवनशैली निवेशक के लिए मर्फ़ी के नियम

सचमुच में मेरा मानना है कि दूसरों की ग़लती से
जितना संभव हो, सीखना बेहतर है।

– वारेन बफ़ेट

प्रत्येक निवेशक ग़लती करता है और कभी न कभी अपना धन गँवाता है। हालाँकि यदि मैं आपको निवेश संबंधी एक मूर्खतापूर्ण ग़लती करने से रोक सकता हूँ तो मैं आपके हज़ारों, लाखों रुपए की बचत कर सकता हूँ। इस ग़लती के बारे में आपको यहाँ मैं बताने जा रहा हूँ। लेकिन इससे भी ज़्यादा महत्त्वपूर्ण है कि आपके कई वर्षों का समय मैं बचा सकता हूँ। आख़िरकार यह किताब जीवनशैली निवेशक *बनने* के बारे में है।

सेना में ज़्यादातर सैनिक बुनियादी प्रशिक्षण से गुज़रते हुए अपने बैरकों में किसी न किसी रूप में युद्ध के **मर्फ़ी के नियमों** को देखते हैं। मुझे रेडिट पर एक पोस्ट में यह जानकारी हुई। सेना में सेवाएँ दे चुके कुछ महिलाओं और पुरुषों ने अपने पोस्ट में कहा कि इन नियमों से उन्हें युद्ध के दौरान अपनी जान बचाने में मदद मिली। आपको इंटरनेट पर इस तरह के सैकड़ों नियम मिल सकते हैं, लेकिन यहाँ पर सूची में अपने पसंदीदा 20 नियमों का मैं उल्लेख कर रहा हूँ।

युद्ध संबंधी मर्फ़ी के नियम

1. मित्रों पर ही हमला – नहीं।
2. मैदानी अनुभव उस समय तक आपको नहीं मिलता, जब तक ठीक आपको उसकी ज़रूरत नहीं आन पड़ती।
3. इससे कोई फ़र्क़ नहीं पड़ता कि आपको किस दिशा में जाना है, क्योंकि हमेशा चढ़ाई ही मिलनी है।
4. गोलियाँ हमेशा अजीब लोगों पर दागी जाती हैं। आप अजीब ही हैं।
5. यदि वह मूर्ख है, लेकिन कारगर है, तो वह मूर्ख नहीं है।
6. मामूली दिखने की कोशिश करें, हो सकता है दुश्मन के पास गोलियाँ कम हों और वह आप पर उनको बर्बाद करना नहीं चाहे।
7. कभी भी अपने से बहादुर के साथ छुपने वाली अड्डे की कोई जानकारी साझा नहीं करें।
8. कभी यह नहीं भूलें कि सबसे कम बोली लगाने वाले ने आपके हथियार बनाए हैं।
9. संपूर्ण योजना जैसा कुछ नहीं होता है।
10. पाँच सेकेंड वाले फ्यूज़ हमेशा तीन सेकेंड में ही जल जाते हैं।
11. महत्त्वपूर्ण चीज़ें हमेशा सरल होती हैं, सरल हमेशा मुश्किल होती हैं।
12. आती हुई गोलियों की बौछार का हक़ है कि उसे रास्ता दिया जाए।
13. युद्ध के लिए तैयार कोई यूनिट कभी निरीक्षण में पास नहीं हुई।
14. निरीक्षण के लिए तैयार कोई यूनिट कभी युद्ध में कामयाब नहीं हुई।
15. यदि दुश्मन आपकी रेंज में है तो आप दुश्मन की रेंज में हैं।
16. दुश्मन की आती हुई गोली से सटीक यदि कुछ और है तो वह है साथी की ओर से आ रही गोली।

17. जिन चीज़ों को समूह में एक साथ भेजा जाना चाहिए, वे नहीं भेजी जातीं।
18. जिन चीज़ों को एक साथ काम करना चाहिए, वे उस तरह से रणक्षेत्र में नहीं ले जाई जा सकतीं।
19. कुछ नहीं करने सहित आप जो भी करते हैं, उससे मारे जा सकते हैं।
20. पेशेवर सैनिक के बारे में अनुमान लगाया जा सकता है, दुनिया ख़तरनाक शौकिया सैनिकों से भरी हुई है।

आप सेना में हों या कभी थे या नहीं रहे हैं, तब भी युद्ध के इन नियमों में आप कुछ न कुछ ज्ञान की झलक देख सकते हैं। ऐसा हुआ है कि इनकी उपेक्षा करना जानलेवा हो सकता है। इन नियमों ने मुझे अपने नियम बनाने को प्रेरित किया है, जिन्हें मैं *जीवनशैली निवेशक के लिए मर्फ़ी के नियम कहता हूँ।*

नियमों की उपेक्षा करने के ख़तरे

मैं आपको निवेश के दौरान की गई अपनी सबसे भयानक ग़लती के बारे में बताऊँगा, जिससे आप वह ग़लती कभी नहीं करें। आपको बर्नी मैडऑफ़ की पोंजी स्कीम याद है, जो 2008 में निकल कर आई थी? मैं एक पोंजी स्कीम में फँस गया था, जिससे मुझे क़रीब 10 लाख डॉलर का नुक़सान उठाना पड़ा।

कुछ साल पहले मुझे एक शानदार अवसर के बारे में जानकारी मिली। मैं हमेशा से ऑनलाइन अचल संपत्ति पसंद करता था और मेरे संपर्क में वेबसाइट बनाने वाली कंपनी आई। वेबसाइट विज्ञापन राजस्व, उससे संबद्ध राजस्व और ई-कॉमर्स राजस्व सहित आय के कई अलग-अलग स्रोतों से ऐसी आय आपको देगी, जिसमें आपको समय देने की आवश्यकता नहीं होगी। ऐसा कहा गया कि इसके माध्यम से अंत में एक ऑडियंस की सूची तैयार की जाएगी और मुझे आय के साथ संपत्ति भी मिलेगी, जो मैं बेच सकता था। डील आकर्षक दिखाई दे रही थी, इसमें मेरे धन पर 20%

सालाना रिटर्न का भुगतान मिल रहा था। इसके अलावा साइट बेचे जाने पर मुझे कंपनी के साथ आधी-आधी राशि मिलने वाली थी।

अभी तक तो यह मुनाफ़ा देने वाली स्कीम जान पड़ रही है, है ना?

इससे भी अच्छी बात कि निवेश में मुझे पूँजी लगाने के सिवाय और कोई भी काम करने की ज़रूरत नहीं थी। मेरे एक अच्छे दोस्त ने 2013 में इसमें निवेश किया था। एक अन्य दोस्त ने 2014 में और कंपनी ने उनको हमेशा नियमित भुगतान किया। कभी भी भुगतान में चूक नहीं की। हरेक दृष्टिकोण से यह एक गारंटी वाली योजना दिखाई दे रही थी।

पहले मैं आपको एक बुरी ख़बर दे दूँ। मैंने 3 लाख डॉलर का निवेश किया और पहले साल वादे के मुताबिक़ 60 हजार डॉलर की कमाई की। कारोबार ने कभी भुगतान में चूक नहीं की थी। उसके बाद जब स्थान बिक गया तो उसमें मुझे 2 लाख डॉलर मुनाफ़ा मिला। मैंने इस धन को दोबारा निवेश करने और इसके अतिरिक्त 1 लाख डॉलर और लगाने का फ़ैसला किया। मैंने निवेश लगभग दोगुना कर दिया। उस वक्त मैंने 6 लाख डॉलर की रक़म लगा दी थी (3 लाख डॉलर का मेरा मूल निवेश + बिक्री से प्राप्त 2 लाख डॉलर + 1 लाख डॉलर अतिरिक्त)।

अगले डेढ़ वर्ष मुझे और 2 लाख डॉलर का मुनाफ़ा प्राप्त हुआ। उस समय तक सब कुछ बहुत सुचारू रूप से चल रहा था, यंत्रवत तरीक़े से। मैंने 2 लाख डॉलर का और निवेश किया, जिसे मिलाकर मेरा कुल निवेश 8 लाख डॉलर का हो गया।

निवेश के पहले तमाम तरह की जाँच-पड़ताल की हमारी एक बहुत सुविचारित सूची थी, जिसके अनुसार मेरे वकील सहित मेरी टीम छानबीन करती थी। मैंने जब अपने वकील को इस डील के बारे में बताया तो उन्होंने मुझे समझाने का प्रयास किया कि इसमें नहीं जाना चाहिए। उन्होंने कहा, ''यह इतनी शानदार है कि इसके सच होने पर संदेह होता है।'' लेकिन अफ़सोस कि फिर भी मैंने इस पर आगे बढ़ने का फ़ैसला किया।

और इस तरह से शुरुआत हुई, उन नियमों की जिन्हें मैं जीवनशैली निवेशक के मर्फ़ी नियम कहता हूँ : जाँच-पड़ताल की सूची जिसका क़तई उल्लंघन नहीं हो, हर हालत में पालन किया जाए।

जीवनशैली निवेशक के लिए मर्फ़ी के नियम : जाँच–पड़ताल की सूची जिसकी अनदेखी नहीं हो

1. अगर यह इतनी शानदार है कि सच नहीं हो सकती तो संभवतया ऐसा ही हो सकता है।
2. यदि इसमें कुछ शंकास्पद है तो ऐसा हो सकता है।
3. प्रभावित करने के लिए जाने–माने लोगों से संपर्क का दावा करने वालों से सावधान रहें।
4. महत्त्वपूर्ण चीज़ें हमेशा साधारण होती हैं, साधारण हमेशा कठिन होती हैं।
5. जब भी संदेह हो तो जीवनशैली निवेश के सिद्धांतों और 10 नियमों की समीक्षा करें।
6. असामान्य रूप से कई गुना मुनाफ़े से सावधान रहें, भले ही आप ज़रूर चाहेंगे कि सचमुच में ऐसा हो जाए।
7. ख़त्म हो रहे उद्योग से सावधान रहें।
8. ख़त्म हो रहे बाज़ारों और शहरों से सावधान रहें।
9. यदि किसी शहर या कस्बे में रोज़गार मुहैया कराने वाली एक ही प्रमुख कंपनी या नियोक्त हो तो वहाँ निवेश करना शायद बुहत जोख़िम भरा हो, भले ही डील कितनी भी आकर्षक क्यों नहीं हो।
10. ख़ुद बिना किसी गहन अध्ययन के किसी ऐसे उपक्रम में निवेश करना, क्योंकि आपके दोस्त ने भी उसमें निवेश किया है, यह होशियारी नहीं है।
11. बिना यह सोच–विचार किए कहीं भी निवेश नहीं करें कि इसके स्वामित्व पर और इसके संचालन में क्या लागत आएगी?
12. आप अपने स्तर पर गहन अनुसंधान करें! उनके आंकड़ों पर भरोसा नहीं करें। याद रखें कि वे बेचना चाहते हैं। आप तक सही सूचना पहुँच रही है, यह सुनिश्चित करने के लिए आप अपनी समीक्षा की तुलना साथी निवेशकों से करे।
13. ग्राहकों की ऑनलाइन समीक्षा की गहराई से पड़ताल करें।
14. बेचने वालों और भागीदारों की पृष्ठभूमि की पड़ताल करें।

15. क़ानूनी परामर्श प्राप्त करें। पेशेवर उन चीज़ों को देख पाते हैं, जिन्हें आप नहीं देख पाते।
16. यह भी सुनिश्चित करें कि अन्य विशेषज्ञ निवेश को पसंद करते हैं।
17. कई निवेशकों का साक्षात्कार करें, जिन्होंने लंबे समय के लिए निवेश किया है।
18. कोई भी लंबी अवधि का निवेशक नहीं होने की स्थिति में सावधानी बरतने की ज़रूरत है।
19. किसी भी व्यक्ति से उसके ही रणक्षेत्र में जाकर कभी नहीं मिलें। दूसरे शब्दों में वकील से पंगा नहीं करें, जो ऊर्जा और वित्तीय रूप से आपको खोखला कर सकता है।
20. जिस से आप ख़रीदी कर रहे हो, उसे आपका कमतर आकलन करने दो। अपने अहंकार को हटा दीजिए और ज़्यादा चतुर नहीं बने।
21. कभी भी बिना पूरा पढ़े हुए और अपने वकील की सहमति लिए बिना किसी भी करार पर दस्तख़त नहीं करें।
22. कभी भी ऐसा मान कर नहीं चलें कि आप जिस करार पर दस्तख़त कर रहे हैं, यह वही है, जिसे आप ने एक बार स्वीकृति दी थी, लोग अंतिम मौक़े पर उसमें कुछ नए क़िस्म की शर्तें जोड़ सकते हैं।
23. यह जानें और समझें कि निवेश का अवसर पेशेवरों के द्वारा निर्मित है, जो कि आम तौर पर अनुमान लगाने योग्य होता है। या शौकिया और अकुशल लोगों का उपक्रम है, जो कि ख़तरनाक हो सकता है। आपको यह जानने की ज़रूरत है कि किन लोगों के साथ आप काम कर रहे हैं।
24. जब तक कि उनको प्राप्त हो रहा धन वैध है, तब तक बैंकों को इसकी चिंता नहीं रहती है कि धन कहाँ से आ रहा है।
25. कई बार आपका सर्वश्रेष्ठ निवेश वह होता है, जो आप नहीं करते हैं।

LifestyleInvestor. com/gift पर मर्फ़ी नियमों की निशुल्क पीडीएफ़ कॉपी डाउनलोड करें।

इस ग़लती में भी एक तोहफ़ा है। मैं मूर्ख हूँ कि मैंने इस तरह से धन गँवाया। मैं और भी बड़ा मूर्ख हूँ यदि मैं उस ग़लती से सबक़ नहीं सीखता हूँ।

अब आपकी जिज्ञासा को शांत करने के लिए मैं कुछ विशेष बातें बताता हूँ। मेरे वकील ने कहा, ''यह इतनी शानदार है कि इसके सही होने पर संदेह होता है। यह पोंजी स्कीम की तरह मालूम होती है।'' कंपनी के क़ानूनी सलाहकार ने करार में जिस तरह की शब्दावली का इस्तेमाल किया था, उससे वे संदेह से भर गए थे।

आख़िरकार डील टूट गई। ऑडिट शुरू हुआ। मुझे तमाम नई जानकारियाँ प्राप्त हुईं :

- कंपनी ने झूठ बोला था कि तीसरे पक्ष से ऑडिटिंग कराई है और एक जानी-मानी कंपनी ने ऑडिट किया है।
- वह कई वर्षों से 5000 सबसे तेज़ी से बढ़ने वाली इंक. कंपनियों में रही थी और उन्होंने आंकड़ों में जालसाज़ी करके अपनी इस स्थिति को निरंतर बनाकर रखा। इसके संस्थापक लगातार इंटरनेट की दुनिया की लोकप्रिय शख़्सियतों के निवेशक और सलाहकार के रूप में जुड़े होने के झूठे दावे कर रहे थे।
- अंत में कंपनी भुगतान करने में चूक गई। मालिक निवेशकों के भुगतान के लिए आने वाले निवेशकों के धन पर निर्भर हो गया, जिसने साफ़ कर दिया कि पूरी डील पोंजी स्कीम ही थी।

दुर्भाग्य से मालिक को किसी ने कारोबार के लिए सही सलाह नहीं दी थी। मैंने और अन्य निवेशकों ने जिस क़ानूनी करारनामे पर हस्ताक्षर किए थे, उसमें साफ़ लिखा था, आने वाले निवेश धन के ख़र्च के संबंध में निर्णय लेने का अधिकार कंपनी का है। इसका एक अंश गारंटी रिटर्न के भुगतान में ख़र्च होगा और एक अंश ''अन्य व्यय में ख़र्च'' हो सकता है। उनके व्यय के हिस्से में पुराने निवेशकों का भुगतान शामिल था। हालाँकि कंपनी के मालिक ने स्वीकार किया कि उसे इसकी जानकारी नहीं थी। नए आने वाले धन से पुराने निवेशकों को भुगतान करना क़ानून के ख़िलाफ़ है। मेरे वकील और मैंने जैसे-जैसे और गहराई से जानकारी जुटाई तो पता चला कि कंपनी

ने जिन बैंकों के साथ काम किया, उनको सब पता होना चाहिए था, जो कुछ चल रहा था, क्योंकि सभी जगह से चेतावनी के संकेत मिल रहे थे।

अंतत: कंपनी के मालिक ने तेज़ी से विस्तार किया और बहुत सारा धन ख़र्च किया। मुख्य वित्तीय अधिकारी और मुख्य कार्यपालन अधिकारियों की नियुक्ति इतनी देर से की जब सार्थक बदलाव करने का समय निकल चुका था। यह कारोबार ठप होने से पहले 27 साल तक चलता रहा।

इस समय मेरे पास ज़्यादा कहने को कुछ नहीं है। लेकिन कंपनी मालिक को संभवतया लंबे समय के लिए जेल जाना पड़ सकता है। इंटरनेट पर मुझे खोजबीन करने पर पता चला है कि पोंजी स्कीम कारोबार के लिए औसत सज़ा आठ से दस साल की क़ैद की है। किताब लिखते समय जाँच जारी होने के कारण मैं और ज़्यादा ब्योरा ज़ाहिर नहीं कर सकता।

कहानी से नसीहत मिलती है कि कभी भी अपने अहंकार और धन खो देने के डर से ऐसी अवैध हरकतें नहीं करें, जो आपको जेल पहुँचा दें या आपके संबंधों, आपकी प्रतिष्ठा या आपके वैवाहिक जीवन को तबाह कर दें। आप जीवन में कभी भी दोबारा धन कमा सकते हैं, लेकिन चंद मिनटों में आप अपनी प्रतिष्ठा गँवा सकते हैं और खोई हुई प्रतिष्ठा दोबारा पाना कठिन है।

इस वित्तीय ग़लती में सीख का उपहार है। मैंने अपनी मूर्खता से अपना धन गँवाया। लेकिन यदि मैं नाकाम साबित हुई डील में समाहित सबक़ नहीं सीखता हूँ तो मैं और भी बड़ा मूर्ख हूँ। ऐसे लोगों के संपर्क में रहें, जो आपसे बहुत अधिक चतुर हों। उनकी सलाह को सुनें और जोखिम से अपना बचाव करें। आप छोटे संग्राम में पराजित हो सकते हैं, लेकिन यह सुनिश्चित करें कि युद्ध में आपकी जीत हो।

ऐसे लोगों के संपर्क में रहें, जो आपसे बहुत अधिक चतुर हों। उनकी सलाह को सुनें और जोखिम से अपना बचाव करें। आप छोटे संग्राम में पाराजित हो सकते हैं, लेकिन यह सुनिश्चित करें कि युद्ध में आपकी जीत हो।

मेरा लक्ष्य आपके लिए ज़रूरी मार्गदर्शन और सहायता प्रदान करना है, जिससे आप बेवक़ूफ़ी भरे फ़ैसले लेकर अपना धन नहीं गँवाएँ। इससे आप रणनीतियों और नियमों का इस्तेमाल करते हुए जोख़िमों

को कम करते हुए अपना बचाव कर सकते हैं तथा अच्छा मुनाफ़ा अर्जित कर सकते हैं। यदि पूर्व में आपने धन गँवाया है तो यह आपकी ग़लती नहीं है – आपको उपयुक्त उपायों और तरीक़ों के साथ सही मार्गदर्शन नहीं मिला था, जो आपको वित्तीय आज़ादी हासिल करने में मददगार होता।

भाग - 2

नियम

नियम 1 :
सर्वप्रथम है जीवनशैली

सफलता की मेरी परिभाषा है कि इस तरह से अपना जीवन व्यतीत करना है, जो आपको अत्यधिक ख़ुशी का अहसास दे और कम से कम तकलीफ़ दे – और आपकी जीवनशैली के कारण आपके आसपास के लोग तकलीफ़ से कहीं अधिक प्रसन्नता को महसूस करें।

– टोनी रॉबिंस

मैं आपको अपने पहले शिष्य जिन्हें मैं लाइफ़स्टाइल इन्वेस्टर लॉयन कहता हूँ, उनके बारे में एक कहानी सुनाता हूँ। अधिक संपत्ति वाले ऐसे निजी निवेशक शिष्य जो मुझसे एक साल के दौरान व्यक्तिगत रूप से शिक्षा लेने के लिए जुड़ते हैं, उन्हें मैं लाइफ़स्टाइल इन्वेस्टर लॉयन कहता था। हरेक लॉयन को मैं उच्च स्तरीय निवेश रणनीति पर निजी रूप से प्रशिक्षित करता हूँ। इस प्रशिक्षण में सोच में बदलाव, डील का स्वरूप, डील की छानबीन करना और वास्तविक निवेश अवसरों के संबंध में शामिल है। मेरा लक्ष्य हरेक लॉयन को इस तरह के एक या अधिक निवेश में मदद करना है, जो मेरे निवेश की तरह हों यानी कि कम से कम जोख़िम के साथ उनकी जीवनशैली के लिए पर्याप्त नग़द आय प्रदान करें।

एक साल के बाद हरेक लॉयन के पास जानकारी, विवेक और समझ होती है कि वे किस तरह की रणनीतियाँ अपने पास रखें, जिससे उनके

निवेश पर सर्वाधिक मुनाफ़ा प्राप्त हो। सबसे महत्त्वपूर्ण है कि इस एक साल की अवधि के दौरान हरेक लॉयन को ऐसे पेशेवरों के साथ मेरे 20 साल के संबंधों के विशाल नेटवर्क का लाभ हासिल होता है, जिन्हें उनकी संपत्ति का बचाव करने का अद्वितीय ढाँचा खड़ा करने और उच्च स्तरीय कर रणनीति बनाने तथा सलाह प्रदान करने में महारत है। इन प्रशिक्षु लॉयन की पहुँच ऐसी डील तक भी होती है, जो कि अक्सर नज़र नहीं आती हैं या बिना आरंभिक जानकारी दिए उन तक पहुँच कठिन होती है। मैंने पहले भी कहा था कि मैं इस ख़ास समूह को लायन्स नेटवर्क कहता हूँ।

मेरे पहले लाइफ़स्टाइल इन्वेस्टर लॉयन अब सुबह तभी जागते हैं, जब उनकी जागने की इच्छा होती है। कई वर्षों से उन्हें घड़ी का अलार्म इस्तेमाल करने की कोई ज़रूरत नहीं पड़ी है। उनका कोई बॉस नहीं है या वे ऐसी कोई नौकरी नहीं करते हैं, जिसमें उनको समय देना पड़े। सुबह उठने के बाद पहले एक घंटे वह पढ़ने, प्रार्थना, ध्यान और लिखने आदि में बिताते हैं। (पिछले साल उन्होंने 150 से ज़्यादा किताबें पढ़ डालीं।) इसके बाद वे एक घंटे का समय अपनी सेहत को देते हैं, कसरत आदि करते हैं। 40 साल की उम्र में भी वे बहुत युवा दिखाई देते हैं। उनकी शादी को 10 साल हो चुके हैं। उनकी पत्नी का कहना है कि अब भी ज़्यादातर समय वे जोश से भरपूर रहते हैं।

सुबह का समय अपनी शारीरिक और मानसिक सेहत को देने के बाद वे अपने आठ अंकों के निवेश और सात अंकों की बैंक जमा राश की समीक्षा करते हैं और अपनी जीवनशैली पर विचार करते हैं। इसमें परिवार के साथ दो महीने का सैर-सपाटा और विदेश यात्राएँ (एक यूरोप और दूसरी कैरेबियाई देश की) शामिल हैं। इसके अलावा क़रीबी दोस्त बन चुके बहुत दौलतमंद लोगों के साथ कम से कम दो कारोबारी यात्राओं की योजना भी होती है। अगले दो घंटे का समय वे अपने हाल के निवेशों के कारोबार से संबंधित सीईओ के साथ वीडियो कॉल पर बातचीत, बहुत इत्मिनान के साथ दोपहर का भोजन करने में बिताते हैं। दोपहर दो बजे के बाद उनके पास समय ही समय होता है।

उन्होंने और उनकी पत्नी ने बेटी की शिक्षा का घर में प्रबंध किया है। स्कूल की घर में ही शिक्षा लेने के साथ निजी रूप से भी उसको शिक्षक

पढ़ाते हैं। इस तरह दोपहर से मेरे ये लॉयन निवेशक अपनी बेटी के साथ समय बिताने के लिए उपलब्ध हो जाते हैं। वे और उनकी पत्नी को भी कई घंटे का समय साथ में गुज़ारने के लिए मिल जाता है। कहीं भी जाना हो, बातें करनी हों। वे कुछ भी अपने हिसाब से कर सकते हैं। तीनों साथ में भोजन करते हैं। अपनी बेटी को सुलाने के बाद दंपती साथ में वाइन का लुत्फ़ उठाते हैं।

यह लाइफ़स्टाइल इन्वेस्टर लॉयन सप्ताह में तीन दिन काम करता है। तीन-चार दिन की छुट्टी रखते हैं और जानते हैं कि अगर उनकी इच्छा हुई तो वे कई साल तक बिना काम किए अपना जीवन इसी तरह से आराम से बिता सकते हैं। और उनके पास *सोच-विचार के लिए पर्याप्त समय* होता है, जिसका उपयोग वे प्रेरणास्पद पॉडकास्ट आदि सुनने में करते हैं, जो उनको दीर्घकालिक रणनीति बनाने और अपने विचारों के नोट बनाने में मदद करते हैं। अब नींद में आराम से सोते हुए महीने के पहले सप्ताह में ही उनको इतनी आय प्राप्त हो जाती है, जितनी उनको 50 से 70 घंटे प्रति सप्ताह काम करने के बाद पूरे महीने में होती थी। (उस समय वे छह अंकों की आय के साथ उच्च आय प्राप्त करने वालों में जाते थे!)

आज मेरे यह लॉयन शिष्य अपनी मनमर्ज़ी से अपना जीवन बिताते हैं। उनको अपना समय बिताने की पूरी आज़ादी है। अपने परिवार और दोस्तों के साथ के लिए वे अपना समय दे सकते हैं। अपने जुनून और जीवन के अपने उद्देश्य को पूरा करने के लिए जो भी वे करना चाहते हैं, उसके लिए उनके पास समय ही समय है। वे अपने संबंधों और अपने संपूर्ण स्वास्थ्य को सबसे ऊपर रखते हुए मानसिक, शारीरिक, भौतिक, भावनात्मक और आध्यात्मिक विकास के लिए प्रयासरत हैं। उन्होंने अपनी जीवनसंगिनी को भी अपने शौक और जुनून को पूरा करने के लिए काम करने की आज़ादी दी है। वे कोई भड़कीली या बहुत आकर्षित करने वाला जीवन नहीं बिताते हैं। कोई भी उनको और उनके परिवार को देखकर उनकी संपत्ति का अंदाज़ नहीं लगा पाएगा।

दो दशकों से ज़्यादा समय से ना केवल उनके पुराने दोस्त उनके साथ हैं, बल्कि कई करोड़पतियों और अरबपतियों से उनके पूरी तरह से नए संबंध स्थापित हुए हैं। वे और उनकी पत्नी अपनी आय का एक हिस्सा अपने

चर्च को देते हैं। इसके अलावा वे हर साल कई परोपकारी संस्थाओं को भी उदारतापूर्वक दान देते हैं। उनके जीवन में अपनी पसंद से फ़ैसले करने की पूरी आज़ादी है। वे किसी भी समय अपने परिवार के लिए जो भी चाहें ख़रीद सकते हैं, लेकिन उन्हें जो चीज़ प्रेरित करती है, वह है किस तरह से वे कुछ बेहतर करने में अपने प्रभाव का इस्तेमाल करें, लोगों से जुड़ें, समाज को कुछ वापस दें और बदलाव लाएँ।

अपनी वित्तीय आज़ादी का उन्होंने पहला मानदंड बनाया है, अपनी पत्नी को नौकरी से मुक्त कराना। वे हाई स्कूल में कारोबार से संबंधित बहुत योग्य शिक्षिका हैं, लेकिन परिवार के तौर पर वे ज़्यादा बेहतर और अधिक लचीली जीवनशैली चाहते थे। वे 36,000 डॉलर सालाना वेतन हासिल कर रही थीं। उनको ऐसी संपत्ति में निवेश करने की ज़रूरत थी, जो साल में इतनी ही आय दे सके। वैसे तकनीकी रूप से इससे भी कुछ कम आय देने वाली संपत्ति भी चल सकती थीं, क्योंकि कर चुकाने के बाद यह राशि 36,000 डॉलर से काफ़ी कम हो जाती थी। इसके अलावा निवेश की रक़म पर कर की दर वेतन पर कर की दर से काफ़ी कम भी थी।

उन्होंने हिसाब लगाया कि उनको प्रति माह कितनी आय की ज़रूरत है और इसके बाद उन्होंने मोबाइल होम पार्क ख़रीदने का फ़ैसला किया। पहली ख़रीदी ने उनकी पत्नी के वेतन के लगभग बराबर आय का जुगाड़ कर लिया और यह उनको अपनी नौकरी छोड़ने के लिए पर्याप्त थी। यह बदलाव बहुत सरल-सहज तरीक़े से हो गया, जिससे उनको परिवार के साथ समय बिताने, यात्रा आदि पर जाने और परिवार की ज़रूरत के लिए समय ही समय था। इस निवेश से होने वाली आय ने उनके समय को वापस ख़रीद लिया और अब उनके जीवन में समय को लेकर स्वतंत्रता थी। कुछ साल बाद उन्होंने अपनी आय की पूर्ति के लिए भी यही किया।

पूरा खुलासा : मेरा पहला लॉयन शिष्य मैं स्वयं था। किसी और को जीवनशैली निवेशक परिकल्पना के बारे में नसीहत देने या इस जानकारी को साझा करने के पहले स्वयं मुझे इसे अपने जीवन में उतारना ज़रूरी था ताकि मैं सहज महसूस कर सकूँ। मेरा नियम है कि कभी भी ऐसे व्यक्ति से वित्तीय सलाह नहीं लूँ, जो वर्तमान में वह काम ना कर रहा हो, जो मैं करना

चाहता हूँ या वैसी जीवनशैली नहीं बिता रहा हो, जो मैं बिताना चाहता हूँ। इसलिए पहले मुझे अपने आप को ही इसकी शिक्षा देनी थी।

इस किताब में आप जो पढ़ने वाले हैं, वह सब कुछ आपको सिखाने और उसका प्रशिक्षण देने की अपनी क्षमता पर पूर्ण विश्वास के लिए यह बहुत महत्त्वपूर्ण था कि मैं साक्षात वह उदाहरण पेश करूँ। और *नयापन* बहुत मायने रखता है। यदि यह किताब मैं अपनी अंतिम विफलता जिससे मैं उबर नहीं सका, उसके दस या बीस साल बाद लिख रहा होता तो मैं आपको नेक सलाह देने के लिए कभी भी ख़ुद पर भरोसा नहीं करूँगा। साथ ही मैं कभी ऐसे किसी वित्तीय प्रशिक्षक के साथ काम नहीं करूँगा, जो मुझसे कम आमदनी हासिल कर रहा हो।

ज़्यादातर लोग दूसरों के जीवन को देखकर अपना जीवन बिताते हैं या कहें कि उनका जीवन दूसरों के जीवन की प्रतिक्रिया की तरह होता है। मेरा लक्ष्य? अपने हिसाब से और सोच-विचार के साथ अपना जीवन बिताना।

स्वतंत्रता का सूत्र

जीवनशैली निवेशक होने की जो एक सबसे रोमांचक और शानदार बात यह है कि आप अपनी शर्तों और अपनी योजना के अनुसार जीवन बिता सकते हैं। **स्वतंत्रता का सूत्र** आपको अपनी चाहत के अनुरूप जीवन को आकार देने में मदद करता है। ऐसा जीवन नहीं, जिसमें अपने आप सब कुछ घटता जा रहा है।

जीवनशैली निवेशक बनने की दिशा में सबसे पहला क़दम है कि आप अपने जीवन को कैसा बनाना चाहते हैं, इसके संबंध में आपके पास पूरी सोच हो। आगे बढ़ने से पहले कुछ देर रुक कर आप स्वतंत्रता सूत्र का यह अभ्यास करें। प्रत्येक स्वतंत्रता सूत्र की श्रेणी में आप अपनी सर्वोच्च प्राथमिकता को परखें, जिससे आपको अपने लिए एक संपूर्ण जीवनशैली संसार निर्मित करने में मदद होगी।

समय + धन + संबंध + प्रभाव = जीवनशैली निवेशक की स्वतंत्रता

समय की स्वतंत्रता : आपके लिए क्या महत्त्वपूर्ण है?
❑ आप जिस समय पर चाहें तब जागने की स्वतंत्रता। ❑ कसरत करके अपने शरीर को सेहतमंद बनाने की स्वतंत्रता। ❑ प्रार्थना और ध्यान करने के समय की स्वतंत्रता। ❑ लिखने और अपने आप को अभिव्यक्त करने के समय की स्वतंत्रता। ❑ अपने बच्चों को घर पर पढ़ाने के समय की स्वतंत्रता। ❑ प्रेरक पॉडकास्ट सुनने और प्रेरणास्पद किताबें पढ़ने के लिए समय की स्वतंत्रता। ❑ रणनीति बनाने तथा सोच-विचार कर, योजना बनाने और लक्ष्य तय करने के लिए समय की स्वतंत्रता। ❑ परिवार के साथ भोजन करने और असीमित शानदार पल बिताने के लिए समय की स्वतंत्रता।

धन की स्वतंत्रता : आपके लिए क्या महत्त्वपूर्ण है?

- ❑ साल में कई बार छुट्टियाँ मनाने का समय (या और भी बहुत कुछ जो भी आपके सपने हों)।
- ❑ एक बार में कई महीनों तक यात्रा करने का समय।
- ❑ आप जो कुछ सीखना चाहते हों, उसके बारे में जानने सीखने का समय।
- ❑ एक बार में कई सालों तक काम करने या न करने का चुनाव करना।
- ❑ जो जब भी आप चाहें उसे इच्छानुसार ख़रीद लेना।
- ❑ बैंक खाते में शेष राशि की चिंता किए बिना बड़ी रक़म का चेक जारी करना या बिन सोच-विचार करे ख़रीदी करना।
- ❑ सात, आठ या नौ अंकों में संपत्ति बनाना।
- ❑ सात अंकों में या ज़्यादा की नग़दी या सोना आदि संपत्ति।
- ❑ किसी भी समय और कहीं भी छुट्टियाँ मनाने जाना।
- ❑ अपने समयानुसार दुनिया की सैर करना, आलीशान होटलों और घरों में अपनी मर्जी के हिसाब से रहना।
- ❑ स्वयं के लिए ज़्यादा समय ख़रीदने के लिए किसी पेशेवर या सेवाओं के एवज़ में भुगतान करना।
- ❑ उदारता और खुले हाथों से दान देना।
- ❑ धन को अपने और सपनों तथा लक्ष्यों को पूरा करने के साधन के रूप में इस्तेमाल करना।
- ❑ परिवार, दोस्तों या अन्य के लिए एक ट्रस्ट कोष बनाना।

संबंधों की स्वतंत्रता : आपके लिए क्या महत्त्वपूर्ण है?

- ❑ अपने जीवनसाथी और बच्चों के साथ और अधिक गहराई के साथ जुड़ने के लिए कोई कोर्स या क्लास करना।
- ❑ ऐसे लोगों के साथ काम करना, जो आपको प्रेरित करते हैं।
- ❑ नियमित आधार पर किसके साथ समय बिताना है, इसका चयन करना।
- ❑ आपके लिए सबसे महत्त्वपूर्ण पाँच से दस लोगों के साथ बहुत ही शानदार पल बिताने के लिए एक समर्पित समय तय करना।
- ❑ आप जिनसे सबसे ज़्यादा प्यार करते हैं, उनके साथ अनुभवों को साझा करने के लिए समय तय करना।
- ❑ आपकी या आपकी सामाजिक हैसियत या प्रभाव रखने वाले लोगों के साथ जुड़ने की क्षमता की उन्नति में मदद करने वालों के साथ संबंध बढ़ाना।
- ❑ जानी-मानी ''शख़्सियतों'' के साथ संबंध बनाने का साहस और विश्वास।
- ❑ ''प्रतिनिधि दूतों'' - ऐसे व्यक्ति जो प्रभाव रखने वालों को भी प्रभावित कर सकते हों और साझा हितों व उद्देश्यों से काम कर रहे समूहों और संगठनों में आपकी पहुँच में मदद कर सकते हों- के साथ संबंधों का निर्माण।
- ❑ अपने बच्चों की शौकिया गतिविधियों या खेलकूद, रोमांच में भागीदार बनना, उनके शिक्षकों के साथ मुलाक़ात के लिए बुलाए जाने वाले कार्यक्रमों या अन्य समूहों में शिरकत करना।
- ❑ मीडिया - अपनी ऑनलाइन उपस्थिति को बढ़ाना, मीडिया और प्रेस में सक्रियता बढ़ाना जिससे आप अपनी बात को साझा कर सकें तथा आसानी से ज़्यादा लोगों से जुड़ सकें।
- ❑ प्रतिष्ठित समूहों जैसे कि टाइगर 21, ईओ, वाईपीओ, विस्टेज, स्ट्रैटेजिक कोच या जीनियस नेटवर्क के साथ जुड़ना जिससे कि आप ऐसे लोगों के संपर्क में आए, जो बहुत दक्ष हों और कुशल हों तथा आपको आगे बढ़ने में मदद कर सकें।

प्रभाव की स्वतंत्रता : आपके लिए क्या महत्त्वपूर्ण है
❑ प्रेरित करने वाले, ऊर्जा से भरने वाले काम करना।
❑ परोपकारी, गैर लाभकारी संस्थाओं की सहायता करना।
❑ ज़रूरतमंदों की सीधे मदद के लिए सक्षम होना।
❑ सीखने के लिए उत्सुक विद्यार्थियों को संरक्षण प्रदान करना।
❑ संस्था की स्थापना करना।
❑ धार्मिक, सामुदायिक, परोपकारी गतिविधियों में सहायता करना।
❑ स्कूल, विश्वविद्यालय या दान समूह के लिए अनुदान कोष स्थापित करना।
❑ अपनी विशेषज्ञता का परोपकार में उपयोग करना।
❑ धन की लालसा के बगैर अपने शौक और जुनून के लिए काम करना।
❑ पशु कल्याण, पर्यावरण के संरक्षण या पृथ्वी के हित में किसी और उद्देश्य के लिए समर्पित संगठन की सहायता के लिए सक्षम होना।
❑ आपके लिए अहमियत रखने वाले किसी वर्ग या समूह को सकारात्मक रूप से प्रभावित करने वाली कलात्मक अभिव्यक्ति।

इस अभ्यास की मुफ़्त पीडीएफ़ LifestyleInvestor.com/gift से डाउनलोड कर सकते हैं।

इसलिए काम करना, क्योंकि आप काम करना चाहते हैं, ना कि इसलिए क्योंकि आपकी ज़रूरत है, यही वित्तीय स्वतंत्रता है। – टोनी रॉबिंस

ध्यान दें कि स्वतंत्रता का सूत्र समय ही है। यदि आपके पास अधिक समय ख़रीदने की क्षमता है तो आपका जीवन वैसा ही होगा, जिसकी आपने हमेशा से कल्पना

की थी। जीवनशैली निवेशक बनना यही है। यह अपने समय का मालिक बनना है और समय तथा स्वतंत्रता को ख़रीदना है, जिससे आप जो कुछ चाहते हैं, वह करें। जब चाहते हैं, तब करें, आप जिसके साथ करना चाहते हैं, उसके साथ करें। इसके पीछे कोई भी कारण हो सकता है। साथ ही अपने भीतर की अनुपम देन का उपयोग करते हुए यह सब करें, जो आपके जीवन में और अधिक रोमांच और उमंग पैदा करेगा।

आपका अगला क़दम अपने मूल्यों पर आधारित संक्षिप्त नोट लिखना है। इसमें लॉयन की जीवनशैली के मॉडल को ध्यान में रखना है जो मैंने पूर्व में इस किताब में बताया है। आपका संपूर्ण दिन किस तरह का होता है? आपके बाक़ी जीवन में यदि हर दिन उसी तरह का हो तो क्या आप अपने जीवन को ''हमेशा-हमेशा के लिए पूरी तरह से सुखी'' महसूस करेंगे?

इस नोट को लिखने के बाद एक और अभ्यास है। मैं इसे करने से स्वतंत्रता और करने की स्वतंत्रता कहता हूँ। यदि आप कोई एक चीज़ कर सकते हों, जो आपको हमेशा-हमेशा के लिए सुखी जीवन के नज़दीक ले जाए तो वह क्या होगी? इस चार्ट में आप अपनी स्वतंत्रता की परिकल्पना का वर्णन करें।

(यदि आपकी किताब में पीछे ख़ाली पन्ने हैं तो उसमें लिखें, जिससे आप आगे देख सकें कि आपने क्या तय किया था कि आपका संपूर्ण जीवन क्या है। यदि आप डिजिटल डिवाइस पर पढ़ रहे हैं तो नोट में सेव कर लें।)

स्वतंत्रता की आपकी परिकल्पना

तारीख़ : समय : स्थान :

इस अभ्यास की मुफ़्त पीडीएफ़ LifestyleInvestor.com/gift से डाउनलोड कर सकते हैं।

क्या जो कुछ आपने लिखा है, उससे आप ख़ुश हैं? आप एक कामयाब जीवनशैली निवेशक बनने जा रहे हैं तो उम्मीद करते हैं कि आज का दिन आपके आगे आने वाले बाक़ी जीवन का पहला दिन होने वाला है। आपने अपनी आज़ादी की परिकल्पना की खोज कर ली है। अब समय यह जानने का है कि उसे कैसे हासिल किया जाए।

दौलतमंद बनने और अपनी शर्तों पर जीवन जीने की क्षमता के साथ जीवनशैली निवेशक बनने की दिशा में पहला क़दम है अपनी सोच में बदलाव।

सोच को अपनाना

मैं निजी और आध्यत्मिक उन्नति को पसंद करता हूँ और इसका पुरज़ोर समर्थक हूँ। यदि मैं निजी तौर पर इनका पक्षधर नहीं होता तो मेरे पास कभी भी जीवनशैली की आज़ादी, धन या वह क्षमता नहीं होती कि मैं अभी आपसे अपनी इस पूरी जीवनशैली को साझा कर पाता। लेकिन कर रहा हूँ और कर सकता हूँ। इस सबकी शुरुआत *जीवनशैली निवेशक* मानसिकता को अपनाने के साथ होती है।

दौलतमंद लोग दौलतमंद लोगों की तरह *सोचते* हैं। उनका व्यवहार और सोचने की प्रक्रिया अनुशासित होती है और वे अमीर लोगों की आदतों का अभ्यास करते हैं। वे लोग जो अमीर नहीं होते, वे ठीक इसके विपरीत होते हैं। वे अनुशासनहीन व्यवहार, ग़लत सोच और बुरी आदतों के कुचक्र में फँसे होते हैं। वे उन बहुत सूक्ष्म बातों और विशिष्टताओं को देख और समझ नहीं पाते जो अमीर लोगों में होती हैं या जो वे करते हैं।

इस किताब में मेरी कहानियों का आप अमीरों की तरह सोच रखने की शुरुआत करने के लिए उपयोग कर सकते हैं। किताब के अंत में मैंने कुछ अन्य किताबों का उल्लेख किया है, उनको भी आप देख सकते हैं।

प्रत्येक निवेश एक ऐसी आय होना चाहिए, जो कि आपके काम करने के समय पर निर्भर नहीं करती हो। इस सोच पर विश्वास करना और इस पर कार्य करना जीवनशैली निवेशक की मानसिकता में शामिल है। इस अनुशासित सोच को अपनाने का अर्थ है कि आपकी आय आपसे पूरी तरह

स्वतंत्र हो जाती है और यह आय आपको तब भी प्राप्त होती रहती है, जब आप सो रहे होते हैं या आप छुट्टियाँ मना रहे होते हैं।

हम सबने यह कहावत सुनी है कि समय ही धन है। ज़्यादातर लोग मानते हैं कि अधिक धन कमाने के लिए आपको कारोबार में और अधिक से अधिक काम करना होता है। सच्चाई यह है कि बिना समय दिए हुए आय प्राप्ति की सोच से इतर कारोबार के भीतर भी ज़्यादा धन कमाने के लिए ज़्यादा समय लगाना कोई बहुत अच्छा तरीक़ा या सोच नहीं है।

कंजूसी से जीवन बिताते हुए भविष्य के लिए बचत करना एक और भ्रामक सोच है। आप स्टारबक्स में जाकर एक कॉफ़ी भी नहीं पी सकते, क्योंकि आपको अपने भविष्य के लिए कैसे भी करके पाई-पाई जोड़ना है।

ये दोनों ही सोच पूरी तरह से भ्रामक हैं। यह सोचने के ग़लत तरीक़े हैं, जो आपको अमीर बनने से रोकते हैं।

जब आप अपनी *जीवनशैली* को अपनी प्राथमिकता बनाते हुए अपनी सोच को बदलते हैं, तब किसी भी डील के एक-एक पहलू के संबंध में आपका नज़रिया परंपरागत निवेशक से भिन्न हो जाएगा। जब आप मेरी रणनीतियों और नियमों को एक साथ रखेंगे तो आपके निवेश आपको आज़ादी और आय के अतिरिक्त स्तर प्रदान कर सकते हैं।

एक उदाहरण है, यह सीख लेना कि क़र्ज़ को किस तरह से व्यवस्थित करें। अपनी तरफ़ से 20% देकर बाक़ी 80% बैंक से क़र्ज़ के परंपरागत तरीक़े की बजाय मैंने मोबाइल होम पार्क के मालिक/विक्रेता से ही इसके लिए धन देने की डील पर बात की। उसे मुझसे 15% धनराशि लेकर बाक़ी की रक़म क़र्ज़ पर देने में कोई परेशानी नहीं थी। मेरा भी यही लक्ष्य था। वित्तीय संस्था के मुक़ाबले मैं एक ज़्यादा बेहतर डील चाहता था।

पहले पार्क पर मुझे अपनी जेब से 65,000 डॉलर की रक़म देनी पड़ी। मैंने इसी तरह से क़र्ज़ की डील करके दूसरा पार्क ख़रीदा, जिसके लिए मैंने अपनी तरफ़ से 75,000 डॉलर का भुगतान किया। उस समय मेरे परिवार की जीवनशैली का ख़र्च 110,000 डॉलर सालाना था। इस तरह से दोनों पार्क के लिए मैंने जितनी रक़म का भुगतान किया था, वह हमारे सालाना जीवनशैली ख़र्च से कुछ अधिक था। यह इसलिए ज़रूरी है, क्योंकि मेरा पहला लक्ष्य था कि एक साल के परिवार के ख़र्च की राशि

बचाकर अलग रखी जाए, जिससे कि आड़े वक़्त में भी हमारी जीवनशैली प्रभावित नहीं हो।

जैसा कि मैंने पहले भी बताया है कि मैं सबसे पहले अपनी पत्नी को नौकरी के बंधन से आज़ाद कराने के लिए उनकी सालाना 36,000 डॉलर की आय के बराबर की आय प्राप्ति का स्रोत बनाना चाहता था। 65,000 के भुगतान वाली मेरी पहली संपत्ति से मेरी पत्नी की सालाना आय की पूर्ति के बराबर आमदनी मिलने लगी। मैं ख़ास तौर पर इस तरह की डील ही करता रहा हूँ, जिनमें मुझे जल्दी से जल्दी नग़द आय प्राप्त हो। तो हमें पहले महीने से ही नग़द आय प्राप्त होनी आरंभ हो गई थी। एक महत्त्वपूर्ण बात और है, हमारे परिवार के जीवनयापन के लिए हमें 110,000 डॉलर सालाना की ज़रूरत थी। हालाँकि हम अपने न्यूनतम ख़र्चों की पूर्ति 52,000 डॉलर सालाना रशि से भी कर सकते थे। इसे देखते हुए मैंने यह सुनिश्चित किया कि पहली डील और दूसरी डील से मिलने वाली रक़म मेरे परिवार की न्यूनतम जीवनशैली ख़र्च को पूरा करे। ऐसा ही हुआ।

एक जीवनशैली निवेशक के रूप में मैंने अक्सर बहुत आड़े वक़्त के लिए अपने आपको मानसिक रूप से तैयार करने की कोशिश की थी तो किसी आकस्मिक परिस्थिति में मेरे परिवार को ज़रूरत पड़ने पर मेरे पास एक बेहतर योजना होना ज़रूरी था। यदि मैं किसी हादसे में जख़्मी हो जाता हूँ और काम नहीं कर सकता तो मैं जानता था कि हमारी जीवनशैली के ख़र्च के लिए रक़म आना सुनिश्चित है और हम आराम से अपना जीवन व्यतीत कर सकते हैं। यह ज़रूर था कि हो सकता है हमारी जीवनशैली उस तरह से नहीं होती, जिसके हम उस समय तक आदी हो चुके थे।

अधिकतम संपत्ति कमाना

आइए हम इस पर बात करें कि संपत्ति को कैसे अधिकतम स्तर पर लेकर जाएँ। जब मैं **धन–संपदा** को देखता हूँ तो मेरी मानसिकता है कि एक संपूर्ण नज़रिया होना चाहिए। पहली बात तो यह है कि मैं केवल धन को ही संपत्ति के रूप में नहीं देखता हूँ। धन, संपदा का केवल एक घटक है। एक स्वस्थ शरीर, स्वस्थ भावनात्मक स्थिति और आध्यात्मिक शक्ति यह सब

भी संपत्ति हैं। इसी तरह से संबंध और उद्देश्य हैं। इसलिए जब मैं संपत्ति को देखता हूँ तो मैं उसके हरेक पहलू को अधिकतम करना चाहता हूँ।

वित्तीय पहलू संपत्ति का महत्त्वपूर्ण घटक है और वित्तीय रूप से मज़बूत स्थिति में होने से आप अपने समय को दूसरा कुछ करने के लिए ख़रीद सकते हैं। आप अपने आप को मानसिक और शारीरिक रूप से स्वस्थ और बौद्धिक रूप से प्रगतिशील और गतिवान बनाए रख सकते हैं। आपके पास उपयुक्त भोजन करने के लिए समय, जगह और धन होगा। जैसे कि आप जैविक खाद्य सामग्री ख़रीद सकते हैं या अपने लिए अपने हिसाब से भोजन तैयार करवा सकते हैं। आप अपने शरीर पर बेहतर तरीक़े से ध्यान दे सकते हैं, नियमित रूप से अपनी शारीरिक सेहत के लिए एक्यूपंक्चर या मालिश करा सकते हैं। आप अपने भावनात्मक और आध्यात्मिक स्वास्थ्य की ओर ध्यान दे सकते हैं। ये सभी घटक एक-दूसरे के साथ मिलकर काम करते हैं।

धन होना धनवान होना है,
समय का होना समृद्ध होना है।
– मार्गरिट बोनेनो

जब आप वित्तीय अर्थ में संपत्ति का सृजन और दौलत बनाने के बारे में सोचते हैं तो इस संपूर्ण परिदृश्य को देखने का एक समग्र नज़रिया है। ज़्यादातर लोग छोटे-छोटे हिस्सों में उन चीज़ों को देखते हैं, जो उन्होंने किसी ऐसे व्यक्ति से सीखी होती हैं जो शायद संपूर्ण रूप से शिक्षित भी नहीं होता या उच्च स्तर की रणनीति की दूसरों को शिक्षा देने की योग्यता भी नहीं रखता और इस तरह से उन्हें जो सूचनाएँ या जानकारी प्राप्त होती है, वह भ्रामक होती है। ज़्यादातर सूचनाएँ शेयर बाज़ार और बैंकों से मिलती हैं जो हमारे विश्वविद्यालयों और शिक्षा संस्थानों की शिक्षण सामग्री में बदलाव कर उसे अपने फ़ायदे के लिए नए सिरे से तैयार कर लेते हैं। ये स्रोत लोगों को *उनके लिए* धन का निवेश करने का प्रलोभन देते हैं।

संस्थानों में आपको निवेश की शिक्षा देने वाले लोग भी उसी मानसिकता के होते हैं, जैसी मानसिकता उन सूचना स्रोतों की होती है, जो आपका धन चाहते हैं। एक बार आप इन स्रोतों (यानी जैसे कि बैंक) को अपना धन दे देते हैं, वे इस धन पर कई गुना धन कमाते हैं, आपको बहुत कम मुनाफ़ा देते हैं और आपके धन से होने वाले निवेश पर इसकी परवाह

किए बिना कि आपको कोई मुनाफ़ा हुआ या नहीं, पहले शुल्क के रूप में ख़ुद को भुगतान करते हैं। यह बहुत अजीब है। और अगर आप बिना किसी लाभ के अपना धन उनको देने की मूर्खता को जारी रखते हैं तो आप भी इसके लिए उतने ही दोषी हैं, जितने कि वे लोग हैं।

मेरे पास दो संक्षिप्त नसीहतें हैं, पहली जीवनशैली और लाभ अर्जित करने में लगने वाले समय के संबंध में है। पहली, कुछ निवेशों में बिलकुल भी समय नहीं लगता है। ये वास्तव में उसी तरह के हैं कि एक बार उनके बारे में पता चल जाने पर लोग उनकी तलाश में रहते हैं। दूसरी, कुछ मामलों में शुरुआत में निवेश को कुछ समय देने में समझदारी हो सकती है जिससे आपका मुनाफ़ा और बढ़ेगा।

जब मैंने पहले निवेश करना शुरू किया तब मैं ज़्यादा लाभ हासिल करने के इरादे से आरंभ में कुछ समय देने का इच्छुक था। अब मेरे निवेश बिलकुल समय नहीं लेते। ये वास्तव में ऐसे निवेश हैं जो बिलकुल भी आपसे समय की माँग नहीं करते। और मैं इसके लिए भी तैयार हूँ, कि भले कुछ मुनाफ़ा कम हो, लेकिन समय नहीं देना पड़े। मोबाइल होम पार्क ख़रीदने के मेरे निवेश के पीछे एक कारण यही था कि उनमें **नग़द आय की प्राप्ति** सबसे अधिक है और अचल संपत्ति के किराये में सबसे कम समय देने की ज़रूरत होती है।

आरंभ में किराये के अपने कारोबार के लिए मैं सप्ताह में अतिरिक्त पाँच घंटे दे रहा था। इतना समय इसमें लगता था और मेरे लिए यही सही था। मुझे कारोबार की बारीकियाँ जानना ज़रूरी था कि जिससे कि मैं आगे चलकर किसी और को इस काम के लिए रख सकूँ। आरंभ में इस कारोबार को ख़ुद ही चलाकर मैंने कहीं ज़्यादा मुनाफ़ा हासिल किया जितना कि अगर मैं इसे किसी और को देता तो संभव नहीं था। बाद में मैंने कुछ ऐसे शानदार लोगों को इस काम के लिए नौकरी पर रखा, जिनके साथ काम करने में मुझे बेहद मज़ा आता है। मैंने पूरे काम को इन सभी को सौंपने से पहले इनको इसके लिए प्रशिक्षित किया। मुझे पता था कि मैं ख़ुद इसे करूँगा तो मेरा मुनाफ़ा ज़्यादा होगा और इसके लिए टीम को रखने से मेरा मुनाफ़ा कम हो जाएगा, लेकिन मैं यह भी जानता था कि आख़िरकार मेरा अंतिम लक्ष्य अपने समय को वापस ख़रीदना है। मेरे इस पूरे कामकाज की

ज़िम्मेदारी निदेशक, परिचालन के रूप में एक शानदार महिला सँभालती है, जिसे अब मेरे साथ काम करते हुए 15 वर्ष हो चुके हैं और उन्होंने मेरे अचल संपत्ति कारोबार के निवेश को इतने बेहतर तरीक़े से सँभाला है, जितना कि शायद मैं भी नहीं सँभाल पाता!

यदि आपका ध्येय सबसे ज़्यादा मुनाफ़ा प्राप्त करने का है और आप आरंभ में कुछ समय भी इसमें देने के इच्छुक हैं तो मोबाइल होम पार्क जैसे अचल संपत्ति किराये पर देने जैसा कारोबार जीवनशैली निवेश को शुरू करने का सबसे आसान रास्ता है। आरंभ में थोड़े समय का निवेश करने की मानसिकता और अनुशासन महत्त्वपूर्ण है। इससे आप यह जान पाते हैं कि आपके लिए समय और काम में किस तरह का संतुलन उपयुक्त है।

यदि आपके पास ज़्यादा पूँजी है और आप आरंभ में भी बिलकुल समय देना नहीं चाहते हैं तो यह एक उदाहरण है कि आप किस तरीक़े से अचल संपत्ति को अमानत पर रखकर मिलने वाले क़र्ज़ का इस्तेमाल करते हुए एक जीवनशैली निवेशक के रूप में कैसे अपने समय और धन से बिना समय का निवेश किए वास्तविक आय हासिल कर सकते हैं। उदाहरण यह बताता है कि किस तरह से निवेश का मेरा प्रत्येक सिद्धांत काम में आता है।

उदाहरण : हार्ड मनी लोन या अचल संपत्ति को अमानत पर रखकर मिलने वाला क़र्ज़

हार्ड मनी लोन ऐसा क़र्ज़ है, जो अचल संपत्ति की जमानत पर सुरक्षित होता है। अक्सर बैंक से क़र्ज़ नहीं मिलने पर इसे अंतिम अस्त्र के रूप में इस्तेमाल किया जाता है। बहुत से लोग संपत्ति पर लंबी अवधि के लिए क़र्ज़ मिलने से पहले बीच के समय की ज़रूरत की पूर्ति के लिए इन क़र्ज़ों का इस्तेमाल करते हैं, जिसके कारण इन्हें **ब्रिज लोन** या कंस्ट्रक्शन लोन भी कहते हैं। इस प्रकार के क़र्ज़ बैंकों की बजाय व्यक्तिगत रूप से या कंपनियों से ही मिलते हैं जिससे सामान्य क़र्ज़ों की तुलना में इनकी ब्याज दरें अधिक होती हैं और अवधि कम होती है।

सोच

मैं ऐसे लोगों को दोहराना बेहद पसंद करता हूँ, जो सफल प्रक्रिया से गुज़रे हैं। यह मेरी जीवनशैली निवेशक मानसिकता का हिस्सा है। यदि कोई और ऐसा कर सकता है तो मैं क्यों नहीं कर सकता? मेरे कुछ बहुत कामयाब दोस्त हैं, जिन्होंने अपने पूरे व्यावसायिक जीवन के दौरान संपत्ति गिरवी रखकर क़र्ज़ दिया है। मैंने संपत्ति को गिरवी रख कर क़र्ज़ देने की डील के लिए उनके ही इस तरीक़े और शर्तों को अपनाया। इस तरह से मुझे सुरक्षित निवेश के साथ शानदार लाभ प्राप्त हुआ। इसमें मुझे अपने अनुसार अपनी जीवनशैली को बिताने का मौक़ा मिला, क्योंकि मुझे लगभग नहीं के बराबर समय देना पड़ा।

संपत्ति गिरवी रखकर क़र्ज़ की डील बहुत पसंद आई, क्योंकि इसमें अवधि बहुत संक्षिप्त है, ब्याज दर अधिक है और क़र्ज़ के आरंभ में भी अच्छा-ख़ासा शुल्क है। इस तरह के निवेशों को यदि समुचित शर्तों और प्रावधानों के साथ किया जाए तो इनमें कम जोख़िम में अधिक मुनाफ़ा कमाया जा सकता है। ख़ासकर तेज़ी से विकसित हो रहे शहरों और गतिमान आवासीय बाज़ारों में। इसके अलावा क़र्ज़ की अवधि छोटी होने और क़र्ज़ के आरंभिक शुल्क से मुझे अपने लाभ को बढ़ाने के लिए जल्दी ही दूसरे नए क़र्ज़ देने में आसानी हुई।

डील का स्वरूप

एक बेहतर डील के लिए उसकी उपयुक्त स्वरूप होना अनिवार्य है। यहाँ मैं उन शर्तों की जानकारी दे रहा हूँ, जो मैं क़र्ज़ देने की डील में शामिल करता था, जिससे मुझे ज़्यादा मुनाफ़ा प्राप्त हो और मेरा निवेश सुरक्षित रहे तथा मेरी पूँजी नहीं डूबे।

- छह महीने से 12 महीने की अवधि का क़र्ज़
- छह महीने से 12 महीने में क़र्ज़ की अदायगी, अंत में **एक बड़ी किस्त का प्रावधान**
- मासिक ब्याज भुगतान
- 12% ब्याज

- 2-4 अंक (क़र्ज़ का 2-4%) का भुगतान आरंभ में
- निवेश की सुरक्षा के लिए क़र्ज़ से कम से कम दो गुनी क़ीमत की संपत्ति गिरवी रखना (ज़्यादातर मामलों में संपत्ति के करारनामे को बंधक रखा जाता है और यदि क़र्ज़ लेने वाला भुगतान करने में असमर्थ रहता है तो आपको उस संपत्ति का मालिकाना हक़ मिल जाता है और आप उसे बेच सकते हैं।)
- भुगतान में **चूक** की स्थिति से बचने के लिए अनुभवी ऑपरेटर और अचल संपत्ति पेशेवरों की मदद लें।

छानबीन

याद रखें, कि जाँच-पड़ताल में मानदंड का इस्तेमाल छानबीन में करते हुए किसी निवेश अवसर को चुना जाता है। जहाँ यह नकारात्मक जान पड़ सकता है, वहीं संपत्ति गिरवी रखकर दिए गए क़र्ज़ के संबंध में सबसे आकर्षक बात है कि अगर उधारकर्ता भुगतान में चूक करता है तो मेरा निवेश और अधिक बेहतर हो जाता है। मैं उम्मीद करता हूँ कि उधारकर्ता भुगतान में नियमित रहें और चूक नहीं करें, लेकिन डील की नियम-शर्तें इस तरह से बनाई गई हैं कि अगर वे चूक करते हैं तो यह मेरे लिए आकर्षक हो जाती है। अगर वे मेरी किस्त चुकाने में विफल होते हैं तो मेरा निवेश कई गुना बेहतर हो जाता है। मैं क़र्ज़ के विरुद्ध गिरवी रखी संपत्ति को अपने क़ब्जे में ले सकता हूँ। जैसा आप देख सकते हैं, मेरी निवेश की शर्तें इस तरह से होती हैं कि किसी भी स्थिति में मेरा निवेश सुरक्षित है। चाहे कुछ भी हो, मुझे अच्छे मुनाफ़े की प्राप्ति होती है। इस तरह से यह मेरा पसंदीदा निवेश है।

डील की बातचीत

अब मैं क़र्ज़ देने के संबंध में नियम-शर्तें तय करने की बातचीत के अपने सिद्धांतों पर चर्चा करूँगा। डील करते समय मैं क़र्ज़ के मूल्य से ज़्यादा संपत्ति गिरवी रखने के संबंध में नियम-शर्तें तय करने पर बातचीत करता हूँ। उधारकर्ता अगर भुगतान करने में विफल रहता है तो मैं अपने निवेश से कहीं ज़्यादा क़ीमत की एक और अचल संपत्ति का मालिक बन जाता हूँ।

मैं डील के जोख़िम को कम करने के लिए क़र्ज़ के आरंभ में एक रक़म जैसे कि 4% लेने के संबंध में भी बात करता हूँ। इसके अलावा ब्याज की दर भी 12% या इससे ज़्यादा ही लेता हूँ। क़र्ज़ की अवधि कम से कम रखता हूँ। डील में यह सब बातें यह सुनिश्चित करता है कि मैं मासिक भुगतान के लिए ख़ासी नग़दी की प्राप्ति जारी रखते हुए अपनी मूल रक़म एक साल या और भी कम समय में वापस हासिल कर लूँ।

मैं कुछ पैमानों की पूर्ति होने तक आरंभिक किस्तों में क़र्ज़ की आधी रक़म ही जारी करता हूँ। उन मापदंडों की पूर्ति होने के बाद मैं बाक़ी रक़म जारी करता हूँ। इन उपायों से जोखिमों को कम से कम करने में मदद मिलती है और इससे यह भी सुनिश्चित होता है कि क़र्ज़ लेने वाला पूँजी का उसी तरह से उपयोग कर रहा है जैसा कि उनसे अपेक्षित है, जिससे कि क़र्ज़ का मक़सद पूरा हो।

डील समीक्षा

नियम 1 ''सर्वप्रथम है जीवनशैली है।'' मेरे लिए यह अहम है कि मेरे सभी निवेश किसी न किसी रूप में मेरी जीवनशैली में वृद्धि करें। ना केवल मैं अपने ज़्यादातर निवेशों से ठोस नग़द आय की प्राप्ति चाहता हूँ, बल्कि मेरे लिए यह भी उतना ही महत्त्वपूर्ण है कि मेरा निवेश यदि मुझसे समय माँगता है तो समय की माँग ज़्यादा नहीं हो। यह नियम मुझे ऐसी आय की प्राप्ति में समर्थ बनाता है, जिसमें मेरा समय बिलकुल भी नहीं जाया हो यानी यह आय मेरे समय से स्वतंत्र हो।

इस नियम का पालन करने के लिए मैं संपत्ति गिरवी रखकर क़र्ज़ देने (और रक़म तथा बहुत अधिक अमानत गिरवी रखकर बड़े कारोबारी क़र्ज़ देने सहित इसी तरह के क़र्ज़ के भिन्न प्रकारों) जैसे निवेश के मौक़ों की तलाश में रहता हूँ, जो अच्छे मुनाफ़े का त्याग किए बिना मुझे समय की और ज़्यादा आज़ादी देते हैं। संपत्ति गिरवी रखकर क़र्ज़ देना कई निवेशों में से केवल एक है जो ''सर्वप्रथम है जीवनशैली'' की पूर्ति करता है।

नियम 2 :
जोख़िम को कम करना

नियम 1 : कभी भी अपना धन नहीं गँवाएँ
नियम 2 : कभी भी नियम 1 को नहीं भूलें।

– वारेन बफ़ेट

कैसा हो अगर आप लास वैगास जा सकते हों और वहाँ जाकर जुआ खेलें। पोकर, रॉलेट या ब्लैकजैक के गेम में हार जाएँ, लेकिन उसके बाद भी कुछ अधिक नग़दी प्राप्त कर बाहर आएँ? क्या यह असंभव मालूम होता है? जब आप निवेश करते हैं और कम जोख़िम के साथ ज़्यादा लाभ प्राप्त करने के लिए कई बहुत गूढ़ तरीक़ों को संयुक्त करने वाली मेरी **रणनीतियों के भंडार** का इस्तेमाल करते हुए यह जानते हैं कि किस तरह से नियमों-शर्तें तय करने के संबंध में बातचीत करनी है, तो आप इस प्रकार से जीत के लिए अवसरों को खोज लेंगे कि भले ही आपके निवेश का एक हिस्सा नाकाम भी हो जाता है तो भी आप नग़द प्राप्ति के साथ ही बाहर आएँगे।

वारेन बफ़ेट के निवेश के पहले दो नियम इस अध्याय को बख़ूबी बयान कर देते हैं। इन नियमों पर अमल करना और जब आप किसी डील से भावनात्मक रूप से जुड़ जाते हैं तथा डर या अत्यधिक ख़ुशी को अनुशासन, अनुभव और बुद्धिमत्ता की राह में आड़े आने देकर उनके उल्लंघन से अपने

आप को रोकना वास्तविक कठिनाई है। यदि आप अपना धन गँवाते हैं तो आपको उसकी जगह फिर पैसा कमाने के लिए आपको दोबारा उतनी मेहनत करनी होगी। इसके अलावा आपको उस अवसर को **गँवाने** की क़ीमत भी देनी पड़ती है, जो कि वह खोया हुए धन अर्जित कर सकता था।

जोख़िम को कम करने का एक लक्ष्य आपके मूल निवेश और उसमें कमी आने की किसी भी संभावना को रोककर हानि से बचाना है। जोख़िम को कम करने का एक अन्य लक्ष्य इतना ज़्यादा लाभकारी स्थिति बनाना है कि आप जहाँ भी निवेश कर रहे हों या जिस किसी को भी आप उधार दे रहे हों, वह इसे अच्छी तरह समझता हो कि उनके भुगतान में चूक करने पर उनको लाभ से कहीं ज़्यादा नुक़सान होगा और तब वे आपके साथ करार को निभाने के लिए जो भी बन पड़ेगा, वह करेंगे। दूसरे शब्दों में कहें तो यदि आपने किसी कंपनी को पाँच लाख डॉलर उधार दिए हैं, लेकिन आपने उसके विरुद्ध एक करोड़ डॉलर की संपत्ति गिरवी रखी है तो मालिक आपकी रक़म वापस करने के लिए जो भी बन पड़ेगा, वह करेंगे, क्योंकि वे महज़ पाँच लाख डॉलर के क़र्ज़ के लिए एक करोड़ डॉलर की संपत्ति गंवाना नहीं चाहेंगे।

निवेश के संबंध में एक तथ्य यह है कि कुछ भी सुनिश्चित नहीं है। आख़िर में आप धन गंवाने जा रहे हैं। हालाँकि जब आप जीवनशैली निवेशक होने के कारण सिद्धांतों और नियमों को प्रयुक्त करेंगे और रणनीतियों को समझेंगे तब आप चमत्कारिक रूप से अपने जोख़िम और नुक़सान को घटा देंगे। हम जोख़िम को कम करने की रणनीतियों की सूची से शुरू करते हैं :

जोख़िमों को कम करने के रास्ते

- निवेश पर और विशेषकर आपने जो निवेश करने का निर्णय लिया है, उस पर अपने आप को शिक्षित करें।
- क़र्ज़ को जमानत या अमानत गिरवी रखकर सुरक्षित करें। (अपने निवेश की पूर्ण सुरक्षा के लिए बंधक संपत्ति का मूल्य आदर्श रूप से क़र्ज़ राशि का कम से कम दो से तीन गुना हो)

- क़र्ज़ के एवज में संपत्ति गिरवी रखने के जो भी भिन्न-भिन्न तरीक़े अपनाएँ, चाहे अचल संपत्ति हो, बैंक खाते हों, वस्तुएँ हों, उपकरण हों, बौद्धिक संपदा हो, शेयर हों, उनमें रचनात्मकता रखें।
- जोख़िम से निवेश की सुरक्षा और शर्तों के पालन के लिए पुख़्ता क़ानूनी दस्तावेज़ तैयार करें।
- यह सुनिश्चित करें कि चूक की स्थिति में संपत्तियों और भुगतान में आप **वरीयता क्रम** में सबसे **पहले स्थान पर हों** और निवेश में सबसे सुरक्षित स्थिति हो। (इसका मतलब है कि आप भुगतान पाने वाले पहले व्यक्ति हैं और निवेश में सबसे सुरक्षित स्थिति में हैं।)
- प्रस्तावित शर्तों को आपके पक्ष में बेहतर बनाएँ और आरंभ में ही कुछ जोख़िम को कम करें।
- ऐसा उपाय करें कि पहले ही कुछ अंक या शुल्क का भुगतान हो जाए।
- जिस कार्य के लिए क़र्ज़ दे रहे हैं, उससे जोड़कर क़र्ज़ की किस्तों की सीमा तय करें, जैसे कि इतना काम होने तक इतनी रक़म, और इस तरह से जैसे-जैसे काम आगे बढ़े कुल क़र्ज़ की रक़म की किस्तें जारी करें।
- डील में ऐसे उपबंध शामिल करें जो आपके निवेश के मूल्य को गिरने से बचाए, यदि कारोबार में मंदी और गिरावट आ रही हो तो आप क़र्ज़ के तुरंत भुगतान के लिए समझौते की शर्तों को बदल सकते हैं।
- अपने निवेश को सुरक्षित रखने के लिए **निजी गारंटी** का इस्तेमाल करें, जिसमें यदि उधारकर्ता भुगतान में चूक करता है तो आपको अपने निवेश को हासिल करने के लिए उसकी अन्य संपत्तियों को लेने का अधिकार है।
- निवेश को सुरक्षित करने के लिए एक और शानदार रास्ता है

शेयरों को बंधक रखने का और इस तरह से अपने अनुबंध की शर्तों के पालन की संभावनाओं को और बढ़ाएँ।

- भुगतान में चूक पर ब्याज दर में वृद्धि का प्रावधान अनुबंध में शामिल करें, जिससे उधारकर्ता के भुगतान में चूक करने पर अपने आप ही ब्याज दर में बढ़ोतरी हो जाएगी।
- यदि आप क़र्ज़ देने वाले की बजाय लेनदार हो तो आप अपने करार में ऐसी शर्त शामिल करें, जिससे कोई भी देनदार क़र्ज़ से जुड़ी संपत्ति के सिवाय आपकी किसी भी अन्य संपत्ति पर **अधिकार नहीं** जता सके।
- निवेश या क़र्ज़ की शीघ्रता से वापसी में तेज़ी लाएँ, जिससे आप बहुत कम समय अवधि में अपने निवेश की पूँजी आपके पास वापस आ जाए।

LifestyleInvestor.com/gift पर इसकी मुफ़्त पीडीएफ़ डाउनलोड करें।

अलग-अलग जोख़िम रणनीति प्रयुक्त करें

आप डील को देखकर कह सकते हैं कि भुगतान में चूक की शर्तें तो इसी तरह से होती हैं, कोई आपके पास किन्हीं शर्तों के साथ आया है और यह आपके ऊपर है कि आप उसके साथ निवेश करें या नहीं करें। निश्चित ही कुछ डील इसी तरह की होती हैं, लेकिन ज़्यादातर डील ऐसी नहीं होतीं। यह एक ग़लतफ़हमी है कि सामान्य तौर पर निवेश जोख़िम भरा है। आप केवल उम्मीद करते हैं कि यह काम कर जाए या आप फ़ैसला कर लेते हैं कि यह इतना जोख़िम भरा है कि आप इसमें आते ही नहीं हैं। नियम-शर्तों को जैसा का तैसा स्वीकार नहीं करें। अपने जोख़िम को कम करने के लिए रचनात्मक बनें।

एक बार आपके जानकार बन जाने पर अच्छे निवेश के लिए बातचीत करना कठिन नहीं है। आप केवल उम्मीद करते हुए अच्छे नतीजे प्राप्त नहीं कर सकते। आपको अपने ज़्यादातर निवेशों को लेकर सहज होने के लिए बहुत सोच-विचार करने की ज़रूरत होती है। उसके बाद आपको अपने निवेशों को समुचित रूप से सुगठित करने की ज़रूरत है।

मुझे अपने पहले मोबाइल होम पार्क की डील पसंद आई थी, क्योंकि इसमें विक्रेता ने ही क़र्ज़ के रूप में वित्त प्रदान किया था। यह क़र्ज़ इस तरह का था कि यदि किन्हीं हालात में क़र्ज़ के पुनर्भुगतान में मैं असमर्थ हो जाता तो विक्रेता मेरी अन्य संपत्तियों पर अधिकार नहीं जता सकता था। वह केवल अपनी उसी संपत्ति को वापस ले सकता था। वह अदा की गई किस्तें और ब्याज अपने पास रख सकता था। मुझे मालूम था कि अगर कुछ ग़लत हुआ और डील पूरी तरह से पटरी से उतर गई तो मेरी बाक़ी की संपत्ति पर कोई आँच उसकी नहीं आएगी।

इसी पहलू के कारण विक्रेता से क़र्ज़ लेने की इस तरह की डील मुझे पसंद है। लेकिन इसलिए भी मुझे यह डील रास आती हैं, क्योंकि इसकी प्रक्रिया साफ़-सुथरी और तेज़ है। इसमें आपको बैंक की डील की तरह तमाम औपचारिकताओं का झंझट नहीं रहता। एक बार बैंक के साथ मधुर संबंध हो जाने और अच्छी साख बन जाने पर बैंक मददगार हो सकते हैं, लेकिन यदि संभव होता है तो मैं बैंकों से परहेज ही करना चाहता हूँ। यदि विक्रेता 10 साल के लिए 5% ब्याज रखने को तैयार है और 20 या 25 साल में क़र्ज़ को चुकाना है तो यह मेरे लिए बहुत ही फ़ायदेमंद डील है। इसमें कोई जोख़िम नहीं है और यह मेरे लिए फ़ायदे की डील है। (नियम 8 अतिरिक्त लागत कम करें में मैंने क़र्ज़ से संबिधित संपत्ति के अलावा दूसरी संपत्ति को प्रक्रिया से मुक्त रखना, **विक्रेता से क़र्ज़** और क़र्ज़ के अन्य विकल्पों का बहुत ''विस्तार से जिक्र किया है।'')

मैं आपको कुछ वास्तविक उदाहरण बताने जा रहा हूँ कि कैसे वे एक साथ आए और किस तरह से प्रत्येक निवेश ने काम किया। मैं आपको यह बताना चाहता हूँ कि जब आप मेरे सिद्धांत, नियमों, जोख़िम कम करने की नीति और रणनीतियों को प्रयुक्त करते हैं तो कम जोख़िम का निवेश किस तरह से आपको लाभकारी हो जाता है। जैसा कि मैंने इस अध्याय के आरंभ में ही जिक्र किया है कि मेरी क्रमबद्ध रणनीतियाँ कम जोख़िम के साथ ज़्यादा लाभ अर्जित करने के कई अस्पष्ट तरीक़ों को संयुक्त करने का उपाय है।

यहाँ पर जो उदाहरण मैं दे रहा हूँ वह आपके लिए कुछ जटिल हो सकता है, लेकिन इस अध्याय में मेरा मक़सद आपको विस्तार से यह

दिखाना है कि एक कम जोख़िम वाली डील किस तरह की हो सकती है। इससे आप यह समझ पाएँगे कि जब तक आप अपनी भावनाओं को आड़े नहीं आने देते, बुनियादी तत्वों पर अडिग रहते हैं और इन रणनीतियों को क्रमबद्ध प्रयुक्त करते हैं तो किस तरह लगातार अनुमानित नतीजे उत्पन्न करने वाली प्रणाली का उपयोग करें।

आपको यह जानकारी देने के पीछे मेरी मंशा है कि आप यह समझना आरंभ करें कि किसी डील का परीक्षण किस तरीक़े से कर सकते हैं कि डील चाहे कितनी भी सरल या जटिल हो, आप विषमताओं को भी अपने पक्ष में पलट सकें। इसका अर्थ है कि आप ऐसे हालात में भी जा सकते हैं जो जुए की तरह दिखाई देते हों, लेकिन उससे भी आप हमेशा धन हासिल कर बाहर निकल जाएँ।

उदाहरण : भाँग, गांजा, सीबीडी में निवेश[1]

इस समय मेरा पसंदीदा निवेश ऐसा सीनियर फ़ंड है, जो भाँग, गांजा और मारिजुआना में पाए जाने वाले तत्व मारिजुआना के उद्योग को क़र्ज़ देने में पारंगत है। चूँकि बैंक इन उद्योगों को क़र्ज़ नहीं दे सकते, ऐसे में ये फ़ंड अपने निवेशकों को अच्छा मुनाफा देते हैं, जिसे वे प्रति माह वितरित करते हैं। इसका कारण है कि फ़ंड उनसे पूँजी लेने वाली कंपनियों से ऊँची दरों पर ब्याज वसूल सकते हैं। इसके अतिरिक्त फ़ंड क़र्ज़ की पूँजी के एवज़ में कई गुना क़ीमत की संपत्ति को गिरवी रख सकती हैं, क्योंकि इन कंपनियों के मालिकों के पास पूँजी प्राप्त करने का कोई अन्य विकल्प नहीं होता है और वे कंपनी में अपनी हिस्सेदारी को छोड़ने की बजाय संपत्ति बंधक रखने के साथ ऊँची ब्याज दर का भुगतान करने को तैयार रहते हैं। अपनी कंपनी को ऊपर ले जाने के लिए जो भी ज़रूरत होगी वे करेंगे। उच्च विकास वाले सेक्टर में असामान्य रूप से बहुत ज़्यादा मुनाफ़े वाला कोई सीज़न निवेशक के वारे-न्यारे कर देता है। अंत में इस उद्योग को पूरे अमेरिका में क़ानूनी मान्यता मिल जाने पर ब्याज दरों में गिरावट आ जाएगी।

---

1. लेखक के ये विचार अमेरिका के संदर्भ में हैं। भारत के संदर्भ में इन वस्तुओं में निवेश से पहले पाठक किसी विधि विशेषज्ञ से परामर्श अवशय ले लें। –प्रकाशक

कुछ राज्यों में जहाँ भाँग को क़ानूनी मान्यता दे दी गई है, वहाँ सीमित संख्या में लाइसेंस दिए जाएँगे जिससे ये लाइसेंस बहुत बहुमूल्य हो गए हैं। ऐसी कोई कंपनी आपके पास आ सकती है, जिस पर 30–50 लाख डॉलर का क़र्ज़ हो, लेकिन उसने अपना लाइसेंस गिरवी रख दिया हो। यह एक लाइसेंस एक करोड़ से 6 करोड़ डॉलर में बिकेगा। इन कंपनियों के मालिक इन क़र्ज़ों की अक्सर व्यक्तिगत गारंटी लेंगे और यहाँ तक कि एक तीसरे पक्ष के नाम पर **बैंक खाता** भी खोल देती हैं, जहाँ वे अपने क़र्ज़ के भुगतान में असमर्थ रहने पर अपने शेयर को स्वत: ही गिरवी रख देती हैं। इस तरह से इसमें चूक का बहुत कम ख़तरा होता है, जो कि निवेशक के लिए अच्छा अवसर बन जाता है।

सोच

भाँग, गांजा और सीबीडी उद्योग के संबंध में कुछ समय से मैं अध्ययन करता रहा था। मैं इस नतीजे पर पहुँचा कि जब तक कि यह क़ानूनी और नैतिक है तब तक के लिए मैं इस बाज़ार में कुछ निवेश का मौक़ा तलाश सकता हूँ। यह एक नया क्षेत्र होने के कारण अब भी कुछ अपरिपक्क निवेशक और डील उपलब्ध हैं, जो मेरी रणनीतियों के लिए आदर्श हैं। यह उद्योग पूरी अर्थव्यवस्था से **असंबद्ध** भी है, जिसका मतलब है कि सभी आर्थिक परिस्थितियों के मंदी में जाने पर भी आने वाले कई वर्षों तक इसके बढ़ने का अनुमान है। (आपके कुल निवेश में अर्थव्यवस्था से **असंबद्ध निवेश** भी शामिल होना ज़रूरी है, जिससे शेयर बाज़ार या दूसरे निवेश में गिरावट आने पर भी उनमें आपकी स्थिति सुरक्षित बनी रहे।)

यह विशेष निवेश अवसर मेरे अपने संपर्क नेटवर्क से मेरे पास आया और इस कारोबार को आरंभ करने वाले साझेदार मेरे वकील के दोस्त थे। मेरी क़ानूनी फ़र्म ने उनके सभी करारनामों को संपादित कराया तथा उनकी जाँच-पड़ताल की। इससे मैं इस निवेश विकल्प और रणनीति के संबंध में बहुत सहज रहा। इसके साथ ही उद्योग हरेक तिमाही के साथ 25%+ की दर से बढ़ रहा था यानी मुनाफ़ा कई गुना हो रहा था। इसके अलावा निवेश एक फ़ंड के माध्यम से था, जिसने जोख़िम को भी कम से कम करने में मदद की थी।

स्वरूप

डील का स्वरूप इस तरह से है–

- 8% मुनाफ़े को प्राथमिकता (वास्तविक मुनाफ़ा 15% है)
- वितरण लाभ का मासिक भुगतान
- कुल अनुमानित **आंतरिक मुनाफ़े की दर (आईआरआर)**: 20–30%
- पूँजी पर दो साल तक का बंधन लेकिन आकस्मिक हालात में नोटिस देकर धन निकासी की जा सकती है
- कुछ डील में तय चर्चा के अनुसार शेयरों और वारंट में भागीदारी
- और भी बेहतर मुनाफ़े वाली कुछ कंपनियों के साथ जुड़कर फ़ंड से इतर कई डील में निवेश का अवसर
- अनुमानित मुनाफ़े से ज़्यादा और उसके आगे तीन से चार गुना लाभ के लिए सार्वजनिक रूप से धन जुटाने की छूट

छानबीन

यह निवेश संपत्ति गिरवी रखकर क़र्ज़ देने वाले किसी भी फ़ंड से सबसे ज़्यादा जोख़िम समायोजित मुनाफ़ा दे रहा था। निवेशक सबसे ज़्यादा सुरक्षित थे और यदि कुछ भी गड़बड़ होता तो सबसे पहले उनके क़र्ज़ की अदायगी की जाती और इसके बाद भी उनको ऊँची दर से लाभ प्राप्त हो रहा था। इसके अलावा प्रत्येक क़र्ज़ के विरुद्ध संपत्ति गिरवी रखी थी, जो अक्सर क़र्ज़ का पाँच से दस गुना थी। इसके अलावा निवेश में मूल राशि पर दो साल की बंधन अवधि है। दो साल की समय सीमा के बाद मूल राशि वापस की जा सकती है या फ़ंड में ही बनी रह सकती है। इस प्रकार के ज़्यादातर निवेश अवसरों में दो साल से ज़्यादा की बंधन अवधि होती है।

इसका कारण है कि कुछ पदार्थ अब भी क़ानूनी रूप से वैध नहीं हैं। बैंकों को इस क्षेत्र में क़र्ज़ देने की अनुमति नहीं है, जिससे इस बाज़ार में रक़म उधार देने वाली कंपनियों के लिए अच्छे–ख़ासे मुनाफ़े के अवसर निर्मित हुए हैं। ये कंपनियाँ बहुत गहन जाँच–पड़ताल के दायरे में हैं। उनके संबंध में तब तक विचार नहीं किया जाता, जब तक कि वे अमेरिका में

भाँग, गांजा या सीबीडी कंपनियों के बैंक खाते खोलने वाले 600 क्षेत्रीय और स्थानीय बैंकों में से किसी एक के साथ काम नहीं करतीं, क्योंकि इससे उनके वित्तीय रिकॉर्ड के सत्यापन में मदद मिलती है।

चूँकि ये कंपनियाँ गहन निगरानी में होती हैं और बहुत सफल हैं, उनके पास गिरवी रखने के लिए बड़ी मात्रा में ज़मीन-जायदाद, अचल संपत्ति, उपकरण, अन्य संपत्ति, ग्राहकों से प्राप्त होने वाली आय, कंपनी के स्वामित्व में हिस्सेदारी और यहाँ तक कि भांग का लाइसेंस भी। अल्प अवधि के इस तरह के कई क़र्ज़ों के साथ कंपनियों के शेयर और वारंट भी प्राप्त हो जाते हैं, जो डील को और बेहतर बनाते हैं। इस निवेश में गिरावट को रोकने के बहुत से उपाय हैं। साथ ही मज़बूत मासिक नग़द आय की प्राप्ति भी है और छप्पर फाड़ मुनाफ़े की संभावना भी।

डील की बातचीत

मैंने अपने लायंस नेटवर्क और लाइफ़स्टाइल इन्वेस्टर मास्टरमाइंड के निवेश करने वाले किसी भी सदस्य के लिए चुनिंदा शर्तों के साथ **साइडकार अनुबंध** पर बातचीत की। साइडकार में वास्तव में अतिरिक्त रूप से बोनस जुड़ा हुआ है या यह निवेशक या समूह के लिए विशेष शर्तों के साथ अतिरिक्त समझौता है। (नियम 6 ''आय को कई गुना करें'' में साइडकार समझौते के संबंध में और विस्तार से मैं चर्चा करूँगा।) मैंने **इंकार करने के प्रथम अधिकार** पर भी बातचीत की - यह ऐसा पहला व्यक्ति होने में समर्थ बनाता है, जिससे फ़ंड प्रबंधक फ़ंड के बाहर होने वाली कई डील में साथ में निवेश करने के संबंध में पूछते हैं।

डील समीक्षा

इस अध्याय के आरंभ में वारेन बफ़ेट का सूत्र वाक्य बहुत आदर्श रूप से जोख़िम को कम करने की अवधारणा को सार में प्रस्तुत करता है। धन नहीं गंवाएँ। यदि आप मेरी रणनीतियों के अनुसार निवेश कर सकते हैं तो आप सामान्य रूप से आकर्षक शर्तों के साथ बातचीत कर सकते हैं और साथ में जोख़िम को कम करते हैं। उदाहरण के तौर पर नियमित मासिक वितरण लाभ के साथ बेहतर ब्याज भुगतान, अल्प अवधि क़र्ज़ के अंत में बड़ी

किस्त का भुगतान, रचनात्मक तरीक़े तलाशना जिससे उधारकर्ता ख़ुद निजी रूप से डील की गारंटी दे और वेंडर या सलाहकार के रूप में भी भुगतान हासिल करना आदि।

मेरे कई छात्रों और मुवक्किलों ने निवेश की अपनी सोच को बदला और वे शेयर बाज़ार की बजाय नग़द आय निवेश की ओर मुड़ गए हैं। शेयर में निवेश करने वाला आगे जाकर भुगतान की आशा में अपनी पूँजी पर जोख़िम लेता है। लेकिन ज़्यादातर डील अनिश्चितकाल के लिए शून्य ब्याज का क़र्ज़ बन कर रह जाती हैं। यह बेहद जोख़िम भरा है। नग़द आय निवेश हर दृष्टि से बेहतर होता है, क्योंकि यह जोख़िम को कम करता है।

यह अगला उदाहरण जोख़िम को कम करने का एक आदर्श नमूना है, जिसे आप अगली डील के लिए बातचीत में एक मॉडल की तरह इस्तेमाल कर सकते हैं। यह बहुत कम जोख़िम का निवेश है, जिसमें आप मेरे उसूलों, नियमों, रणनीतियों और जोखिम कम करने के तरीक़े, सभी को प्रयुक्त कर सकते हैं।

उदाहरण : अमेरिकी एयरलाइंस का पूर्व मुख्यालय

मुझे ऑस्टिन में अचल संपत्ति की एक कारोबारी कंपनी की ओर से एक परिसर में निवेश का मौक़ा मिला था। टैक्सास के डेलास में स्थित इस परिसर में पहले कभी अमेरिकन एयरलाइंस का मुख्यालय हुआ करता था। कंपनी के साथ मैंने कई निवेश किए थे। परिसर बहुत आलीशान स्तर का था, जिसमें 1,388,727 वर्ग फ़ीट क्षेत्र की तीन इमारतें थीं। इसके साथ ही पार्किंग के लिए दो गैराज बने हुए थे। 1980 के दशक के अंत में इसकी 49 करोड़ डॉलर की अनुमानित निर्माण लागत की तुलना में आज उसकी प्रतिपूर्ति क़ीमत क़रीब 40 करोड़ डॉलर आँकी जा सकती थी। अमेरिकन एयरलाइंस का बहुत विस्तार हो गया और उसने अपने लिए 20 लाख वर्ग फ़ीट का नया परिसर बनाने का फ़ैसला किया। बिक्री की इस डील में दो इमारतों को तो कंपनी नए परिसर का निर्माण पूरा होने तक ख़ुद ही छह महीने के लिए लीज़ पर लेने वाली थी। इससे निवेशक के लिए जोख़िम और कम हो गया था।

इमारत की डील होने तक कुछ ऐसे लोग थे, जो विशाल कंपनी परिसरों को दोबारा स्थापित करने की बड़ी ज़िम्मेदारी लेने को तैयार थे। ये कार्यालयों को संचालित करने वाले लोग थे, जो इमारतों की मूल्यवृद्धि कर उन्हें कार्यालय के लिए उपयुक्त बनाया करते थे। सामान्य साझेदार प्रतिपूर्ति लागत का 12% यानी 57 डॉलर प्रति वर्ग फ़ीट की रियायती क़ीमत पर सौदेबाजी करने में समर्थ था। कम आधार मूल्य ने सामान्य साझेदार को बाज़ार दरों से बहुत कम लीज शर्तों पर अपनी पेशकश करने में सक्षम बना दिया था।

बिक्री पूरी होने के पहले कड़ी मशक्कत के दौरान परिसर की संपत्ति के लिए ऐसी कंपनियों को किरायेदार के रूप में तलाशा गया, जो कि अमेरिका के कुछ बड़े और बहुत सम्मानित नामों में शामिल थीं। चूँकि समूचे डेलास-फ़ोर्ट वर्थ मार्केट में 200,000 वर्ग फ़ीट से ज़्यादा जगह की माँग करने वाले किरायेदारों के लिए बहुत कम वाणिज्यिक खंड उपलब्ध थे, ऐसे में यह सौदा और भी आकर्षक हो गया था। परिसर में एक नहीं, बल्कि तीन-तीन इमारतें थीं, जो कि संभावित किरायेदारों की माँग को पूरा करने के लिए पर्याप्त थीं। इस रणनीति से ऑपरेटर को बिक्री बंद होने के छह महीने के भीतर तीन में से एक इमारत के लिए लीज़ पर हस्ताक्षर कराने में मदद मिली, जिससे शेष दो इमारतों की लीज़ उठने का जोख़िम और कम हो गया।

सोच

मुझे अमेरिका के सबसे ज़्यादा मज़बूत बाज़ारों में से एक के ए श्रेणी के बेहतरीन परिसर में निवेश का अवसर मिला था। वह भी केवल 72,950,000 डॉलर में जो बेहद रियायती दर थी। यह ऐसी इमारतें थीं, जिन्हें फ़ॉर्चून 100 कंपनियाँ, सरकारी एजेंसियाँ और उच्च स्तरीय रक्षा ठेकेदार जिन्हें सुरक्षा की दृष्टि से मंजूरी प्राप्त थी, वे मुख्यालय के रूप में इस्तेमाल किया करते थे। बाज़ार के समय और 2020 के लॉकडाउन की अवधि के दौरान अप्रैल में इसके बंद होने को देखते हुए यह भागीदार निवेशकों के लिए अद्भुत अवसर था। कई अन्य कारकों ने इस संपत्ति को मुझे शीघ्रता से और बहुत ही वाज़िब क़ीमत में ख़रीदने में मदद की थी।

स्वरूप

डील का स्वरूप इस तरह से है–

- 10% मुनाफ़े को प्राथमिकता
- मूल पूँजी के दो साल या कम समय में वापसी का अनुमान
- आरंभिक निवेश का 3.5 से 4.5 गुना का मुनाफ़े का अनुमान
- इस निवेश की समय सीमा चार से पाँच साल की अनुमानित की गई (माँग और क़ीमत को देखते हुए मुझे पूरा भरोसा था कि यह अवधि और कम होगी)
- केवल चार से पाँच साल की अवधि में 2,50,000 डॉलर के निवेश पर 875,000 से 1,125,000 डॉलर के लाभ का अनुमान था

छानबीन

यह संपत्ति अमेरिका के बेहतरीन बाज़ारों में से एक में एक आलीशान संपत्ति थी और बहुत ही आकर्षक क़ीमतों पर मिल रही थी। इसमें कुछ सुधार कर इसके मूल्य में और लाभ में वृद्धि करने के भरपूर मौक़े उपलब्ध थे। इमारतों में ऐसी ख़ूबियाँ थीं, जिनके कारण सुरक्षा संबंधी मंजूरियाँ चाहने वाले किरायेदार उनको लेने में दिलचस्पी ले रहे थे। इससे लीज़ की शर्तें बढ़ गई थीं और साथ ही इनकी क़ीमतें भी ज़्यादा हो गई थीं। करार के पूरे होने से पहले सरकार से समर्थित कई प्रतिष्ठित किरायेदार मिल गए।

सामान्य साझेदार का काफ़ी नाम था और उसके पास 600 व्यक्तिगत निवेशक थे, जिनको इस कंपनी के साथ अचल संपत्ति में 28 साल तक निवेश में कभी भी घाटा नहीं हुआ था। साझेदार के पास औसतन चार साल से कुछ ज़्यादा समय तक अपने निवेश को बनाकर रखने पर 32% की दर से **मुनाफ़े** का इतिहास रहा है, जबकि निवेशक की मूल रक़म एक से दो साल में उसके पास वापस लौट जाती है।

डील की बातचीत

करार के पूरे होने के पहले गहन प्रयासों के दौरान सामान्य साझेदार ने तुरंत ही उपलब्ध जगह को किराये पर देने के लिए कुछ कंपनियों से बातचीत शुरू कर दी। इनमें दो बड़े सरकारी रक्षा निर्माता और ठेकेदार, एक बड़ा अस्पताल समूह और स्वास्थ्य देखभाल इकाई जिसके दर्जनों दफ़्तर थे। सिलिकॉन वैली की बड़ी कंपनियों में से एक फ़र्म, और दुनिया की सबसे बड़ी ई-कॉमर्स फ़र्मों में से एक थी। इस क़दम ने मेरे जोख़िम को और कम कर दिया। इसके अलावा सामान्य साझेदार ने सभी नए निवेशकों को अचल संपत्ति की क़ीमत नीचे जाने पर मुझे (और अन्य सभी निवेशकों को जिन्हें मैंने इस करार में शामिल किया था) 30 दिन के भीतर किसी भी समय, किसी भी कारण से और निवेश के दौरान बिना किसी समय सीमा समाप्ति के निवेशित पूरी रक़म वापस लेने की छूट दी।

अचल संपत्ति कारोबारी कंपनी के संस्थापक और अध्यक्ष ने निजी तौर पर अपनी संपत्ति से निवेशकों को इस विकल्प की गारंटी दी, जिससे यदि निवेश असफल रहता है तो भी वह उसकी देनदारी का दायित्व लेगा और अपने पास से निवेशकों की रक़म को लौटाएगा। मैंने भी यह जान लिया था कि उनके पास इतनी संपत्ति थी कि एक ही समय में अगर सभी निवेशक अपने निवेश को वापस लेते तो भी वे उनके पूरे निवेश को लौटा सकते थे।

डील समीक्षा

यदि यह सामान्य निवेश समूह के साथ कोई सामान्य करार था तो समूह संभवतया कुछ रक़म एकत्र करता, कुछ ब्याज का भुगतान करता और पाँच से दस वर्षों में उनकी रक़म को वापस प्राप्त करता। हालाँकि इस करार के लिए सामान्य साझेदार ने इसे इस तरह से तैयार किया कि निवेशकों को एक से दो वर्ष में उनका आरंभिक निवेश वापस प्राप्त हो और निवेश पर 400% से ज़्यादा का मुनाफ़ा मिले। इसके अलावा निवेशकों के पास कभी भी करार या उसकी समयसीमा के संबंध में कुछ भी पसंद नहीं आने पर अपना धन वापस लेने का विकल्प भी था। बहुत से लोग यह भूल जाते हैं कि किसी भी करार में सौदेबाजी करने के हज़ारों रास्ते होते हैं। इसलिए आप वारेन

बफ़ेट के नियम 1 और नियम 2 को कभी नहीं तोड़ें। जब आप सिद्धांतों और नियमों का पालन करते हैं और मेरी रणनीतियों के जितने ज़्यादा से ज़्यादा तत्वों को साथ में लाते हैं तो आप ऐसी स्थिति में होते हैं, जहाँ आप अपनी रक़म नहीं गँवाते हैं।

नियम 3 : नज़र नहीं आने वाले अवसरों की तलाश

आसमान सितारों से भरा हुआ है,
जो दिन में नज़र नहीं आते हैं।

– हेनरी वैड्सवर्थ लाँगफ़ैलो

ऐसा दिखाई देता है कि हर कोई निवेश में एक निश्चित लाभ की तलाश में है। आसानी से धन पाने के रास्ते खोज रहा है। जैसे सामान्य तौर पर किसी शेयर में ज़ोरदार उछाल आने की ख़ास सूचना या कोई भीतर की ख़बर जो कि क़ानूनी हो और उनके लिए दौलत का दरवाज़ा खोल दे। लेकिन एक अदृश्य डील की तलाश करने की सोच एक ग़लत तरीक़ा है। इसकी बजाय अदृश्य डील की तलाश का सर्वश्रेष्ठ रास्ता है संकट में घिरे कारोबार की तलाश करना, जो कि इसलिए लाभप्रद नहीं है, क्योंकि इसे पुराने–पिछले बोझ या कारोबार के ऐसे हिस्से से मुक्ति नहीं मिल पा रही, जो कि अब पुराना हो गया है। यह अदृश्य डील केवल उन भीतरी लोगों को नज़र नहीं आ रही है, जो इस कारोबार को लंबे समय से उसी तरीक़े से (या कहें कि ग़लत तरीक़े से) देखते आ रहे हैं।

हाल में निवेशकों के मेरे नेटवर्क में कई वर्षों से संकट में घिरे एक बहुत ही मशहूर खुदरा ब्रांड कारोबार ड्रेसबार्न को ख़रीदने का सुनहरा

मौक़ा आया। इंटरनेट पर इसकी प्रभावी मौजूदगी और उसकी शानदार बिक्री के कारण यह अच्छा अवसर था। कंपनी के पास वेयरहाउसिंग, विनिर्माण, पैकेजिंग, मार्केटिंग की टीमें थीं। लेकिन आउटलेट, दुकानों जैसी परिसंपत्तियों के कारण उनका मुनाफ़े पर प्रतिकूल प्रभाव हो रहा था और उनके कारोबार की ख़स्ता हालत हो रही थी।

ड्रेसबार्न की मूल कंपनी एसेना रिटेल समूह अमेरिका में ख़ास महिलाओं और लड़कियों के लिए सबसे बड़ा रिटेलर है। हालाँकि एक समय वह कई जाने-पहचाने रिटेल ब्रांड का मालिक था, लेकिन उसने अपने शोरूम, दुकानें खोलने पर ज़्यादा ध्यान दिया। समय के साथ बदलाव नहीं किए और ई-कॉमर्स को बढ़ाने की ओर दिमाग़ नहीं दौड़ाया। करार के समय वे दिवालिया होने के क़रीब थे और आख़िर में उन्होंने दिवालिया संरक्षण की अर्जी लगा दी।

मैंने अपने निवेशक नेटवर्क के माध्यम एक ज़बरदस्त करार को लेकर सौदेबाजी की जिसमें छुपी हुई संभावनाएँ किसी को नज़र नहीं आ रही थीं। जब तक करार हो नहीं गया था, तब तक इस धंधे में भीतर तक घुसे कई लोगों को इसकी भनक तक नहीं लगने पाई। यह शोरूम, दुकानों और ऑनलाइन कारोबार को अलग-अलग करने तथा इस ब्रांड को ख़रीदने का करार था। मैं अपने और अपने साथ में आए अन्य निवेशकों के समूह के लिए कुछ बहुत लाभप्रद शर्तों के साथ करार करने में कामयाब रहा था।

अंतिम करार से हम ब्रांड के और तमाम बौद्धिक संपदा के मालिक बन गए। अब हमें ही फ़ैसला करना था कि क्या कुछ हम रियायती दरों पर ख़रीदने के इच्छुक थे। नई ख़रीदी के लिए नए संबंध कहाँ और किनसे स्थापित करना है। सबसे बेहतरीन आपूर्तिकर्ताओं के साथ संबंधों को जारी रखना है। देनदारी के सभी दायित्वों और लीज़ की शर्तों की प्रतिबद्धताओं से छुटकारे के साथ ही ग्राहकों के संबंध में पूरी जानकारी (क़रीब 80 लाख ग्राहक) और ग्राहकों के ख़रीदने के व्यवहार और ग्राहकों की जानकारी तक पूरी पहुँच भी प्राप्त हो गई।

पिछले प्रबंधन का पुराने कारोबार के साथ भावनात्मक रिश्ता बन गया था और लंबे समय तक जिस तरह से सब कुछ चल रहा था, वे कुछ देख और समझ नहीं पा रहे थे। उनकी निष्ठाएँ और आदतें उनको कटौतियाँ

करने और अवसरों को देख पाने में बाधा बन रही थीं। यह साधारण लेकिन अदृश्य संभावनाओं वाला करार करना बहुत आसान था। हमने पुराने बोझ से छुटकारा पा लिया और नए, मुनाफ़े की पूँजी की ओर ध्यान दिया।

जो भी घाटे का सामना कर रहा हो, उसके लिए यह समझना ज़रूरी है कि बड़ा और गैर लाभकारी धंधा होने से बेहतर है, छोटा और मुनाफ़े का धंधा होना। हम निवेशक यह जानते थे। उस समय उनके साथ काम कर रहे 9,000 कर्मचारियों में से हमने चुनकर बेहतरीन 30 को चुना।

नए मालिकाना समूह में वास्तव में चतुर, अनुभवी ऑनलाइन मार्केटिंग वाले लोग थे, जो जानते थे कि ऑनलाइन ब्रांड को कैसे बढ़ाना है और लीवरेज, सलाह तथा अनुमानित वृद्धि के माध्यम से उसमें लोगों की आमद तथा आय कई गुना कैसे करनी है। मैं रणनीति के साथ विशेष ज्ञान रखने वाले निवेशक और भागीदारों को अपने साथ लेता हूँ। इससे प्रत्येक डील में हम एक अतिरिक्त अनुचित लाभ भी अपने साथ लेकर आते हैं।

एक बाहरी निवेशक के रूप में एक सीख मैंने ली है, जो मुझे लगातार **ज़्यादा से ज़्यादा करार** करते रहने के लिए प्रेरित करती रहती है। साल में सैकड़ों या हज़ारों करार करते हुए मैं अच्छा मुनाफ़ा निकालने में सफल रहता हूँ। मैंने निवेशकों, अपने निजी ग्राहकों का एक बड़ा नेटवर्क बना लिया है, जो उच्च स्तर के, कम जोखिम वाले करार तक पहुँच चाहते हैं। हम सबको लगभग हरेक बाज़ार और उद्योग के भीतर एक गोपनीय और अनुचित लाभ मिला हुआ था।

सकल लाभ

मैं अपने लॉयन नेटवर्क के भीतर कुछ दर्जनों डील पेश करता हूँ। सैकड़ों अन्य संभावित अवसरों में से जाँचने और उनसे तुलना के बाद इन्हें चुना जाता है। हम केवल उन्हीं में निवेश करते हैं, जिनमें सबसे कम जोख़िम और मुनाफ़े की सर्वोच्च दर होती है। साथ ही हम इस पर भी बहुत ध्यान देते हैं कि जल्दी से जल्दी हमारे निवेश की मूल धनराशि हमें वापस मिल जाए। ड्रेसबार्न के निवेश की तरह मैंने पिअर 1 इम्पोर्ट्र्स, लिनेन ऐंड थिंग्स, द फ्रैंकलिन मिंट, मोडेल्स, रेडियोशैक और कई अन्य के साथ करार किया

है। किताब लिखते समय कुछ के साथ बातचीत चल रही है, जिससे उनके नाम को मैं ज़ाहिर नहीं कर सकता।

हमने सौदेबाजी करके इन डील में निवेशकों के लिए, जो सकल लाभ हासिल किए, वे इस तरह से हैं :

1. **मासिक नग़द आय :** 50,000 डॉलर जैसे कम निवेश के साथ प्रत्येक निवेशक को 20% ब्याज की मासिक आय प्राप्त हो रही है, जो 50,000 डॉलर के निवेश पर 833 डॉलर प्रति महीने है।
2. **बोनस :** निवेशकों को उनके निवेश के 20% तक **नग़द बोनस** प्राप्त होता है, जो अनुबंध की समय अवधि की समाप्ति पर किए गए निवेश की राशि के आधार पर भिन्न-भिन्न होता है।
3. **मूल धन :** एक वर्ष, दो वर्ष या तीन वर्ष की अनुबंध समय अवधि की समाप्ति पर सभी निवेशकों को उनकी 100% निवेश पूँजी वापस कर दी जाती है।
4. **मुफ़्त इक्विटी :** इस मामले में इक्विटी किकर को किकर कहा जाता है, क्योंकि यह मुफ़्त है। ज़्यादातर निवेश सीधे इक्विटी के रूप में होते हैं। प्रत्येक 50,000 डॉलर इक्विटी की कुछ मात्रा के बराबर होते हैं। मूल धन का फिर से भुगतान होता है। साथ ही प्रति दस लाख पर 3% तक इक्विटी का लाभ मिलता है, जो करार (0.3% प्रति 100,000 डॉलर) पर निर्भर है। इस तरह से कोई निवेशक जो 2,50,000 डॉलर का निवेश करता है, उसे 0.75% की इक्विटी की मुफ़्त प्राप्ति होती है।

मैं आपको इस पूरी डील के फ़ायदे के बारे में विस्तारपूर्वक बताता हूँ, जिससे यदि आप भी इसमें निवेशक हों तो जान सकें कि दो वर्ष में क्या लाभ होगा। गणित को आसान बनाने के लिए हम मान लेते हैं कि आपने डील में 10 लाख डॉलर (हालाँकि न्यूनतम निवेश 50,000 डॉलर है) का निवेश किया है।

प्रति माह आपको लाभांश की 16,666.67 डॉलर की रक़म का चेक मिलेगा, जो साल भर में कुल 200,000 डॉलर (दो साल में 400,000

डॉलर) होगा। दो साल के अंत में आपने इस डील में जितनी पूँजी लगाई थी, वह पूरी इस डील से प्राप्त हो गई है। अब कोई जोख़िम नहीं बचा है, लेकिन अब भी आपको अतिरिक्त 20% नग़द बोनस या 200,000 डॉलर प्राप्त होंगे। आपको संस्थापकों के शेयरों के रूप में कारोबार की 3% रक़म इक्विटी में प्राप्त होगी। इसके लिए आपको एक भी अतिरिक्त पाई नहीं देनी होगी। ऐसा मान लेते हैं कि अब से पाँच साल में कारोबार को 10 करोड़ डॉलर में ख़रीदा जाता है तो यह इक्विटी 30 लाख डॉलर का अतिरिक्त लाभ देगी (इसके अतिरिक्त जब तक कारोबार को बेचा नहीं जाता या मुनाफ़े का फिर से निवेश कर बाद में और बड़ी पूँजी चुकाने की बजाय उसे वितरित करने का फ़ैसला करने तक प्रति वर्ष लाभांश का 3%)।

इसके अतिरिक्त यदि डील में कुछ गड़बड़ी हो जाती है तो आपने बंधक के रूप में बौद्धिक संपदा पर पहले **अधिकार** की शर्त रखी है। इससे आपकी स्थिति मज़बूत है, ख़ासकर जब डॉलरों की संपत्ति को आपने पहले ही कौड़ियों में ख़रीदा है। ब्रांड और बौद्धिक संपदा को बेचना सचमुच में आसान होता है और बहुत ज़्यादा नहीं तो कम से कम ब्रांड के लिए आपने जितना भुगतान किया होता है, उतना तो आपको मिल जाता है। साथ ही इक्विटी धारक की स्थिति की तुलना में क़र्ज़ देने वाले की स्थिति में होने का अर्थ है कि सबसे पहले आपको भुगतान किया जाएगा। इस तरह से सीधे इक्विटी में निवेश करने के मुक़ाबले इसमें आपका जोख़िम बहुत कम है।

अब तक आपकी मूल धन राशि से ज़्यादा रकम आप डील से निकाल चुके हैं तो 10 लाख डॉलर निवेश पर दो साल की अवधि में 6 लाख डॉलर कमा लेना शानदार करार जान पड़ता है। इसमें *बिना किसी अतिरिक्त जोख़िम के* 30 लाख डॉलर और ज़्यादा कमाई की संभावना भी है। और याद रखें कि यह ऐसा **हाउस मनी** है, जिसके बारे में ज़्यादातर लोग यही सोचेंगे कि यह ख़त्म होने वाला धंधा है। लेकिन वास्तव में यह दुकानों, शोरूम के कारण नुक़सान में चल रहा कारोबार ऑनलाइन व्यवसाय के जरिये तेज़ी से बढ़ रहा है। *इसे ही* मैं अदृश्य संभावनाओं से भरपूर डील कहता हूँ।

मैं जो कुछ भी करता हूँ, उससे मैं बेहद प्यार करता हूँ। एक समय में मेरे निवेशक नेटवर्क में दस से 30 तक करार पर बात चल रही होती

है। सबसे पहले मैं ख़ुद एक बार इनकी पड़ताल करता हूँ, उसके बाद हम साथ में इसकी जाँच-परख़ करते हैं। जब मैं अपने प्रशिक्षु लॉयन के साथ काम कर रहा होता हूँ तो मुझे बाहर निकल कर इस तरह के शानदार करारों की खोज करनी होती है, ऐसी शर्तों को तय करने के लिए बातचीत करनी होती है जो कि हैरतअंगेज होती हैं। इस तरह से उनके लिए अवसर पैदा करने होते हैं, जो कि उन करारों से कहीं बेहतर होते हैं, जिनमें दूसरे लोग निवेश करते हैं। ये करार निवेश के मेरे नियमों में से शायद ही किसी नियम पर खरे उतरते होंगे।

अदृश्य संभावनाओं वाले डील के दो मार्गदर्शक सिद्धांत

यहाँ मैं दो मार्गदर्शी सिद्धांतों के बारे में बता रहा हूँ, जिनका मैं अदृश्य संभावनाओं वाले करार की तलाश करते वक़्त ख़ास ख़याल रखता हूँ।

1. मुख्य धारा से बाहर उभरते बाज़ारों या ऐसे अवसरों की ओर ध्यान दें, जहाँ लोगों की नज़र नहीं पड़ रही हो।

यह सिद्धांत नए टेक्नोलॉजी इनोवेशन या अपने को दोबारा से पुनर्जीवित करने में जुटी कंपनियों पर लागू किया जा सकता है। मैं मौजूदा टेक्नोलॉजी से बेहतर नई टेक्नोलॉजी को पसंद करता हूँ, जो बाज़ार में आने के बाद यथास्थिति को छिन्न-भिन्न करने वाली है और उद्योग को पूरी तरह से बदल देने वाली हो।

ख़ासकर ज़मीन-जायदाद के मामले में इस क्षेत्र में अपने तमाम संबंधों के जरिये में ऐसे अवसरों की तलाश में रहता हूँ, जो कि बाज़ार से हटकर हों। उदाहरण के लिए छोटे परिवार के लिए मकान या उनके लिए किराए के आवास क़रीब एक दशक पहले तक किसी तरह की परिसंपत्ति की श्रेणी में भी नहीं माने जाते थे। इसके बारे में जानना और इसमें नए तौर-तरीक़े से निवेश करने से मुझे बहुत ज़्यादा मुनाफ़ा प्राप्त हुआ है।

2. अर्थव्यवस्था में बदलते रुझानों की ओर ध्यान दें : कहाँ मज़बूती आ रही है और कहाँ पर कमज़ोरी आ रही है।

हो रहे बदलावों को लेकर सजग रहें। जैसे ई-कॉमर्स या ऑनलाइन कारोबार जो दुनिया के अग्रणी कारोबार में से एक बन गया है। साथ ही औद्योगिक

वितरण केंद्रों की माँग भी बढ़ने वाली है, क्योंकि कंपनियों को उपभोक्ताओं के नज़दीक अपने सामान का भंडार बनाने के लिए ज़्यादा जगह की ज़रूरत होगी। कंपनी के लिए अपने उत्पाद को उपभोक्ता तक पहुँचाने का यह अंतिम क़दम सबसे महँगा पड़ता है। यदि आप इस ओर ध्यान देंगे कि दुनिया में क्या चल रहा है तो आप इस तरह के कई नए उभरते हुए रुझानों की पहचान कर सकेंगे।

अदृश्य संभावनाओं वाली डील की श्रेणियाँ

यहाँ मैं अदृश्य संभावनाओं वाली डील की कई श्रेणियों की सूची दे रहा हूँ, जो निवेशकों के दिल के क़रीब हैं और इनमें निवेशकों के भागीदार बनने की संभावना होती है। मैं अक्सर निवेशकों के समूह के साथ इस प्रकार की निवेश डील में शामिल होता रहता हूँ। या मैं निवेश की संभावनाएँ पैदा करता हूँ और अपने लाइफ़स्टाइल इन्वेस्टर के मास्टरमाइंड और लायंस निवेशकों को अपने साथ जोड़ता हूँ।

अदृश्य संभावनाओं वाली डील जिनकी निवेशकों को तलाश रहती है

- विशिष्ट प्रकार की डील – कुछ विशिष्ट करार जो सीमित लोगों के लिए ही खुले रहते हैं, जिनमें आपको निवेश करना ही चाहिए।
- पहले निवेश से मिली डील– पूर्व में किए गए निवेशों के कारण या एक शुल्क देकर आपको इन करारों में भागीदार बनने का मौक़ा मिला।
- **बाज़ार से बाहर** के करार– निवेश के ऐसे मौक़े जिनके बारे में सार्वजनिक रूप से प्रचारित नहीं किया गया है। यानी अक्सर इन परिसंपत्तियों को ख़रीदने के लिए प्रतिस्पर्धा नहीं या बहुत कम होती है।

- संस्थानिक करार - ऐसे निवेश जो निवेशक संस्थानों के लिए आरक्षित होते हैं, लेकिन संबंधों की वज़ह से व्यक्तिगत निवेशक या समूह के लिए उपलब्ध हो सकते हैं।
- गैर परंपरागत निवेश अवसर- ऐसी शर्तें, ढाँचा और उद्योग जो असामान्य हैं और अक्सर जिनकी अनदेखी की जाती है।
- उभरते बाज़ार- बाज़ार जो तेज़ी से बढ़ रहे हों, जिनके बारे में सामान्य जानकारी नहीं हो।
- नए क्षेत्र- नए विचार या उद्योग जो संभवतया भविष्य में मुख्यधारा में होंगे।
- रुझान पर केंद्रित अवसर-वर्तमान आर्थिक माहौल और बाज़ार के रुझानों पर आधारित मज़बूत निवेश।
- विध्वंसक अवसर- ऐसी कंपनियाँ या उद्योग जो यथास्थिति को चुनौती देते हैं और मौजूदा उपलब्ध मूल्य से ज़्यादा मूल्य का सृजन करते हैं।
- करार हासिल करने का नेटवर्क- निवेशकों के विस्तृत समूह जो साल के दौरान सैकड़ों या हज़ारों की तादाद में करार करते हैं।
- ''माहौल''- संवेदनशील और अनुभवी निवेशकों के छोटे समूह जो दूसरों के साथ यह साझा करना पसंद करते हैं कि उन्होंने क्या सीखा है और वे क्या निवेश कर रहे हैं।

यहाँ पर मैं अदृश्य संभावनाओं वाले एक करार और उसमें मेरे सिद्धांतों तथा नियमों के प्रयोग का उदाहरण दे रहा हूँ।

उदाहरण : आईएफ़एम रेस्टोरेशन

आईएफ़एम रेस्टोरेशन, घरों को किराये पर देने के कारोबार में काम करते हुए एकल परिवार के घरों का रखरखाव करने वाली कंपनी है। यह

आरईआईटीएस जैसे बड़े संस्थानों और निजी इक्विटी समूहों तथा संपत्ति प्रबंधन समूहों के लिए काम करती है। इस कंपनी का एक अपने स्वामित्व में सॉफ़्टवेयर है, जो उसे उद्योग में सबसे अलग मुक़ाम प्रदान करता है।

सोच

मैंने बहुत से पॉडकास्ट सुने हैं और मेरा पसंदीदा ''मैंने कैसे इसका निर्माण किया'' है। यह मुझे उद्वेलित करता है और अपने उद्यम के प्रयासों के संबंध में गहराई से सोचने को प्रेरित करता है। मैंने कई कामयाब कारोबारियों से संपर्क क़ायम कर नेटवर्क बनाया है, जिन्होंने तेज़ी से कारोबार को उन्नत किया और सुदृढ़ लाभ कमाया। इसके अतिरिक्त मेरा एक लक्ष्य यह भी रहा है कि ऐसे उभरते बाज़ारों और उपभोक्ताओं के रुझानों पर नज़र बनाकर रखूँ, जिनमें हो सकता है कि आगे चलकर भरपूर अवसर पैदा होने वाले हों।

इस करार के समय ज़मीन-जायदाद के कारोबार में छोटे परिवार के लिए किराए के घरों का बाज़ार सबसे तेज़ी के साथ बढ़ रहा था और इन छोटे घरों के सबसे बड़े ख़रीदारों के लिए भरोसेमंद रख-रखाव की माँग एक वास्तविक ज़रूरत थी, जिसको पूरा करने में कोई कंपनी कामयाब नहीं हुई थी। साफ़ रूप से पूरी नहीं की जा रही ज़रूरत का मतलब था इस उद्योग में एक बड़ा अवसर उपलब्ध था, जो इसमें भविष्य में पैदा होने वाली ज़ोरदार आमदनी में से कम से कम थोड़ा बहुत हासिल करने के लिए आमंत्रित कर रहा था। साथ ही व्यापक दृष्टि से देखें तो इसमें बड़े स्तर पर जिस तरह से रख-रखाव किया जाता रहा था, उन तौर-तरीक़ों को ख़त्म कर देने की क्षमता थी।

स्वरूप

आईएफ़एम रेस्टोरेशन के साथ मेरे निवेशों में से एक उनको क़र्ज़ प्रदान करना था, क्योंकि वे ख़ुद यह नहीं कर सकते थे। इस करार में मेरे दो साझेदार होनहार और मेहनती हैं, जिनके पास भविष्य को लेकर शानदार परिकल्पना है। मैंने इसमें सबसे अधिक मदद कारोबार को बढ़ाने के लिए एक बड़ा क़र्ज़ दिलाने में की है। मुझे इस कारोबार में सीधे कोई भी रक़म निवेश नहीं

करना थी। मुझे उनके लिए क़र्ज़ की एक शृंखला बनानी थी, जिसमें हरेक महीने में उनको उनकी रक़म का भुगतान किया जाता। मैंने इस कारोबार पर सलाह देने का काम किया था और टीम की भर्ती, प्रशिक्षण तथा उसको विकसित करने और अन्य चीज़ों के साथ भर्ती के नियम-क़ायदे तय करने में मदद की थी। इसके अलावा मैं आईएफ़एम रेस्टोरेशन को तेज़ी से बढ़ने में मदद करने के लिए संपर्क प्रदान करने में अपने नेटवर्क का इस्तेमाल भी करने में सक्षम था। आरंभिक वर्षों में मैंने यह सुनिश्चित करने में भी मदद की थी कि आईएफ़एम रेस्टोरेशन के पास उचित बीमा हो, जिससे विपरीत हालाता में कंपनी को संरक्षण मिल सके।

छानबीन

कम जोख़िम के कारण यह निवेश मुझे पसंद आया था। इसमें नुक़सान का ख़तरा कम था और कई गुना मुनाफ़ा होने की संभावनाएँ थीं। ज़्यादा से ज़्यादा मैं अपना क़र्ज़ इसमें गँवा सकता था, जो मैंने उसी सीमा में रखा था, जितना कि नुक़सान मैं बर्दाश्त कर सकता था। मुझे ऐसे निवेश भी पसंद हैं, जिनमें मेरे पास संचालन के लिए मज़बूत साझेदार हों और इस निवेश में ऐसे ही दो प्रभावी संचालनकर्ता साथी मेरे साथ थे। उनकी कार्य के प्रति निष्ठा को लेकर मुझे क़तई संदेह नहीं था।

डील की बातचीत

यह निवेश इस तरह से भी अनोखा था, क्योंकि इसमें एक-तिहाई का बराबरी का भागीदार होने की बजाय मैंने अपनी हिस्सेदारी केवल 20% तक कम रखने के लिए सौदेबाजी की थी। इस निवेश को संचालित करने वाले भागीदारों ने शुरू में एक-तिहाई का प्रस्ताव दिया था। मुझे मालूम था मैं इतनी मेहनत या इतना काम नहीं करूँगा, जितना मेरे भागीदार करेंगे और यह मेरे जीवनशैली निवेश के सिद्धांतों के भी उपयुक्त है। मैं अपना समय बचाना चाहता था और यह सुनिश्चित करना चाहता था कि इस कारोबारी अवसर का मेरे परिवार पर कोई नकारात्मक प्रभाव नहीं हो, क्योंकि हमेशा मेरा परिवार ही मेरी सर्वोच्च प्राथमिकता रहा है।

डील समीक्षा

दोनों भागीदार कम हिस्सेदारी लेने के मेरे प्रस्ताव को लेकर बहुत रोमांचित थे। मुझे यही बड़ा लाभ दिखाई दे रहा था, क्योंकि मुझे ऐसा लगता था कि वे जितना समय देने को तैयार थे, मुझे उतना समय देने का वादा नहीं करना चाहिए था। पहले-पहल मैंने **पूँजी लगाने वाले भागीदार** के रूप में काम किया और उसके बाद मैंने कई व्यवस्थाएँ बनाने में मदद की जो आज उनके पास मौजूद हैं। उसके बाद मैं फिर से कितने भी समय के लिए उससे दूर होने में समर्थ था और यह भरोसा कर सकता था कि कंपनी दमदार कंधों पर टिकी है।

यह निवेश सफल था। कंपनी ने आरंभ में ही अच्छा प्रदर्शन किया, जिससे मुझे इतना मुनाफ़ा मिला, जो मेरे द्वारा उपलब्ध कराए गए क़र्ज़ से ज़्यादा था, जिससे मेरा जोख़िम ख़त्म हो गया। इस क़र्ज़ का भुगतान कराने के लिए मैं ज़िम्मेदार था, जिससे मैंने यह भी सुनिश्चित कर लिया कि मैंने करार में कभी भी अपनी रक़म नहीं गँवाई। यह लाखों-करोड़ों डॉलर का करार साबित हुआ और कंपनी आज भी उन्नति करती जा रही है।

एकल परिवार घर के किराए के बाज़ार में आईएफ़एम रेस्टोरेशन अग्रणी कंपनी बन गया है। सबसे बड़ी टैक्सास वेंचर कैपिटल फ़र्म, ऑस्टिन में स्थित एस 3 वेंचर्स, सैन फ्रांसिस्को स्थित ब्रिक ऐंड मोर्टार वेंचर्स निवेश के **सीरीज ए** राउंड में एक करोड़ डॉलर के साथ संयुक्त रूप से आगे रहे। इससे आईएफ़एम रेस्टोरेशन का मूल्यांकन निवेश के बाद 4.3 करोड़ डॉलर हो गया।

नियम 4 : मूल धन शीघ्रता से वापस हासिल करें

चाहना ही पर्याप्त नहीं है। आपको अपने आप से यह पूछना होगा कि आप जो कुछ चाहते हो उसे पाने के लिए आप क्या करने जा रहे हो।

– फ्रेंकलिन डी रूजवेल्ट

कल्पना करें कि आप पाँच लाख डॉलर का मकान ख़रीद सकते हों, दो साल में अपनी पूरी रक़म वापस प्राप्त कर लें और पुराने मकान की हिस्सेदारी से फ़ायदा लेते हुए उस रक़म को अन्य मकान में दोबारा निवेश में समर्थ हों। अब कल्पना करें कि यह चक्र जारी रहता है। यह चक्रवर्ती ब्याज से भी तेज़ी से आय में वृद्धि करता है। यदि प्रत्येक घर का मालिकाना हक़ लिए बिना, ख़रीदी और बिकवाली की जटिलताओं में पड़े बिना आप यह सब कर सकते हों तो कैसा हो? मैंने पहले ही बताया है कि ज़मीन-जायदाद से मेरा कितना लगाव है। लेकिन जब आप मालिक हों तो कई तरह के मसलों से आपको जूझना पड़ता है। मैं अभी आपको जो कुछ बताने जा रहा हूँ, वह एक ऐसी प्रभावशाली रणनीति है, जो आपको बिना किसी जोख़िम में पड़े सभी तरह के लाभ दिलाएगी। वह भी इसके किसी भी कार्य में बिना लिप्त हुए बहुत कम समय में।

मैं एक पूरी तरह से सटीक डील के बारे में बता रहा हूँ। आप इस डील में निवेश करते हैं, आप अपने निवेश का पूरा धन दो वर्ष से भी कम समय में हासिल कर लेते हैं और अपनी हिस्सेदारी को बनाए रखते हैं, जिससे जब भी यह संपत्ति बिकती है तो आपको अतिरिक्त धन प्राप्त होता है। जब तक यह संपत्ति रहती है तो नग़द आय आती रहती है और अतिरिक्त प्राप्त होने वाले बोनस पर कर कटौती मिलती है यानी कि बिना कर की आय। मुझे तो ऐसी आय बहुत पसंद है। आपकी क्या राय है?

जीवनशैली निवेशक के मुक़ाबले परंपरागत निवेशक के सामने बड़ी चुनौती टीम बनाने और उसको बढ़ाने की होती है। ऐसे हालात बन सकते हैं कि सभी ख़र्च मिलाकर टीम की लागत और आपका समय आपको जितना मुनाफ़े होने वाला हो उससे ज़्यादा हो जाए और आपको जोख़िम लेना पड़ जाए।

शीघ्र मूल धन वापसी की डील

मैं आपको बताता हूँ कि **मूल धन को शीघ्रता से वापस पाने** का करार कैसे काम करता है और क्यों आपको बहुत कम जोख़िम में वो सारे लाभ मिल सकते हैं, जो मैंने अभी बताए हैं। इस रणनीति और नियम का लक्ष्य आपका धन आपको एक से तीन साल के भीतर दिलाना है ना कि पाँच से दस साल में जो कि ज़्यादातर निवेशों के साथ होता है।

हम मान लेते हैं कि 1.5 करोड़ डॉलर क़ीमत की संपत्ति जिसे बाज़ार से कम मूल्य पर निजी स्तर पर 12 करोड़ 75 लाख डॉलर में ख़रीदा गया है, उसमें आप एक लाख डॉलर का निवेश करने में समर्थ हैं। यदि निवेश में कुछ भी चूक होती है तो रियायती दामों पर ख़रीदी होने के कारण बहुत ज़्यादा संभावना आपको किसी तरह का नुक़सान नहीं होने की है। पहले साल में आपको अपने निवेश किए धन पर 10% का प्राथमिकता से मुनाफ़ा प्राप्त होता है, जिसका भुगतान तिमाही आधार पर होता है, यानी 2500 डॉलर हर तीन महीने में और साल में 10,000 डॉलर। इस विशिष्ट प्रकार के करार में अगर जल्दी संभव नहीं हुआ तो डेढ़ साल की समाप्ति पर आपको अपनी एक लाख डॉलर की पूरी मूल रक़म वापस मिल जाती है।

यह डील और बेहतर हो जाती है। मूल धन की वापसी पर कर नहीं लगता है - केवल 10,000 डॉलर पर कर लग सकता है, लेकिन वास्तव में वह भी आपको नहीं देना है। चूँकि यह ज़मीन-जायदाद में निवेश का करार है, इसमें आपको त्वरित **अवमूल्यन** का लाभ मिलता है, जो आपको अपने करों पर हानि प्रदर्शित करने की छूट प्रदान करता है। आपको इस विशिष्ट निवेश में हिस्सेदारी भी मिलती है, जो कि इस मामले में 0.75% के बराबर है।

एक साल पहले मैंने यह निवेश किया था। संपत्ति को बेहतर रूप देकर, ख़ाली जगहों को किराए पर देकर और बाज़ार दर पर किराया बढ़ाने से संपत्ति की क़ीमत पहले ही 2.1 करोड़ से कुछ ज़्यादा हो गई है। इस तरह से मेरी 0.75% हिस्सेदारी 1,58,250 डॉलर की हो गई है।

मैं हमेशा यह सुनता आया हूँ कि निवेश पर तेज़ी से पूरे मुनाफ़े और शीघ्रता से मूल धन की वापसी की उम्मीद करना अनुचित है। इसलिए लोग इसकी उम्मीद नहीं रखते हैं। उनके दिमाग़ में रत्ती भर भी यह बात नहीं आती है कि निवेश का कोई बेहतर रास्ता हो सकता है। वे वही घिसे-पिटे ज़मीन-जायदाद के सौदे में निवेश करते रहते हैं, जहाँ उनके निवेश पर मुनाफ़ा मिलने में लंबा समय लगता है। साथ ही इस तरह के सौदों में उनका धन लंबी अवधि के लिए फँस कर रह जाता है।

एक और बात जो मैं अक्सर सुनता हूँ, ''मैं उम्मीद करता हूँ कि इसी दशक में यह हो जाएगा।'' या ''यह हो सकता है कि देखने को दोबारा नहीं मिले, लेकिन यह अच्छा निवेश *दिखाई* देता है।'' इस तरह की सोच उन ग़लतफ़हमियों को बढ़ाती है, जो मौजूदा निवेश विकल्पों के प्रति अज्ञानता को दिखाते हैं। निश्चित ही निवेश के ऐसे ढेरों अवसर हैं, जहाँ आप अभी निवेश कर सकते हैं और हो सकता है कि कभी आपको मूल धन नसीब नहीं हो। और यदि आप सीधे या हिस्सेदारी के लिए निवेश कर रहे हैं तो ऐसे भी ढेरों मौक़े हैं, जिनमें मूल धन वापस पाने के लिए एक दशक या ज़्यादा का समय लगे, क्योंकि आपको उस समय तक इंतज़ार करना होगा, जब कंपनी को **कहीं से नग़दी की प्राप्ति** होगी। सच्चाई यह है कि निवेश करने के कई अन्य रास्ते हैं, जहाँ आप अभी नग़दी प्राप्त करने के साथ हिस्सेदारी प्राप्त कर सकते हैं।

मेरे ग्राहक और मैं इस समय कई ऐसी डील में शामिल हैं, जिनमें एक साल में मूल रक़म की वापसी हो जाती है। कुछ ज़मीन जायदाद की डील हैं और कुछ क़र्ज़ की डील हैं। कुछ संचालित हो रही कंपनियों में अनोखे क़िस्म का निवेश है। इनमें से कुछ में मूल धन की वापसी की अवधि पूरी होने के एक या दो महीने शेष रह गए हैं। अन्य डील में पहले ही पूरा मूल धन वापस आ चुका है। अब डील में हमें कोई भी जोख़िम नहीं है और अब मुनाफ़े में हिस्सेदारी जारी है। इस तरह की शर्तों और डील वाले निवेश मेरे कुछ पसंदीदा निवेश हैं। यह जीवनशैली निवेशक की ज़रूरतों पर खरे उतरते हैं।

धन की गति

धन को प्रवाहित होने देना मेरे लिए सचमुच में बहुत महत्त्वपूर्ण है – धन की गति। मेरे दो नियम ख़ास तौर पर इसको पूरा करते हैं। नियम 4 ''मूल धन को तुरंत वापस ले लें'' और नियम 5 तुरंत ''नग़द आय पैदा करें'' इसलिए अहम हैं, क्योंकि ये दोनों ही मापदंड धन को गतिमान करते हैं। आप मासिक या तिमाही होने वाले नग़द भुगतान को प्राप्त कर उसे दोबारा निवेश कर सकते हैं। आप अपना मूल धन प्राप्त कर उसे फिर से निवेशित कर सकते हैं।

आदर्श परिस्थितियों में जब कभी आप मूल धन का निवेश करते हैं तो आप बदले में किसी तरह की हिस्सेदारी हासिल करने की कोशिश करते हैं। इससे आपके निवेश का एक अंश समय के साथ बढ़ता चला जाता है और पूरा आरंभिक निवेश डील से बाहर निकाल लेने के बाद भी आपकी मुनाफ़े में भागीदारी रहती है। अब आपका घरेलू धन निरंतर वृद्धि करता रहता है। दूसरे शब्दों में मूल धन निकाल लेने के बाद कोई जोख़िम नहीं रह जाता है और आपको निवेश में आगे ज़बरदस्त मुनाफ़ा मिलता रहता है। आप यह जानते हैं। हमने यह पहले ही बताया है।

हम मूल धन की वापसी को एक क़दम और आगे ले जाते हैं, जिससे धन की गति पर उसका प्रभाव वास्तव में हमें देखने को मिलेगा। ज़्यादातर लोग लंबी अवधि के डील में निवेश करते हैं, जहाँ धन फँस कर रह जाता है और वे उसे प्राप्त नहीं कर सकते या वे जानते हैं कि कम से कम एक

दशक तक उनको इसे छूना नहीं चाहिए। उदाहरण के लिए शेयर बाज़ार में सेवानिवृत्ति योजनाओं और लंबी अवधि के लिए शेयरों को ख़रीद कर रखना, उपक्रमों में पूँजी निवेश करना, ज़मीन-जायदाद की नई योजनाओं में निवेश जहाँ नग़द आय नहीं है और होने की कोई संभावना भी नहीं है। ऐसी हिस्सेदारी में निवेश जिनमें दशकों तक कुछ हासिल नहीं होने वाला है। इन हरेक परिस्थितियों में आपका धन पूरी तरह से इस्तेमाल नहीं हो रहा है। यह सुस्त बना हुआ है। आपको उम्मीद है कि आपको बेहतर मुनाफ़ा मिलेगा, लेकिन इस समय आपको इसके बारे में कुछ भी जानकारी नहीं है।

एक ही निवेश में दस वर्ष तक धन लगाए रखने और कई गुना मुनाफ़ा होने का इंतज़ार करने की बजाय बेहतर है कि उस धन को उस निवेश से निकाल लें और उसे एक और दो साल के लिए पाँच या ज़्यादा सौदों में निवेशित करें, जिससे नग़द आय तुरंत होगी। अपना शुरुआती निवेश शीघ्रता से वापस ले लेने के बाद भी यह रणनीति आपकी हिस्सेदारी बने रहने दे सकती है, जिससे कई सौदों में आपको होने वाला लाभ मिलता रह सकता है।

परिणामों पर गौर करें। विशेषकर जब यह धन की गति से संबंधित हैं। आपको पूरे समय नग़द आय की प्राप्ति हुई। सौदे से मूल धन वापस ले लेने के कारण इसमें आपको कोई जोख़िम भी नहीं रह गया था और अपना पूरा धन सौदे से बाहर खींच लेने के बाद भी आपने कुछ हिस्सेदारी भी प्राप्त कर ली है। इस सबसे बढ़कर लंबे समय तक निवेश में बने रहने से बेहतर है कोई बेहतर मौक़ा मिलने पर आप उससे बाहर आ सकते हैं। और उसके बाद प्रत्येक निवेश से मिले मूल धन को आपने उसी रणनीति से सभी पाँच सौदों में दोबारा निवेशकिया है, जिससे आपका धन अब आपके लिए और तेज़ी से काम करेगा।

अल्प अवधि और लंबी अवधि की संभावनाओं को समाहित करने से मुझे भरोसा है कि इन पाँच निवेशों में होने वाला मुनाफ़ा दस साल तक एक ही निवेश में मिलने वाले लाभ से कहीं बहुत ज़्यादा होगा। एक ही जगह निवेश की रणनीति में आपकी सभी संभावनाएँ एक ही जगह पर सीमित हो जाती हैं। अलग-अलग निवेश की रणनीति आपकी आय में तेज़ वृद्धि करती है, क्योंकि आप उस धन को बार-बार इस्तेमाल करते हैं।

हम ड्रेसबार्न सौदे पर फिर से नज़र डालते हैं, जिसके बारे में हमने पिछले अध्याय में चर्चा की थी। पूरे कारोबार को बहुत कम दामों पर बेचा गया था, जैसे कुर्की के बाद औने-पौने दामों पर चीज़ों को बेचा जाता है। हमने इसकी डील एक साल की अवधि के अनुबंध के साथ की थी। इसमें 20% ब्याज के साथ मासिक भुगतान की व्यवस्था थी। एक साल पूरा होने पर एक बड़े एकमुश्त भुगतान के साथ मूल धन की वापसी की शर्त थी। यह डील सटीक तरीक़े से बताती है कि सुदृढ़ मासिक आय प्रदान करने वाली किसी कंपनी से आप किस तरह एक बड़ा मुनाफ़ा अर्जित कर सकते हैं। एक साल में अपना पूरा निवेश वापस हो जाती है, लंबी अवधि के लिए हिस्सेदारी बनी रहती है, और उसी पूँजी को किसी अन्य सौदे में दोबारा निवेश कर इसी कवायद को दोहरा कर मुनाफ़े को दोहराते रह सकते हें।

अगला उदाहरण भी इन्हीं चीज़ों को पूरी तरह से सही साबित करता है और यही समझाता है कि कैसे आप तेज़ी के साथ अपने निवेश से मूल धन को कैसे बाहर निकाल सकते हैं और उसे दूसरे निवेश में इस्तेमाल कर सकते हैं।

उदाहरण : निजी समूहों के साथ निवेश

मैंने इतने वर्षों के दौरान विभिन्न ऑपरेटरों के साथ मिलकर कई निजी समूहों के साथ निवेश किया है। एक ख़ास निवेशक समूह के पास कई राज्यों में 2600 आवास थे। वह 3.96 करोड़ डॉलर की पूँजी और 22.50 करोड़ डॉलर की परिसंपत्तियों का प्रबंधन कर रहा था। समूह ने 427 क़र्ज़ दे रखे थे और 5.1 करोड़ डॉलर से ज़्यादा धन राशि क़र्ज़ में दे रखी थी। ऐसे निजी समूहों के साथ निवेश करना भी मुनाफ़ा कमाने के लिए एक सरल रास्ता हो सकता है जिनका पृष्ठभूमि सुदृढ़ है और जिससे ऐसे दमदार ऑपरेटर जुड़े हुए हैं, जो कि स्थानीय बाज़ार से संबंधित हैं। इससे मालिकाला हक़ की पुरातन क़िस्म की जटिलताओं में पड़ने से छुटकारा मिल जाता है।

सोच

हमेशा ऐसे प्रभाव छोड़ने वाले निवेशकों से मुलाक़ात करते रहें, जिनके पास करने के लिए ज़्यादा से ज़्यादा सौदे हों। वे करार पर करार करते रहते हों।

मेरे लिए नए निवेश के संबंध में खोजबीन और इनके बारे में निर्णय प्रक्रिया में उचित मौक़े की तलाश और निज़ी तौर पर प्रभावी निवेशकों से मुलाक़ात करना बहुत महत्त्वपूर्ण रहा है।

मैंने हाल में निवेशकों की एक संगोष्ठी में शिरकत की थी। कई चतुर निवेशकों से मेरी मुलाक़ात हुई। मैंने तय कर लिया कि मैं उन निवेशकों और समूह बनाकर काम करने वाले व्यवसाइयों से ज़रूर मिलूँगा, जिन्होंने कार्यक्रम के दौरान संबोधित किया था। ऐसे किसी भी व्यक्ति से आगे बढ़कर मिलने के लिए आपका एकदम तैयार रहना ज़रूरी है, जिसे आप समझते हैं कि वह आपके नेटवर्क के लिए उपयुक्त होगा या फिर उसकी जो दक्षता है, उसे बेहतर तरीक़े से जानने और सीखने में आपकी दिलचस्पी है। समूह में निवेश करने वाले एक कारोबारी के संगोष्ठी में संबोधन के बाद मैंने उनके बारे में जानकारी जुटाई, उनके साथ संबंध स्थापित किए, उनकी विशेषज्ञता के क्षेत्रों के बारे में जाना तथा समझा, और यह जानने के लिए कुछ खोजबीन की कि क्या उनके साथ कोई डील करना मेरे लिए उपयुक्त होगा।

स्वरूप

इस सौदे की संरचना कुछ इस तरह की थी :

- 10% की मनपसंद दर से मुनाफ़ा।
- तिमाही भुगतान।
- डेढ़ साल या 18 महीनों में मूल धन की वापसी (मैंने पहले ऐसे भी सौदे किए हैं, जिनमें मेरा मूल धन सिर्फ़ एक साल में ही मुझे वापस मिल गया।)।
- 18 महीने होने पर निवेश के **अनुपात में** फिर से आगे वित्त प्रदान (जिस तरह से इसे तैयार किया गया उसके कारण सभी कर मुक्त)।
- हिस्सेदारी प्रतिशत के लिए प्रत्येक वर्ष भुगतान।
- जब कभी भी संपत्ति बेची जाती है तो हिस्सेदारी से होने वाली आमदनी।

- लंबी अवधि के लिए मूल्य की वृद्धि।
- अवमूल्यन का बोझ निवेशकों पर डालना।
- 18 महीनों में 41.35% की दर से वार्षिक मुनाफ़ा।

मैंने इस डील के लिए करार करने से पहले जब मूल धन की वापसी शीघ्रता से करने के संबंध में इसकी समीक्षा की तो इसमें शानदार मुनाफ़ा और कम जोख़िम पाया और मैं जान गया कि यह डील मेरे लिए एक दमदार निवेश है।

छानबीन

निवेश के प्रस्ताव की छानबीन को जानने और समझने का राज़ है ऐसे चतुर निवेशकों के साथ समय बिताना जो लगातार धन कमा रहे हैं और कहीं भी नुक़सान नहीं उठा रहे हैं। वे करार पर करार कर रहे हैं। उनके पास करारों की कमी नहीं है। यह ख़ास निवेश एक सुदृढ़ बाज़ार में था। यह मूल्य वृद्धि करने वाली योजना थी। इस सौदे में इसका अर्थ था कि ऑपरेटर पहले से ही बेहतर तरीक़े से क़ीमत दे रही मौजूदा संपत्ति को लेंगे और उसमें सुधार करेंगे तथा अधिक किराया लेने के लिए उसे सक्षम बनाएँगे।

पहले से ही संपत्ति 90% आधिपत्य में थी, जिससे पता चलता था कि माँग मज़बूत थी और वह भी ऐसे बाज़ार में जहाँ प्रतिस्पर्धा नहीं थी। मुझे यह भी पसंद आया कि मूल धन जल्द मिल जाने वाला था और उसके बाद भी लंबी अवधि तक निवेश में मेरी हिस्सेदारी बनी रहने वाली थी।

डील की बातचीत

निजी समूह के साथ सौदों में शामिल होना अक्सर कठिन होता है। मैंने इन विशिष्ट सौदों तक पहुँच के लिए अग्रणी साझेदारों और ऑपरेटरों के साथ घनिष्ठ संबंध बनाए, जिससे मैं इस तरह के निवेशों में अग्रिम कतार में आ जाऊँ। मेरे संबंधों के कारण मुझे आम लोगों के पहले निवेश करने का अवसर मिल गया और मैंने अपने कुछ साथियों को भी इस सौदे में शामिल करा लिया।

मैंने पहले ही इस ख़ास समूह निवेशक (और कई अन्य समूह निवेशकों के साथ भी) के साथ सिर्फ़ निवेश की दम पर ही नहीं बल्कि अपने दूसरे

सार्थक मूल्यों के कारण मधुर संबंध विकसित कर लिए थे। उन संबंधों के कारण किसी भी अन्य निवेशक को पेशकश किए जाने से पहले मेरे नेटवर्क और मुझे सभी भावी समूह निवेशों में निवेश का मौक़ा हासिल हुआ। मैंने अपने समूह के लिए पसंदीदा शर्तों पर सौदे की बातचीत की जो मैं नियमित रूप से कई अन्य निवेशों के लिए करता हूँ।

डील समीक्षा

ज़मीन-जायदाद की इस विशिष्ट डील में मुझे 10% की दर से ब्याज प्राप्त हुआ। इसका 18 महीने से कम समय में (क़रीब साल भर में) मूल धन की वापसी तक हर तिमाही में भुगतान होता रहा। संपत्ति को दोबारा वित्त हासिल होने पर ना केवल मुझे मूल धन वापस हो गया, बल्कि इसमें हिस्सेदारी के प्रतिशत में हुई आय कर मुक्त भी थी। 41% रिटर्न के साथ मूल धन प्राप्त हुआ और सौदे में मेरी लंबी अवधि की हिस्सेदारी बनी हुई थी। वास्तव में मुझे स्थायी हिस्सेदारी मिलने जा रही है, क्योंकि इस समूह को ख़रीदकर लंबे समय तक रखना पसंद है। इस तरह से मुझे सभी कुछ मिल रहा था।

मेरे पास हिस्सेदारी है। मुझे कुछ भी भुगतान नहीं करना होगा और इसमें समय के साथ वृद्धि जारी रहेगी। मुझे मूल धन शीघ्र वापस मिल गया। सबसे महत्त्वपूर्ण मुझे यह हिस्सेदारी अपने धन को फँसाए बिना मिल रही है और आज की तारीख़ में कुछ नग़द आय प्राप्त हो रही है। भविष्य में कभी यदि वे संपत्ति बेचने का फ़ैसला करते हैं तो बिक्री सौदे में भी मुझे अपना हिस्सा प्राप्त होगा।

नियम 5 : तुरंत नग़द आय की प्राप्ति सुनिश्चित करें

मैं नग़द आय पसंद करने वाला व्यक्ति हूँ। यदि इससे आज मुझे धन नहीं मिलता है तो इसे भूल जाएँ।

– रॉबर्ट कियोसाकी

जब आप मोबाइल होम पार्क के बारे में सोचते हैं तो सबसे पहले आपके ज़ेहन में क्या ख़याल आता है? यदि पहले-पहल आने वाले विचारों में *दौलत* नहीं है तो पढ़ते रहें।

बहुत पुरानी बात नहीं है। एक दिन मेरी पत्नी ने मुझे नींद से जगाया। बोली, ''आप सुनेंगे तो यक़ीन नहीं करेंगे।'' कुछ ही देर पहले उन्हें अपनी माँ से फ़ोन पर एक डरावनी ख़बर मिली थी। हजमत पोशाक पहने स्वात की एक विशेष टीम सदर्न मिडवेस्ट में उनके गृहनगर के एक मोबाइल होम पार्क में पहुँची थी। पता चला कि मोबाइल होम पार्क में ड्रग्स की लैब संचालित होने की ख़बर पर स्वात की टीम पार्क की तलाशी के लिए पहुँची थी। पूरे मीडिया पर यह ख़बर चल रही थी। रेडियो पर गूँज थी। शहर के सबसे बड़े दैनिक अख़बार के पहले पन्ने पर छाई हुई थी।

मुझे ऐसा महसूस हो रहा था, जैसे किसी ने मुझे मुँह पर ज़ोरदार तमाचा मार दिया हो। यह भी बताया जा रहा था कि उस मोबाइल पार्क का *मालिक* मैं हूँ। मुझे ग़लत सूचनाएँ सबसे ज़्यादा नापसंद हैं।

पहले ख़ुशख़बरी। जाँच-पड़ताल में पुलिस और स्वात टीम को कहीं भी ड्रग्स की लैब नहीं मिली। कोई भी समस्या नहीं थी और कोई नशे की दवाएँ नहीं थीं। बुरी ख़बर यह थी कि समाचार माध्यमों ने अपनी ग़लत ख़बर को वापस नहीं लिया, ना ही उसका खंडन किया या कोई सफ़ाई दी। जो हो गया, सो हो गया। कुछ और अच्छी ख़बरें। अगले तीन महीनों में मोबाइल होम पार्क में पाँच नए किराएदार और आ गए। शायद पुरानी कहावत इस मामले में सही साबित हो गई, ''बदनाम हुए तो क्या हुआ नाम तो हुआ।'' इस प्रचार से बाज़ार में नाम हुआ और कारोबार बढ़ गया।

मैं आपको यह कहानी क्यों सुना रहा हूँ? कभी-कभी सबसे शानदार और आसान आय और सबसे सरल सौदे स्पष्ट नहीं होते। यह कहानी बताती है कि किस तरह से मैंने ज़मीन-जायदाद में लाखों डॉलर कमाए। ख़ासकर मोबाइल होम पार्क में।

जमीन जायदाद निवेश के लिए मोबाइल होम पार्क

आप यह सोच सकते हैं कि *मोबाइल होम पार्क में रहने वाले लोगों के साथ व्यवहार करना बहुत कठिन होगा।* लेकिन इससे पहले मैं आपको कुछ बता दूँ। मोबाइल होम पार्क बहुत शानदार निवेश है। पहला कारण- जब आप चतुराई के साथ किसी सौदे की व्यूहरचना करते हैं, जिसमें शुरुआत में बहुत ज़्यादा रक़म नहीं देनी हो और तुरंत नग़द आय मिलनी शुरू हो जाए, जिसमें विक्रेता ही क़र्ज़ प्रदान कर दे, और बैंक से क़र्ज़ लेने की ज़रूरत नहीं हो। मैंने अपने पहले मोबाइल होम पार्क पर केवल 15% या 65,000 डॉलर लगाए थे। इससे मुझे तुरंत 2,000 डॉलर प्रति माह या 24,000 डॉलर सालाना मिलने शुरू हो गए थे। इस संपत्ति ने पहले साल 36% दर से नग़द रिटर्न दिया यानी सौदे में **शुरुआती भुगतान पर होने वाली आय।** इस मामले में यह वह रिटर्न था, जो संपत्ति के सुधार और किराये में वृद्धि के पहले किए गए निवेश पर प्राप्त हुआ था।

कम से कम रक़म के निवेश में अधिकतम रिटर्न प्राप्त करें।

उसी विक्रेता से मैंने दूसरे मोबाइल होम पार्क का सौदा किया। इसमें आरंभ में मुझे 15% का भुगतान करना पड़ा यानी कि 75,000 डॉलर और

तुरंत ही मुझे 3,375 डॉलर प्रति महीने और 40,500 डॉलर सालाना की आय मिलने लगी। यह आरंभ में किए गए नग़द निवेश का 56% रिटर्न था।

शहरों को मोबाइल होम पार्क पसंद नहीं आते हैं और वे अक्सर ज़मीन-जायदाद के किसी अन्य रूप में दोबारा विकसित करने की कोशिश करते हैं। अमेरिका में केवल 44,000 मोबाइल होम पार्क हैं और हर साल लगभग सौ को गिराकर अधिक मूल्यवान संपत्ति के रूप में विकसित किया जाता है। इसका अर्थ है कि वे सीमित हैं।

चूँकि मोबाइल होम पार्क किराये पर संचालित होने वाली अचल संपत्ति है, यह ऐसी श्रेणी में आती है, जिसका तेज़ी के साथ अवमूल्यन होता है।

इसका अर्थ है कि आपको होने वाले मुनाफ़े पर आयकर नहीं देना होगा। मोबाइल होम पार्क में निवेश पर सबसे ज़्यादा मुनाफ़े की संभावना होती है। इसका सीधा मतलब है कि कम दामों पर सर्वश्रेष्ठ रिटर्न हासिल होता है। इस सबसे बढ़कर इनमें सबसे कम जोख़िम होता है। इसके अलावा यदि आपको क़र्ज़ की ज़रूरत होती है तो मोबाइल होम पार्क ऐसी परिसंपत्ति की श्रेणी में आते हैं जहाँ क़र्ज़ चुकाने में नाकामी की दर ज़मीन के कारोबार में सबसे कम है। यदि विक्रेता क़र्ज़ मुहैया नहीं करा रहा है तो बैंक से सुविधाजनक क़र्ज़ प्राप्त करना भी आसान होता है।

निष्क्रिय आय और आयकर क़ानून

आपको लाइफ़स्टाइल इन्वेस्टर की इस यात्रा के दौरान एक रोचक तथ्य का ध्यान रखना है कि अमेरिका (और ज़्यादातर अन्य देशों में) **अर्जित आय** सर्वाधिक कर वाली आय में आती है। दूसरे शब्दों में आपके रोज़गार या आपको कारोबार से होने वाली आय पर आपकी दूसरी अन्य आय से ज़्यादा कर लगता है। दूसरी ओर निष्क्रिय आय सबसे कम कर वाली आय में से एक है। अक्सर निवेश के आधार पर अवमूल्यन और कटौती सहित ऐसे कई रास्ते होते हैं, जिनसे कर योग्य **निष्क्रिय आय** को बहुत ज़्यादा कम किया जा सकता है। यहाँ

तक कि आपकी निष्क्रिय आय पर पूरी तरह से कर को समाप्त करना भी संभव होता है।

क्या आप जानते हैं कि यदि आप कोई आय अर्जित नहीं कर रहे हैं और आपके निवेश से ही पूरी आय हो रही है तो आयकर क़ानूनों में एक निष्क्रिय निवेशक की श्रेणी भी है? निष्क्रिय निवेशक वास्तव में सबसे कम प्रतिशत दर से कर अदा करते हैं।

ज़्यादातर लोगों का कर क़ानूनों को लेकर मानना है कि इसके नियम बताते हैं कि आप क्या नहीं कर सकते हैं। यदि आप इन कर क़ानूनों का गहराई से अध्ययन करें तो यह इसमें की गई प्रोत्साहन की व्यवस्था से यह आपको ऐसे निवेशों का मार्गदर्शन दे सकती है, जो सरकार चाहती है कि आप करें। मैं ज़मीन-जायदाद के कारोबार को और ख़ासकर इसमें भी किराये के धंधे को पसंद करता हूँ। क्योंकि सभी के लिए आवासीय सुविधा देना सरकार की प्राथमिकता में है। अन्य निवेशों के बीच वह कर लाभों से आवास निर्माण में निवेश को प्रोत्साहन देती है। यह लाभ किसी के लिए काम करने पर उपलब्ध नहीं हैं। यदि आप कर क़ानूनों का अनुसरण करते हैं और अपनी आय का उसी के अनुसार निवेश करते हैं जिस तरह से सरकार चाहती है तो आप बहुत सारा धन बचा सकते हैं और साथ में अपने देश की मदद भी कर सकते हैं।

कई किरायेदार होने के कारण आपका जोख़िम और कम हो जाता है। कभी एक या दो किरायेदार किराया देने से चूक जाते हैं या मकान ख़ाली कर देते हैं या उनसे आवास ख़ाली कराया जाता है तो आपके लिए कोई समस्या पैदा नहीं होती। अन्यथा एक ही किरायेदार के होने पर उसके किराया नहीं देने पर निवेशकों के सामने संकट पैदा हो जाता है। कम किराये और सीमित जगह के कारण पिछले किरायेदार से मकान ख़ाली कराने पर भी पार्क को तुरंत ही नया किरायेदार मिल जाता है। ज़्यादातर किरायेदार किसी इमारत में फ़्लैट की बजाय मोबाइल होम पार्क पसंद करते हैं, क्योंकि इसमें इनके पास आँगन, आगे-पीछे ज़मीन और ज़्यादा जगह होती है। इसके अलावा ऊपर

या नीचे किसी पड़ोसी का सिरदर्द नहीं होता, किसी से लगी हुई दीवार या पड़ोसी का शोर नहीं होता।

कई मोबाइल होम पार्क मालिक अक्खड़ क़िस्म के होते हैं और उनके पास नग़द आय का संकट बना रहता है। ऐसे में उनके पास आसानी से जगह मिल जाती है। थोड़ा-बहुत बुनियादी सुधार में पैसा ख़र्च करने से संपत्ति की क़ीमत बढ़ जाती है। इसके साथ ही सालाना आधार पर किराये में एक निश्चित दर से वृद्धि को करार में शामिल करने से यह सौदा मुनाफ़ा देता रहता है। निवेशक के लिए मोबाइल होम पार्क ख़रीदने और उसमें कुछ समय तक बने रहने की शानदार रणनीति प्रदान करता है। इनको आसानी से बेचकर अपना निवेश निकाला भी जा सकता है। ख़ासकर तब जब आप एक उपयुक्त ख़रीदार की तलाश करना जानते हों। उदाहरण के तौर पर मैं आपको मोबाइल होम पार्क के एक और निवेश की जानकारी देना चाहता हूँ।

तुरंत बेचने के लिए ख़रीदना

मोबाइल होम पार्क में निवेश की तीसरी डील पार्क की मेरी पहली दो डील से बड़ी थी। मैंने इस मोबाइल होम पार्क की तलाश की थी और इसके मालिकों से सीधे डील की बात की। वे दंपत्ति थे और अब शांति के साथ सेवानिवृत्ति का जीवन गुज़ारना चाह रहे थे। 28 आवास और एक विशाल वर्कशॉप सहित इस पूरी संपत्ति की क़ीमत हमने 9,60,000 डॉलर तय की। मैंने इस डील को दो हिस्सों में बाँटने को लेकर उनको तैयार कर लिया। ज़मीन और मकानों को अलग-अलग बेचा जाना था। मकानों को निजी संपत्ति माना गया था। बैंक इसके लिए क़र्ज़ प्रदान करने को तैयार था। बैंक ने 13 एकड़ की ज़मीन की क़ीमत का मूल्यांकन 800,000 डॉलर किया। 1,60,000 डॉलर का आरंभ में भुगतान किया जाना था। 4.5% की दर से दस साल के लिए यह क़र्ज़ था। इसे 20 साल में चुकाना था। मुझे 4,000 डॉलर प्रति माह का भुगतान करना था।

इसके बाद मैंने 28 घरों का बहुत वाज़िब 155,000 डॉलर में डील तय की। इसका मतलब प्रत्येक घर की क़ीमत क़रीब 5,535 डॉलर पड़ रही थी जबकि बाज़ार में इनका मूल्य 10,000 डॉलर से 20,000 डॉलर

के आसपास था। इसके अलावा इन घरों के लिए मैंने शुरुआत में कोई भी भुगतान नहीं किया। दस साल के नोट पर मैंने 13 वर्षों में इसका क़र्ज़ चुकाने का सौदा किया। इस सौदे पर मेरा मासिक भुगतान केवल 1000 डॉलर था।

यह सौदा मेरे लिए ज़बरदस्त फ़ायदा देने वाला रहा। इस संपत्ति से मुझे नग़दी आय मिलनी तुरंत शुरू हो गई। आरंभ में कुछ सुधार और किराया बढ़ाने के बाद इससे 14,000 डॉलर प्रति महीने का लाभ मिलना शुरू हो गया। पहले साल की समाप्ति पर मुझे नग़द भुगतान की गई राशि पर 105% का रिटर्न मिला। आरंभ में मैंने 1,60,000 डॉलर का भुगतान किया था, जिस पर कुल मुनाफ़ा 1,68,000 डॉलर रहा। ठीक एक साल और एक दिन के बाद मैंने पूरी संपत्ति 12,00,000 डॉलर में बेच दी। इसमें 2,40,000 डॉलर का लाभ हुआ। इसके अलावा पहले साल में नग़द भुगतान पर 1,68,000 डॉलर की आमदनी अलग से। कुल मिलाकर 4,08,000 डॉलर का एक साल में फ़ायदा।

मैंने एक साल और एक दिन में संपत्ति को बेचा, जिससे मुझे पूँजी लाभ कर भी नहीं देना पड़ा। एक साल से कम अवधि में बेचने पर मुझे **शॉर्ट टर्म पूँजी लाभ** कर देना होता जो साधारण आयकर की दरों के बराबर ही होता है। **लंबी अवधि पूँजी लाभ कर** में आपके कर श्रेणी के अनुसार 15-20% की छूट होती है।

1031 विनिमय लाभ

ज़मीन-जायदाद में निवेश के संबंध में मेरे पास और भी अच्छी ख़बरें हैं। लंबी अवधि के पूँजी लाभ कर से बचने का तरीक़ा है, मुनाफ़े को दोबारा ज़मीन-जायदाद में ही निवेश कर दिया जाए। आयकर क़ानून में इसके लिए प्रावधान है जिसका आप अपने हित में इस्तेमाल कर सकते हैं। इसे 1031 के नाम से जाना जाता है। एक मोबाइल होम पार्क को बेचने में हुए लाभ से मैंने दो और पार्क ख़रीदे तथा पहले पार्क की तरह ही काम करते हुए अपनी मासिक नग़द आय को दोगुना कर लिया।

1031 का प्रावधान

अमेरिका की आंतरिक राजस्व संहिता के नियम 1031 में इसका जिक्र होने के कारण इसका लोकप्रिय नाम 1031 पड़ गया। यह धारा निवेशक को किसी संपत्ति को बेचने पर पूँजी लाभ कर के भुगतान में उस समय तक ''टालने'' के लिए छूट देती है, जब तक कि वह पहली संपत्ति पर हुए लाभ से कोई अन्य उसी प्रकार की संपत्ति नहीं ख़रीद लेता। कुल मिलाकर निवेशक लगातार इस रणनीति का इस्तेमाल कर अनिश्चितकाल के लिए अपनी निवेश संपत्ति की बिक्री पर पूँजीगत लाभ कर का भुगतान करने से बच सकता है।

इस उदाहरण से आप दो बड़े सबक़ सीख सकते हैं। पहला यह है कि जब आप सिद्धांतों और नियमों को समझकर उनको संयुक्त करते हैं तो यह आपके लाभ को कई गुना बढ़ा देता और जोख़िम को कम कर देता है। जिस तरह से मैंने यह सौदा किया है, आपको शानदार सौदों को तय करने के अनेकों तरीक़े मिल सकते हैं।

दूसरा सबक़ मोबाइल होम पार्क में निवेश के संबंध में सीखने के लिए मैंने जो कुछ किया, उससे संबंधित है। मैंने इसके लिए एक शिक्षक की बक़ायदा सेवाएँ लीं। उन्होंने मुझे इस कारोबार की बारीकियाँ सिखाईं और मुझे बताया सौदे की रूपरेखा तय करने के बारे में बताया। मैंने अपने हुनर में और वृद्धि करते हुए इसको और विस्तार दिया। दुर्भाग्य से इन शिक्षक महोदय ने मेरा कोई सौदा नहीं कराया। मुझे अच्छा लगता अगर वे ऐसा करते तो। लेकिन वह अपने कारोबार में ही बहुत व्यस्त थे।

अब मेरे पास शिक्षा ले रहे मेरे लॉयन को मेरे साथ काम करने में बहुत मज़ा आता है। मैं उनके लिए सौदे तलाशता हूँ। उनकी रूपरेखा बुनने और सौदों को तय करने में उनकी मदद करता हूँ। जोख़िम को कम करने के रचनात्मक उपाय खोजता हूँ। उनकी नग़द आमदनी में वृद्धि होती है, उनका मूल धन शीघ्र वापस लौटता है और कर की बचत होती है। मैंने सिखाना और प्रशिक्षण देना आरंभ किया, क्योंकि यदि 20 साल पहले

जब मैंने अपने निवेश की शुरुआत की थी तब किसी ने मुझे इसी तरह की रणनीतियाँ, सिद्धांत और नियम बताए होते तो मैं अच्छी तरह से जानता हूँ कि मैंने इससे भी ज़्यादा संपत्ति और बड़ा निवेश खड़ा कर लिया होता। वह भी बहुत कम समय में।

आप सोच रहे होंगे कि जब मुझे काम ही नहीं करना है तो मैं अपने लॉयन प्रशिक्षुओं को सिखाने को लेकर इतना अधीर और जुनूनी क्यों हूँ। वास्तविकता यह है कि मुझे पढ़ाना और लोगों के साथ लंबे समय के सार्थक संबंध बनाना बहुत पसंद है। आर्थिक आज़ादी एक बेहद अनूठा अहसास है और लोगों को आर्थिक आज़ादी के इस अहसास को पाने के लिए प्रशिक्षित करना मेरे लिए बहुत रोमांचक अनुभवों में से है। अपने लोगों के बीच यह काम करते हुए यह अनुभव मुझे लगातार, निरंतर होता रहता है।

अचल संपत्ति फ़ंड में निवेश

पिछले अध्याय में मैंने निजी पारिवारिक समूह में निवेश की चर्चा की थी। यह अचल संपत्ति में सीधे निवेश का उदाहरण है। इसमें आप सीधे अपने नाम पर किसी मकान, फ़्लैट, मोबाइल होम पार्क आदि के सौदे का करार करते हैं। उस उदाहरण में मैंने तुरंत नग़द आय की प्राप्ति के लिए एक संपत्ति को सीधे स्वामित्व रखने वाली इकाई से हासिल किया था।

यहाँ पर मैं निज़ी **अचल संपत्ति फ़ंड** में निवेश के संबंध में चर्चा करने जा रहा हूँ। पिछले उदाहरण की तरह ही बहुत से लोगों को हो सकता है कि यह जानकारी नहीं हो कि यह भी एक विकल्प हो सकता है। अचल संपत्ति फ़ंड में निवेश ज़मीन-जायदाद में अप्रत्यक्ष निवेश का उदाहरण है। इसमें आप सीधे संपत्ति में धन नहीं लगा रहे हैं, बल्कि कई संपत्तियों के स्वामित्व वाले फ़ंड या ट्रस्ट के शेयर ख़रीद रहे हैं।

ज़मीन-जायदाद के फ़ंड में निवेश शेयर बाज़ारों के साथ ही **रिअल एस्टेट इन्वेस्टमेंट ट्रस्ट्स (आरईआईटी)** के माध्यम से किया जा सकता है। लेकिन मैं निजी अचल संपत्ति फ़ंड में निवेश को ज़्यादा पसंद करता हूँ क्योंकि इसमें अनिश्चितता कम है और अक्सर ज़्यादा नग़द आय तथा अधिक रिटर्न है। (फ़ंड में निवेश के बारे में मैंने अगले अध्याय नियम 6 ''आय में वृद्धि के उपाय खोजिए'' में चर्चा की है।)

उदाहरण : निजी अचल संपत्ति फ़ंड

मैं एक ऑपरेटर से मिला जो एक निवेश समूह में बेजोड़ विश्लेषक के रूप में जाने जाते थे। मैं भी इस समूह का हिस्सा था। हम दोनों स्वाभाविक रूप से मित्र बन गए थे। हम दोनों के कई साझा दोस्त थे और सभी उनका बहुत सम्मान करते थे। वह मुझसे कहीं ज़्यादा अच्छे विश्लेषक थे। हमारी कुशल जोड़ी थी। इसके अलावा उनके नतीजों तथा उनकी प्रतिष्ठा के आधार पर मैं उनके बाज़ार शोध पर भरोसा कर सकता था। हमने मिलकर इस तरह से निवेशों का विश्लेषण करना शुरू किया। हमने तय किया कि यदि हम दोनों को व्यक्तिगत रूप से सौदा पसंद आ गया और यह हमारी जाँच-पड़ताल की प्रक्रिया में पास हो गया तो संभवतया यह निवेश का अच्छा अवसर हो सकता है।

इस ऑपरेटर ने अपने कई सौदे मुझे बताए थे और मैंने भी उनको कई सौदों के बारे में बताया था। अभी तक तो एक से भले दो मुहावरे ने हमारे लिए असाधारण रूप से शानदार काम किया था। हम दोनों अपना दिमाग़ लगाकर सौदों की संभावनाओं पर विचार करते थे। हमने विभिन्न संपत्ति श्रेणियों में कई निजी रिअल एस्टेट फ़ंड में निवेश किया था, जिनमें बहुत अच्छा मुनाफ़ा था।

सोच

मैंने अचल संपत्ति ऑपरेटर के रूप में बहुत समय दिया था और एक मज़बूत ऑपरेटर बनने के लिए जो कुछ भी चाहिए होता है, वह सब कुछ सीखा था। इस तरह से जब मैंने अन्य लोगों की संचालित योजनाओं में निवेश करना शुरू किया तो मैं जानता था कि एक बेहतर सौदे के लिए क्या चाहिए होता है। मैं सामान्य तौर पर फ़ंड में निवेश का बड़ प्रशंसक रहा था।

यदि फ़ंड के पास सौ संपत्तियों का स्वामित्व है और उनमें से कोई एक अच्छे नतीजे नहीं दे सकी तो कुल मिलाकर मुनाफ़े में कोई ख़ास असर नहीं होगा, क्योंकि अन्य 99 संपत्तियों के बेहतर करने की संभावना है। यदि मैंने सीधे उसी एक संपत्ति में निवेश किया होता तो मुझे नुक़सान हो रहा होता। फ़ंड में निवेश करना अपने जोख़िम को न्यूनतम करने और अपने निवेश को

विभिन्न स्थानों, आकारों और संपत्ति श्रेणियों में विविधता प्रदान करने का शानदार तरीक़ा है।

स्वरूप

मैंने इतने वर्षों के दौरान अलग-अलग शर्तों वाले कई फ़ंड में निवेश किया जिनमें यह उदाहरण शामिल थे :

- 8-10% की पसंदीदा दर से मुनाफ़ा
- मासिक वितरण (कभी-कभी तिमाही भुगतान)
- आंतरिक रिटर्न दर 15-25%
- दो से तीन साल में मूल धन की वापसी।
- मूल धन की वापसी के बाद लाभ का बँटवारा (हरेक सौदे में यह बँटवारा अलग-अलग होता है तथा निवेशक को 80% और फ़ंड प्रबंधक को 20% से लेकर 50% तक का हो सकता है। इस बँटवारे को अक्सर 80/20, 70/30, 60/40, और 50/50 कहा जाता है।)
- अवमूल्यन यथा अनुपात निवेशकों को दे दिया जाता है। (लाभ की बड़ी राशि पर कोई कर नहीं और अक्सर त्वरित अवमूल्यन के साथ जहाँ आप बड़ी कटौती का लाभ शुरुआत में ले सकते हैं, संभवतया जिसपर कोई भी कर नहीं हो।)

छानबीन

मुझे लगातार मासिक या तिमाही नग़द आय के लाभ के कारण यह निवेश पसंद आया। साथ ही फ़ंड में कई संपत्तियों के होने से जोख़िम बहुत हद तक कम हो जाता है, जिससे यह अचल संपत्ति में निवेश के सुरक्षित तरीक़ों में से एक है। यहाँ पर महत्त्वपूर्ण है कि ऐसे फ़ंड में ही निवेश किया जाए, जिनके भागीदारों ने पहले भी अच्छा काम किया हो और स्थानीय ऑपरेटरों के पास अनुभव के साथ उस विशिष्ट संपत्ति के सफलता से संचालन का लंबा रिकॉर्ड हो। मैं यह भी सुनिश्चित करता हूँ कि वित्तीय स्थिति मज़बूत और बाज़ार तथा संपत्ति श्रेणी के लिए औचित्यपूर्ण हो।

मैं जिन फ़ंड में निवेश करता हूँ उनके ऑपरेटर काफ़ी अनुभवी हैं और उनके वित्तीय आँकड़े मज़बूत हैं, जो बताते हैं कि कैसे मैं सुरक्षित तरीक़े से ज़ोरदार रिटर्न प्राप्त करूँगा। मुझे ऐसे फ़ंड में निवेश करना भी पसंद है जो संपत्ति ख़रीदने में बहुत चयनात्मक प्रक्रिया है और ऐसी संपत्ति श्रेणियों में उनकी विशेषज्ञता है, जो सामान्यतया मंदी जैसी स्थिति से अछूती रहती हैं।

डील की बातचीत

फ़ंड में भी निवेश करते हुए मैं कई शर्तों को लेकर सौदेबाजी करता हूँ। कुछ फ़ंड विशिष्ट क़िस्म के होते हैं और उन तक पहुँच कठिन होती है। इसके अलावा उनमें न्यूनतम निवेश बहुत ज़्यादा होता है। इन सभी मसलों पर बातचीत हो सकती है, सौदेबाजी हो सकती है। फ़ंड का न्यूनतम निवेश जो भी हो, मैं इस न्यूनतम निवेश को अपने लिए संतोषप्रद और अपने अनुरूप स्तर तक और कम करने के संबंध में बातचीत करता हूँ।

जब मेरे साथ निवेश के इच्छुक अन्य निवेशकों का समूह भी होता है तो मैं इसका लाभ उठाते हुए अपनी मनमाफ़िक शर्तें तय करने को लेकर बात करता हूँ। जैसे कि कुछ शुल्कों को माफ़ कराना, ज़्यादा रिटर्न और मुनाफ़े के बँटवारे का अनुपात बढ़ाना। इसके अतिरिक्त मैं भविष्य में आने वाले फ़ंड के सभी निवेशकों के लिए खुलने और पूरी तरह से भर जाने के पहले ही उसमें निवेश की पहुँच के लिए भी सौदेबाजी करता हूँ। अगले अध्याय में और विस्तार से मैं अतिरिक्त समझौतों का उपयोग कर पसंदीदा शर्तों पर करार के बारे में बताऊँगा।

डील समीक्षा

नग़द आय तुरंत पैदा करने के लिए आपको ऊपर बताए गए सभी सिद्धांतों का तुरंत इस्तेमाल करना होगा। ख़ास तौर पर छानबीन करने के उसूल का। सौदों की ना केवल वित्तीय और परिसंपत्ति वर्ग की दृष्टि से बल्कि उसे संचालित करने वाले भागीदारों और ऑपरेटरों के आधार पर भी जाँच-पड़ताल करना बेहद महत्त्वपूर्ण है। सफल निवेशक यह जानते हैं कि अनुभवी भागीदार और कुशल ऑपरेटर उतने ही महत्त्वपूर्ण हैं, जितने मज़बूत वित्तीय आँकड़े। इनमें से किसी भी एक पहलू के अभाव से निवेश सौदा

उचित नहीं कहा जा सकता। इन वास्तव में दोनों का ही होना एक ज़रूरी शर्त है।

इसके साथ ही यह भी जानना महत्त्वपूर्ण है कि कभी-कभी स्पष्ट नज़र नहीं आ रहे और बहुत अनचाहे निवेश सबसे बढ़िया नग़द आय देते हैं। मोबाइल होम पार्क और औद्योगिक भंडार इसके सबसे आदर्श उदाहरण हैं और अक्सर ही निजी अचल संपत्ति फ़ंड से यह संपत्तियाँ ख़रीदी गई हैं। पहली नज़र में हो सकता है यह बहुत आकर्षक दिखाई नहीं देती हैं। शायद अज़ीब क़िस्म का निवेश भी जान पड़ सकता है। लेकिन ज़्यादातर इनमें आरंभ में बहुत छोटा भुगतान करना होता है और बहुत कम जोख़िम होता है। विशेषकर यदि आप बहुत सस्ती क़ीमत पर इनकी ख़रीदी कर रहे हैं। संपत्ति के मालिक, यदि यह कोई संस्था नहीं है, तो वे सौदे में निवेश के लिए वित्त प्रदान कर देते हैं। संपत्ति में मरम्मत कर उसका सुधार भी आसान होता है, जिससे तुरंत ही नग़द आय बढ़ जाती है। कई संपत्तियों में कुछ सुधार करने की ज़रूरत होती है।

अर्थव्यवस्था तेज़ी की ओर हो या मंदी की ओर, दोनों ही हालत में मोबाइल होम पार्क जैसे कम आय वाले आवास निवेश के लिए शानदार हैं। हर किसी को रहने के लिए मकान की ज़रूरत होती है। मोबाइल होम पार्क कस्बे या शहर में रहने के लिए सबसे सस्ते आवास होते हैं। इसी तरह से औद्योगिक वितरण केंद्र भी निवेश के लिए बेहतरीन हैं। ऑनलाइन व्यापार में ज़ोरदार बढ़ोतरी के साथ इनकी आज पहले से कहीं ज़्यादा माँग है। सबसे प्रमुख बात यह है कि यह निवेश अचल संपत्ति के हैं तो इनमें कर छूट का भी ख़ासा लाभ है। इस तरह की संपत्तियों में अनुशासित होकर निवेश करने वाले चतुर निवेशक अच्छे और बुरे दोनों दौर में अपनी क़िस्मत को चमका सकते हैं।

नियम 6 :
आय में वृद्धि के उपाय खोजिए

अपने फ़ैसलों पर अटल रहें लेकिन अपने
नज़रिये को लचीला बनाए रखें।

– टोनी रॉबिन्स

''लेकिन ठहरिये, कुछ और भी है!'' कुछ इसी तरह के लुभाने वाले विज्ञापन अपनी पेशकश को और आकर्षक बना देते हैं – जैसे कई तरह के बोनस शामिल करते हुए और उसी क़ीमत पर घर पर मुफ़्त में सामान पहुँचाने के साथ ही अतिरिक्त उत्पाद देकर।

यदि आप एक सामान्य निवेशक हैं और सालाना 8–15% मुनाफ़ा बना सकते हैं तो आप बहुत ख़ुश होंगे। कैसा हो, यदि आपके पास गिरवी रखने के लिए संपत्ति हो जो आपको मूल धन के साथ ब्याज की गारंटी प्रदान करे? आप तो उल्लास से झूम उठेंगे, हाँ या नहीं? यह वैसा ही है, जैसे एक की क़ीमत में दो चीज़ें मिल जाएँ।

इस अध्याय में बताने जा रहा हूँ, आय को कई गुना करने के तरीक़ों के बारे में और निवेशक जब इनका ज़्यादा से ज़्यादा उपयोग करता है तो **आय को कई गुना करने वाले ये क़दम** क्या चमत्कारिक नतीजे दे सकते हैं। आय को कई गुना करने के ये तरीक़े निवेश पर बेहतर रिटर्न दिलाने में मदद करते हैं। इस तरह के सौदों की शर्तें तय करने के लिए कई तरीक़े हैं। आप

जितने ज़्यादा ऐसे तरीक़े ला सकते हैं, आपके निवेश पर रिटर्न उतना ही बेहतर होना चाहिए।

हालाँकि आय को कई गुना करने के तरीक़ों पर बात करने से पहले मैं नौसिखिया और बहुत से अनुभवी निवेशकों में इस भ्रांति को दूर करना चाहता हूँ कि शर्त कोई पत्थर की लकीर है। बहुत बार ऐसा नहीं होता है।

शर्तों पर बातचीत हो सकती है

किसी भी डील में शर्तों की पेशकश के बाद मैं हमेशा फिर से डील की बारीकियों में जाकर गौर करता हूँ। मैं ऐसी शर्तें तय करने का प्रस्ताव करता हूँ जो निवेश को और बेहतर बनाए। चाहे इस डील में मैं निवेश कर रहा हूँ या कई निवेशकों के समूह के साथ मैं निवेश कर रहा हूँ। कुछ मामलों में एक समूह मुझको ज़्यादा प्रभाव, फ़ायदा दे सकता है, जिससे बेहतर शर्तों के लिए सौदेबाजी की मेरी ताक़त ज़्यादा होगी।

निवेश आय बढ़ाने वाले साधन

निवेश आय बढ़ाने के भिन्न-भिन्न तरीक़े उपलब्ध हैं, लेकिन सामान्य निवेशक इनका बहुत कम उपयोग करते हैं। यहाँ आय कई गुना करने वाले कुछ उपकरणों की सूची है, जिनका मैं उपयोग करता हूँ।

- **पसंदीदा शर्तों पर बात करना** – निवेश के अर्थशास्त्र में सुधार करने वाली शर्तें।
- **अतिरिक्त अनुबंध** – पूर्व में बातचीत से तय पसंदीदा शर्तों के साथ अनुबंध।
- **साझा निवेश अवसर** – फ़ंड के बाहर लेकिन फ़ंड प्रबंधकों के साथ मिलकर किसी विशिष्ट सौदे में निवेश का अवसर।
- **इक्विटी किकर** – कंपनी में निवेश को प्रोत्साहन देने के लिए क़र्ज़ या निवेश के बदले दी जाने वाली मुफ़्त इक्विटी।
- **वारंट** – भविष्य में इक्विटी को पूर्व निर्धारित क़ीमत पर ख़रीदने का विकल्प।

- **राजस्व हिस्सेदारी –** निवेशक को भुगतान की जाने वाली कुल राजस्व हिस्सेदारी का प्रतिशत, आम तौर पर मासिक भुगतान के साथ।
- **उपक्रम की बिक्री होने पर प्राथमिकता –** करार में शर्त जिसमें यह प्रावधान हो कि कंपनी के बिकने या कोई अन्य परिसमापन की कार्रवाई की स्थिति में किस क्रम से उसकी आय का भुगतान हो
- **सलाहकार शेयर –** कारोबारी सलाहकार कंपनी के भीतर अक्सर अपनी संलिप्तता का सामान्य स्टॉक विकल्पों के साथ विनिमय करते हैं, जिससे कंपनी में उनकी हिस्सेदारी हो जाती है।

इस सूची के अलावा तीन अन्य उल्लेखनीय उपकरणों के संबंध में यहाँ विस्तार से बता रहे हैं।

- **क़र्ज़ निवेश –** सीधे इक्विटी की बजाय क़र्ज़ के रूप में निवेश करना। क़र्ज़ निवेश में मूल निवेश के साथ ब्याज भी प्राप्त होता है। वहीं इक्विटी निवेश में हो सकता है कि मूल धन वापसी की कोई व्यवस्था नहीं हो या अगर रिटर्न मिलने वाला हो तो उसकी समयसीमा बहुत ज़्यादा हो (क़र्ज़ के साथ तय शर्तों के तहत आय बढ़ाने वाले कुछ अतिरिक्त उपकरणों की संभावना)
- **त्वरित वितरण तिथिवार कार्यक्रम –** क़र्ज़ की बजाय सीधे इक्विटी के रूप में निवेश लेकिन रक़म वापसी भुगतान तेज़ी से सुनिश्चित करने के लिए तिथिवार कार्यक्रम। इस तरीक़े से समझौते में कहीं तेज़ी से मूल निवेश वापस प्राप्त हो जाता है। तय इक्विटी विभाजन आधार पर मानक वितरण कार्यक्रम में तो मूल निवेश की वापसी काफ़ी समय लेती है।
- **लाभ आधारित ब्याज –** यह कंपनी के भावी मूल्य पर आधारित इक्विटी अधिकार है। कर की दृष्टि से यह इक्विटी से बेहतर हो सकता है, क्योंकि इसकी स्वामित्व अवधि के दौरान कर लागू नहीं होता है। लाभ आधारित ब्याज पर जब कर लगता है तो यह दीर्घ अवधि पूँजी लाभ कर होता है ना कि अल्पावधि **पूँजी**

लाभ कर। यह साधारण आय पर कर की तरह होता है, जैसा कि वारंट पर कर लागू होता है।

किसी कंपनी की आरंभिक अवस्था में ज़्यादातर लोग इक्विटी के लिए निवेश के करार करते हैं और उम्मीद करते हैं कि कंपनी लगातार संचालित होती रहे तथा कंपनी मुनाफ़े में आ जाए। यदि कंपनी के बिकने की स्थिति आती है तो उनको निवेश के दौरान कंपनी के मूल्य और बिक्री के दौरान कंपनी के मूल्य के गुणक के आधार पर भुगतान किया जाता है। हालाँकि ज़्यादातर कंपनियों के बिकने की स्थिति नहीं आती और ज़्यादातर कंपनियाँ इक्विटी भी नहीं दे पातीं। ऐसे में हो सकता है कि निवेशकों को कभी भी अपनी पूँजी देखने को नहीं मिल सके।

मैं कंपनी की आरंभिक अवस्था में निवेश को कुछ अलग स्वरूप दूँगा। ख़ासकर कंपनी में इक्विटी के रूप में सीधे निवेश की बजाय कंपनी में ऋण की तरह निवेश करूँगा। इसके अलावा मैं अतिरिक्त इक्विटी या वारंट का कुछ अंश तुरंत प्रोत्साहन के तौर पर देने की शर्त पर भी बात कर सकता हूँ। अतिरिक्त इक्विटी या वारंट मेरे लिए अतिरिक्त प्रोत्साहन की तरह होंगे जिनके लिए मुझे कोई भी अतिरिक्त लागत नहीं देनी होगी!

वारंट कंपनी के आज के मूल्यांकन के आधार पर भविष्य में शेयरों को **पूर्व निर्धारित क़ीमत** पर ख़रीदने का विकल्प है। निश्चित ही इसका इस्तेमाल तभी हो सकता है, जब कंपनी का मूल्यांकन बढ़ेगा। वारंट इक्विटी की तरह ही हैं, लेकिन ज़्यादातर यह क़ंपनी की **बिक्री में प्राथमिकता** से भुगतान के रूप में इस्तेमाल होते हैं। यानी कि करार में कंपनी की बिक्री की स्थिति में इक्विटी और क़र्ज़धारकों से भी पहले वारंट के लिए भुगतान को आप सौदे की शर्त में शामिल कर सकते हैं।

इस प्रकार से कंपनी में सीधे इक्विटी में निवेश करने पर हो सकता है कि लंबे समय तक निवेश पर कोई आय नहीं हो इसलिए आप डील में मेरी पसंदीदा शर्तों को शामिल कर सकते हैं। आप शीघ्र मूल धन की वापसी के लिए त्वरित वितरण की शर्त के साथ इक्विटी में निवेश कर सकते हैं। या आप इक्विटी किकर के साथ रियायती क़र्ज़ प्राप्त कर सकते हैं। या आप अच्छा रिटर्न लेने और तुरंत नग़द आय प्राप्त करने तथा निवेश से तेज़ी से मूल धन वापस पाने के लिए कंपनी से मुफ़्त इक्विटी लेकर क़र्ज़ के रूप में

अपने निवेश को सुरक्षित बना सकते हैं। इससे कंपनी में हिस्सेदार बनी रहने से उसकी तरक्की में आप शामिल भी रहेंगे।

हाल में मैंने फ्रैंकलिन मिंट नाम की मशहूर कंपनी में निवेश किया। यह कंपनी टीवी पर, ऑनलाइन और मैग्ज़ीन आदि में विज्ञापनों के जरिये सिक्के बेचती है। नियम 3 नज़र नहीं आने वाले निवेश अवसरों को तलाशें अध्याय में मैंने आपको ड्रेसबार्न के बारे में बताया था। इस कंपनी ने समय के साथ अपने आप को नहीं बदला। तेज़ी के साथ ई-कॉमर्स को नहीं अपनाया और संकट में घिर गई। फ्रैंकलिन मिंट के साथ भी ऐसा ही कुछ हुआ।

मैं एक निवेश समूह के साथ जुड़ा हुआ हूँ। उसने अपने सदस्यों को एकत्र किया और निवेश के एक कुछ असामान्य क़िस्म के स्वरूप को लेकर बातचीत की। हालाँकि यह असामान्य स्वरूप समझने में सरल है और इसके ''कुछ अतिरिक्त लाभ'' इसे आकर्षक बनाते हैं। सामान्य रूप से मैं 15-20% ब्याज तय करता हूँ, लेकिन समूह के सदस्यों ने इसमें बदलाव करने का निर्णय लिया। उन्होंने कुल बिक्री राजस्व की रॉयल्टी के रूप में 10% मासिक भुगतान (यह बाद में महत्त्वपूर्ण हो जाएगा) के साथ आय को बढ़ाने वाली कुछ और शर्तें इसमें जोड़ीं। आय बढ़ाने वाले ये तरीक़े इस प्रकार से हैं।

1. **आय बढ़ाने का साधन #1 :** कुल राजस्व का मासिक वितरण
2. **आय बढ़ाने का साधन #2 :**10 करोड़ डॉलर की **होल्डिंग कंपनी** को अमानत के तौर पर गिरवी रखकर निवेश के कम होने के जोख़िम को ख़त्म करना। यदि निवेश डूबता है तो होल्डिंग कंपनी की क़ीमत फ्रैंकलिन मिंट को ख़रीदने के लिए किए गए थोड़े से निवेश से 20 गुना थी। इस तरह से निवेश की रक़म की सुरक्षा के लिए कई प्रावधान थे।
3. **आय बढ़ाने का साधन #3 :** मूल निवेश राशि पर आधारित 20% नग़द बोनस की शर्त तय की। इसका भुगतान तीन वर्ष की क़र्ज़ अवधि की समाप्ति पर किया जाना था।
4. **आय बढ़ाने का साधन #4 :** प्रत्येक 10 लाख डॉलर निवेश पर 6% की मुफ़्त हिस्सेदारी को शर्त के रूप में जोड़ा। इस इक्विटी

को ख़रीदने की कोई लागत नहीं आई। यह राशि अविश्वसनीय है। आम तौर पर यदि मुफ़्त हिस्सेदारी दी जाती है तो इनकी राशि काफ़ी कम होती है।

5. **आय बढ़ाने का साधन #5 :** मूल धन दो गुना वापस किया जाना तय हुआ यानी कि निवेश पर 100% का रिटर्न। यह एक ऐसी शर्त थी जो हमने कंपनी की स्वीकार की थी। कंपनी ने हमारे मूल निवेश को दोगुना करने के लिए अधिकतम तीन वर्ष के समय की गारंटी दी थी, लेकिन वास्तव में हमारा अनुमान था कि इसमें एक या दो साल का समय ही लगेगा। यह समय सीमा उस समूह के संरक्षण के लिए थी, जिसमें हमने निवेश किया था। लेकिन निवेशकों के हमारे समूह के लिए यह कम समय में आकर्षक रिटर्न था।

इस डील से अनुमानित रिटर्न सहित अन्य बारीकियों को हम विस्तार से समझते हैं। कल्पना कीजिए कि आप एक निवेशक हैं।

	नग़द राशि	**इक्विटी**	**रॉयल्टी**	**नग़द बोनस**
आपने निवेश किया :	10 लाख डॉलर	6%	10%	20%
रॉयल्टी के बाद– प्राप्त राशि :	20 लाख डॉलर			
3 साल के बाद– आपको प्राप्त राशि :				2 लाख डॉलर
कुल प्राप्त राशि :	22 लाख डॉलर			

यदि यह निवेश मूल धन और 20% बोनस के लक्ष्य के लिए पूरे तीन वर्ष की तय अवधि लेता है तो इससे सालाना 40% रिटर्न के साथ तीन साल में 120% का कुल रिटर्न प्राप्त होगा। यदि इसमें केवल दो वर्ष का समय लगता है तो यह प्रति वर्ष 60% का रिटर्न होगा। दोनों में से किसी भी तरीक़े से इस निवेश में जोख़िम बहुत कम है और मुनाफ़े की प्रचुर संभावनाएँ हैं।

मुझे इसी तरह की निवेश डील पसंद हैं जिनमें **जोख़िम के मुक़ाबले लाभ** बहुत अधिक हो। निवेश को डूबने से रोकने के बेहतर उपाय हों। यदि घाटा होता है तो उसके बहुत कम रहने की संभावना हो। लेकिन लाभ के कई गुना होने की उम्मीदें हों।

मैं जब इन सब निवेश डील को एक साथ रखता हूँ तो निवेश वास्तव में रोमांचक हो जाता है। यदि किसी कारण से कोई एक निवेश गड़बड़ा जाता है तो कुछ ऐसे निवेश मेरे पास होते हैं, जिनमें कई गुना मुनाफ़ा होता है। इससे मैं आगे को बढ़ता रहता हूँ। वास्तव में निवेशों का स्वरूप कुछ इस तरह से रखना पसंद करता हूँ, जिससे पाँच निवेश डील भी नुक़सान में जाती हैं और केवल एक डील योजना के अनुरूप लाभ देती है तो भी मैं फ़ायदे में ही रहता हूँ।

यह डील महज़ एक उदाहरण है कि मैं किस तरह अपनी डील को स्वरूप देता हूँ, जिससे लंबे समय तक अच्छा रिटर्न प्राप्त होता रहे। साथ ही निवेश के दौरान नग़द आय भी अच्छी ख़ासी मिलती रहे। जितना संभव हो ज़्यादा से ज़्यादा निवेशों से कई गुना रिटर्न हासिल करने का लक्ष्य रहता है। साथ ही हरेक निवेश को जोख़िम से संरक्षण भी देना होता है। मैंने पाँच डील के गड़बड़ा जाने का उदाहरण समझाने के लिए दिया है। यह लगभग असंभव की तरह ही है, क्योंकि मैं अपने सभी निवेशों में नुक़सान को रोकने के लिए डील की बातचीत के दौरान बहुत ज़्यादा शर्तें और उपाय जोड़ता हूँ।

अतिरिक्त करार

अब मैं आपको अतिरिक्त करारों से परिचित कराना चाहता हूँ, जिनको निवेश के हमारे सहायक साधनों में शामिल करना आय में वृद्धि में प्रभावी होता है। अतिरिक्त करार जैसा कि नाम से ही ज़ाहिर है, बेहतर शर्तों का

एक अलग पत्रक होता है। सामान्य रूप से निवेशक इनके लिए पात्र नहीं होता और इनको प्राप्त नहीं कर पाता है।

मैं अक्सर निवेश में अतिरिक्त करार का इस्तेमाल कर यह सुनिश्चित करता हूँ कि जब भी निवेश करूँ तो मुझे सर्वोच्च प्राथमिकता मिले। यदि मैं निवेशकों के समूह के साथ निवेश करता हूँ तब भी मैं यह सुनिश्चित करता हूँ कि अन्य सदस्यों के साथ भी उसी प्राथमिकता के साथ व्यवहार किया जाए, जैसा मेरे साथ किया जा रहा है। यहाँ मैं इन अतिरिक्त करार के क्रमबद्ध इस्तेमाल के बारे में बता रहा हूँ :

1. मैं निवेश के लिए सर्वप्रथम पसंदीदा शर्तों के संबंध में बातचीत करता हूँ। यदि मेरे साथ मेरे प्रशिक्षुओं का समूह लायंस नेटवर्क निवेश कर रहा है तो मैं पूरे समूह की ओर से शर्तों को तय करने के लिए बातचीत करता हूँ। इन पसंदीदा शर्तों में प्रबंधन शुल्क या प्रशासनिक शुल्क (या अन्य शुल्क) में छूट, **निवेश प्रबंधकों** के लाभ के हिस्से में रियायत, मनचाहे रिटर्न या ब्याज के भुगतान में वृद्धि, लाभ के बँटवारे में बढ़ोतरी या न्यूनतम निवेश में कमी भी शामिल हो सकती थी। कभी-कभी इन प्राथमिक शर्तों में **अवरोध दर** में वृद्धि भी शामिल होती है, जो किसी निवेशक द्वारा रिटर्न पर माँगी गई न्यूनतम दर होती है। इस समय मेरा पूरा ध्यान उन शर्तों पर केंद्रित होता है, जो मेरे कुल रिटर्न को बेहतर बनाएँ और मैं उतनी राशि का ही निवेश करूँ जो मेरे लिए सहज रहे।
2. इसके आगे मैं भविष्य में आने वाले निवेश के लिए पसंदीदा शर्तों और सर्वप्रथम निवेश के लाभ के अवसर के संबंध में बात करता हूँ। मैं अपनी इन्हीं पसंदीदा शर्तों पर क़ायम रहते हुए ज़्यादा से ज़्यादा निवेश सौदों में सबसे पहले पूँजी लगाने वाला बनना चाहता हूँ। भविष्य में निवेश के सौदों में सबसे पहले पूँजी लगाने के अधिकार के बारे में चर्चा करता हूँ, जिससे मुझे प्रत्येक अवसर में किसी भी अन्य निवेशक से पहले पहुँच मिल सके और हरेक निवेश में मेरे लिए निवेश की कोई सीमा नहीं हो।
3. अंत में, अक्सर मैं अतिरिक्त निवेश सौदों में साथ में निवेश के अवसर पर पसंदीदा शर्तों की बातचीत करता हूँ। उदाहरण

> के लिए मैं किसी फ़ंड में निवेश कर रहा हूँ और उस फ़ंड के अतिरिक्त निवेश हैं, जो मानदंडों के लिए उपयुक्त नहीं हैं या फ़ंड के लिए वे एक निवेश के तौर पर काफ़ी ज़्यादा हैं। मैं आगे अन्य निवेश प्रस्तावों में भी निवेश के लिए अतिरिक्त करार की बात करूँगा। ज़्यादातर यह पहले अतिरिक्त करार में की गई शर्तों से बेहतर होती हैं। पहली बात तो इस तरह के निवेश के मौक़े ज़्यादातर बहुत सीमित होते हैं और इनको हासिल करना ही कठिन होता है। लेकिन अगर मेरे हाथ मौक़ा आ जाता है तो इस तरह के निवेशों के लिए मेरी शर्तें और भी बेहतर होती हैं।

सह-निवेश के संबंध में इस अंतिम बिंदु को मैं और विवरण के साथ स्पष्ट करूँगा। लेकिन उसके पहले मैं चाहता हूँ कि *और भी बेहतर* पसंदीदा शर्तों के संबंध में बातचीत को लेकर आपकी समझ पक्की हो। किसी भी डील में अपनी पसंदीदा शर्तों को जोड़ कर आय को कई गुना किया जा सकता है। लेकिन पसंदीदा शर्तों के लिए अतिरिक्त करार का इस्तेमाल कर अपने निवेश को भी कई गुना बढ़ा सकते हैं। चाहे फिर आप सीधे निवेश कर रहे हों या फ़ंड में निवेश कर रहे हों।

फ़ंड में सह-निवेश

मैंने सीधे निवेश पर पहले ही काफ़ी चर्चा की है। मैं अब फ़ंड में निवेश और इन निवेशों को बढ़ाने के बारे में बात करूँगा।

निजी तौर पर मैं फ़ंड में निवेश करना पसंद करता हूँ। फ़ंड एक निवेश उपकरण के भीतर कई भिन्न-भिन्न निवेशों का संग्रह है। जानकार निवेशक फ़ंड निवेश को पसंद करते हैं। इसका कारण है कि अगर उनका वही एकमात्र निवेश है तो फ़ंड जोख़िमों को बहुत हद तक कम कर देते हैं। एक फ़ंड की अगर कोई एक स्कीम नाकाम रहती है तो भी बहुत संकट पैदा नहीं होता क्योंकि दूसरी अन्य स्कीम के निवेशों के लाभ में होने के कारण कुल मिलाकर अच्छा रिटर्न मिल जाता है। एक ही फ़ंड में अच्छे और बुरे निवेश से नफ़ा-नुक़सान का संतुलन हो जाता है। इस तरह से वैसा नुक़सान नहीं होगा जैसा कि प्रत्यक्ष निवेश के नाकाम होने पर होता है।

अब एक उदाहरण लेते हैं। यदि कभी आप सही लोगों के साथ सही फ़ंड में निवेश में शामिल होते हैं तो आप एक अतिरिक्त करार जोड़ने पर बातचीत कर सकते हैं। हो सकता है कि फ़ंड के सभी निवेशों में आपकी पूँजी शामिल हो। लेकिन हो सकता है कि कोई एक निवेश सौदा हो जो आपको वास्तव में बहुत पसंद हो। हो सकता है कि आप उस ख़ास सौदे के संबंध में बाज़ार की परिस्थितियों को समझते हों या ऑपरेटरों से परिचित हों। या किसी भी तरह से आप उस ख़ास सौदे के संबंध में अतिरिक्त जानकारी रखते हों। या किसी ख़ास निवेश के लिए इक्विटी या वारंट प्राप्त करने का अवसर बनने वाला हो।

यदि मैं होशियारी से काम करूँगा और संपत्तियाँ ख़रीदूँगा तो मैं ज़्यादा दौलत कमा सकता हूँ।

ऐसे मामले में आप उस ख़ास निवेश के लिए पसंदीदा शर्तों को जोड़ने की बातचीत कर सकते हैं। अक्सर इसको **सह–निवेश** माना जाता है। इससे आपको उससे बेहतर रिटर्न मिलेगा जो केवल फ़ंड में ही निवेश करने पर मिलने वाला था। फ़ंड में आपने पूँजी लगाई है तो उस सौदे में निवेश का लाभ तो मिलेगा, लेकिन कई बार हो सकता है कि आप उस ख़ास सौदे में फ़ंड जितनी पूँजी लगाने वाला होता उससे कुछ ज़्यादा धन लगाना चाहते हों। अगर ऐसी स्थिति है और आपको सौदे में निश्चित लाभ नज़र आ रहा है तो पसंदीदा शर्तों पर बात की जा सकती है या केवल उसी निवेश सौदे के संबंध में अतिरिक्त अनुबंध का उपयोग कर सकते हैं, जिसमें पूर्व में तय पसंदीदा शर्तें शामिल हैं। इस तरह से आप उस सौदे में एक सामान्य भागीदार की तरह जुड़ कर अपने निवेश पर बेहतर रिटर्न प्राप्त कर पाएँगे। इसमें इक्विटी, वारंट या कुल मिलाकर अधिक ब्याज का भुगतान या कम शुल्क के साथ मनमाफ़िक रिटर्न।

अदृश्य धन से असली पूँजी बनाएँ

निवेश जगत में ऐसे धन से भी पूँजी बनाने के उदाहरण हैं, जो **धन अस्तित्व** में ही नहीं है। इसका एक उदाहरण है किराये की संपत्ति में अगले एक या दो साल या आगे चलकर होने वाली वृद्धि। *रिच डेड, पुअर* डैड के लेखक रॉबर्ट कियोसाकी इस तरह की संपत्ति में किराये से प्राप्त होने वाली आय

का उल्लेख करते हैं, जिससे आप अपना क़र्ज़ चुका देते हैं और आपकी संपत्ति की क़ीमत बढ़ती जाती है। एक बार संपत्ति का पूरा क़र्ज़ चुकाने के बाद आपकी नग़द आय बढ़ जाती है। जब आप अपनी संपत्ति की क़ीमत में हुए अवमूल्यन और उनसे हुई आय का हिसाब करते हैं तो आप पाते हैं कि आपको फ़ायदा ज़्यादा हुआ है।

अगर सही ढंग से इस्तेमाल किया जाए तो जो धन अस्तित्व में ही नहीं था, उस पर आप लगातार रिटर्न प्राप्त कर सकते हैं। परिस्थिति के अनुसार इस तरह की पूँजी बनाने के कई तरीक़े हो सकते हैं, जिनके अपने नफ़े और नुक़सान हैं। मैं जीवनशैली निवेशक के लिए जिस बिना अस्तित्व के धन का ज़िक्र करना चाहता हूँ उसमें विशेष **संपूर्ण जीवन बीमा उत्पादों** का इस्तेमाल किया गया है। विशेष रूप से एक अनोखी रणनीति के तहत इन उत्पादों के उपयोग के कई लाभ हैं।

इसके लिए विशेष संपूर्ण जीवन बीमा पॉलिसी के चुनाव का एक तरीक़ा है, जिसमें अधिकतम वित्त प्राप्त हो। या लंबे समय तक करों में रियायत के माध्यम से कई गुना बढ़ती हुई यह अधिकतम रिटर्न प्रदान करे। आप अगर सीधे जाकर कोई भी जीवन बीमा उत्पाद चुन लेंगे तो यह समझ लें कि मैं यहाँ जो बताने जा रहा हूँ उसमें ज़्यादातर सामान्य उत्पाद कारगर नहीं होंगे। मैं जिन पॉलिसी का उपयोग करता हूँ, उनके बारे में ज़्यादातर जीवन बीमा एजेंट जानते भी नहीं होंगे। मैं जिन पॉलिसी का इस्तेमाल करता हूँ उनके लिए बीमा क्षेत्र के विशेषज्ञ की ज़रूरत होती है, जो ख़ास तौर पर संपूर्ण जीवन बीमा पॉलिसी बनाने में माहिर हो। ऐसी पॉलिसी जो अपने लक्ष्य की प्राप्ति की दिशा में बेलगाम होकर बढ़ती हों। जीवन बीमा विशेषज्ञ को पॉलिसी में अतिरिक्त शर्तें जोड़नी चाहिए, जो इसके प्रदर्शन को कई गुना बढ़ाने में मदद करे। साथ ही इस तरह से हो कि ग्राहक के लिए अधिकतम फ़ायदेमंद हो – यानी एजेंट को कम से कम कमीशन का भुगतान करना पड़े और पॉलिसी के लिए जमा प्रीमियम में तेज़ी से और कई गुना वृद्धि हो।

उदाहरण के लिए ज़्यादातर लोग यह जानते भी नहीं है कि समग्र जीवन बीमा पॉलिसी से उनके लिए पूँजी सुलभ हो सकती है और वे उसके नाम पर धन उधार ले सकते हैं। इस धन का वे कहीं दूसरी जगह निवेश में

उपयोग कर सकते हैं। दूसरे शब्दों में समग्र जीवन बीमा पॉलिसी में लगाया गया धन रिटर्न देता जा रहा है, क्योंकि उसमें निवेशित धन को वापस नहीं लिया गया है। उसके विरुद्ध रक़म उधार लेने का अर्थ केवल उस पूँजी पर क़र्ज़ लेना है। क़र्ज़ ली गई उस रक़म को किसी और निवेश सौदे में लगाकर उस पर रिटर्न लिया जा सकता है। यानी कि एक ही धन पर दो जगह से रिटर्न प्राप्त किया जा सकता है। इस तरह से समग्र जीवन बीमा पॉलिसी पर लाभांश मिलता रहता है। अधिकांश पॉलिसी में न्यूनतम रिटर्न की गारंटी होती है। इसके अलावा उसी पॉलिसी पर पूँजी उधार लेकर दूसरी जगह निवेश कर वहाँ से मिलने वाले रिटर्न से नग़द आय और संभावित हिस्सेदारी भी अर्जित की जा सकती है।

यदि रिटर्न में थोड़ी और वृद्धि के लिए किताब के नियम–4 ''मूल धन को तुरंत वापस ले लें'' का पालन करें तो दूसरे निवेश में हिस्सेदारी को बनाकर रखा जा सकता है और उसी धन को एक और निवेश में लगाकर पूँजी पर तीसरी जगह से मुनाफ़ा लिया जा सकता है। इस स्थिति में एक ही पूँजी के तीन भिन्न निवेशों से रिटर्न भी मिलेगा और हिस्सेदारी भी रहेगी।

बिना अस्तित्व की आय का यह उदाहरण बैंकों में भी देखने को मिलता है। बैंक भी इसका लाभ उठाते हैं। बैंक ग्राहकों की जमा राशि का एक छोटा हिस्सा ही अपने पास रखते हैं और बड़ा हिस्सा बाज़ार में उधार दे देते हैं। एक ही धन से दस गुना तक कमाते हैं। यह असंभव दिखाई देता है और लेकिन वास्तव में बैंक यही करते हैं। वे ग्राहकों के जमा धन का बड़ा हिस्सा अत्यधिक जोख़िम वाले फ़्यूचर और ऑप्शन जैसे **वित्तीय उत्पादों** में लगा देते हैं। यही 2008 में बाज़ार के डूबने का कारण बना था। एक ही पूँजी पर तीन रिटर्न का मैंने जो उदाहरण दिया है, वह उसी तरह का है जैसा बैंक करते हैं। लेकिन मैंने उसे बहुत छोटे स्तर पर और एक बहुत सुरक्षित माध्यम से किया है।

पिछले उदाहरण में मेरी पूरी पूँजी निवेश से बाहर आ चुकी थी। मैंने ऐसी आय का इस्तेमाल किया जो अस्तित्व में ही नहीं थी। मैंने पहले निवेश पर लाभ कमाया, लेकिन उसके बाद अब भी मेरी हिस्सेदारी बनी हुई है तथा मुझे नग़द आय मिल रही है, जैसे कि मेरी पूँजी निवेशित हो। कुल मिलाकर मैंने उसी तरह से किया, जैसे बैंक करते हैं। मेरी शर्तों पर, अपने

निवेश सौदों के साथ और अपने फ़ायदे के लिए। लेकिन कम जोख़िम और पूरी तरह सुरक्षित तरीके से। आप भी यह कर सकते हैं।

नियम 7 ''सौदे को बेहतर बनाएँ'' में मैंने अपना एक आज़माया हुआ उदाहरण दिया है। मैंने अपनी समग्र जीवन बीमा पॉलिसी का उपयोग किया तथा क़ीमतों में अंतर, हिस्सेदारी और निवेश आय के मेल के माध्यम से एक समय में दो जगह से रिटर्न प्राप्त किया। दो क़ीमतों में या रिटर्न की दरों में **अंतर** से बिना जोख़िम लिए मुनाफ़ा प्राप्त किया जा सकता है।

उदाहरण : ड्रेसबार्न

पूर्व में नियम 3 '' नज़र नहीं आने वाले अवसरों की तलाश'' में मैंने ड्रेसबार्न के सौदे का उल्लेख किया है। यहाँ पर मैं और विस्तार से आपको बताना चाहता हूँ कि कैसे इसमें आय वृद्धि की रणनीति ने काम किया और किस तरह से आप अपने संबंधों और पहचान को अच्छी नग़द आय देने वाले निवेश में बदल सकते हैं।

सोच

एक कायर्क्रम के दौरान मैं एक अन्य निवेशक से मिला था जो बाद में मेरे अच्छे दोस्त बन गए। हमने अपने नेटवर्क के संबंधों को एक-दूसरे के साथ साझा करना शुरू किया। उन्होंने अपने कुछ रसूखदार निवेशकों और उद्यमियों से मेरी पहचान कराई और मैंने इसी तरह के अपने संपर्कों से उनको जोड़ने का काम किया। यह निवेश उपयुक्त समय पर सही लोगों को जानने का ही खेल था क्योंकि बहुत कम लोग थे, जिनको उसमें निवेश करने का मौक़ा मिल रहा था। मुझे यह निवेश इस कारण से भी ज़्यादा पसंद आ रहा था क्योंकि मुझे इसमें निवेश की मूल धन राशि बहुत जल्दी मिल सकती थी। एक अन्य कारण था कि कंपनी के लिए पहले साल में बहुत कम विषम परस्थितियों के आसार थे। यदि कंपनी दूसरे साल में किसी तरह के संकट में आती तो उस समय तक मेरा पूरा धन इस निवेश सौदे से बाहर आ जाने वाला था। हालाँकि मुझे यक़ीन था कि अब ब्रांड का ऑनलाइन विस्तार करने और शोरूम को बंद करने में ही इस उद्योग का भविष्य है।

स्वरूप

निवेश डील का स्वरूप कुछ इस तरह से है।

- एक साल की निवेश अवधि
- 20% ब्याज
- मासिक आय का वितरण
- एक साल पूरा होने पर एक बड़ा भुगतान- मूल निवेश का पूरा भुगतान
- समान 20% ब्याज के साथ ही अवधि पूरी होने पर 15% नग़द बोनस और अतिरिक्त 10% वारंट के रूप में मुफ़्त हिस्सेदारी के साथ मेरे पूरे निवेश या आंशिक निवेश को दो साल और बढ़ाने का विकल्प
- कंपनी की प्रगति और निवेश का मूल्यांकन करने पर बाद में मेरे निवेश को पूरी तरह या आंशिक रूप से हिस्सेदारी में बदलने का विकल्प
- प्रति 10 लाख डॉलर निवेश पर 3% मुफ़्त इक्विटी
- निवेश से ज़्यादा क़ीमत की बौद्धिक संपदा को निवेश के बदले में गिरवी रखना

छानबीन

यह ऐसी संपत्ति का उदाहरण है, जो कौड़ियों के मोल में बिक रही थी। इसकी ब्रांड की बाज़ार में मजबूत पहचान थी। इसके संचालक संभ्रांत और अच्छी छवि वाले थे जो इस निवेश के डूबने का खतरा मोल लेकर अपनी प्रतिष्ठा को नुक़सान कतई बर्दाश्त नहीं कर सकते थे। कोई प्रतिकूल स्थिति बनने पर उनके पास उसको अनुकूल बनाने के लिए पर्याप्त वित्तीय साधन भी हैं। इस निवेश की सुरक्षा के लिए ड्रेसबार्न की बौद्धिक संपदा को गिरवी रखा गया था। इसमें ब्रांड का नाम और लगभग 80 लाख ग्राहकों की सूची शामिल थी।

डील की बातचीत

कई शर्तों को बातचीत से तय कर अंतिम रूप दिया गया। कारोबार यदि अच्छा प्रदर्शन कर रहा है तो निवेश क़र्ज़ को एक साल से आगे बढ़ाना और बौद्धिक संपदा को बंधक के तौर पर गिरवी रखना। इसके अलावा यह शर्त भी करार में शामिल थी कि मूल कंपनी की किसी भी संकटग्रस्त संपत्ति में निवेश का सबसे पहला हक़ मेरा होगा। इससे मैं प्रत्येक में निवेश कर सकता था और अपने निवेश को विविधता दे सकता था। कई संकटग्रस्त ब्रांड को मैं अपने निवेश में शामिल कर सकता था जो शोरूम की जगह ऑनलाइन विस्तार कर रहे हैं।

अधिकांश निवेशों में इस तरह के प्रोत्साहन नहीं होते हैं। इस सौदे में सबसे बड़ा प्रोत्साहन मुफ़्त हिस्सेदारी का था। किसी कंपनी में एक बार मूल निवेश का पूरा भुगतान हो जाने के बाद बहुत ही कम निवेशक अपनी हिस्सेदारी बनाए रखते हैं। प्रोत्साहन के रूप में मिलने वाली हिस्सेदारी की राशि बहुत अधिक थी। आम तौर पर मुफ़्त हिस्सेदारी यदि दी भी जाती है तो यह कम होती है।

डील की समीक्षा

मेरे प्रशिक्षुओं के समूह लायंस नेटवर्क ने 60 साल पुराने उच्च प्रतिष्ठित ब्रांड को कौड़ियों के भाव में ख़रीद लिया था। हमने इतनी आकर्षक शर्तों पर यह सौदा किया था कि यदि किसी तरह के विपरीत हालात बनते तो हम इसे बेचकर तुरंत लाभ कमा सकते थे। इस संपत्ति को ख़रीदने के लिए कई समूहों ने प्रस्ताव दिए थे और एक प्रस्ताव में तो बोली हमारे प्रस्ताव से वास्तव में लाखों डॉलर ज़्यादा लगाई गई थी। लेकिन मूल कंपनी एसेना रिटेल ग्रुप को हमारी समयसीमा और टीम बेहद पसंद आई। इसके अलावा कंपनी के एक साल के भीतर नाकाम होने की आशंका बहुत कम थी और एक साल पूरा होते ही बड़ा भुगतान पूरा हो जाना था। हमें अपना पूरा निवेश वापस मिल गया। हमारी हिस्सेदारी भी बनी रही जिससे कंपनी के ई–कॉमर्स में उतरने से होने वाली वृद्धि और प्रगति का लाभ उठाने का मौक़ा भी हमारे पास बना रहा।

नियम 7 : डील में मुनाफ़ा बढ़ाएँ

आप किसी भी चीज़ में कोई सीमा तय नहीं कर सकते। आपके सपने जितने बड़े होंगे, आप उतना ज़्यादा हासिल करेंगे।

– माइकल फ़ेल्प्स

पिछले अध्याय में मैंने शुरुआत कुछ इस तरह से की थी, ''लेकिन ठहरिए, कुछ और भी है!'' आय में वृद्धि करने वाला उपाय एक अतिरिक्त बोनस है। अब मैं आपको बताऊँगा कि किस तरह से डील और बोनस के लिए *बेहद सस्ता* और सुरक्षित धन प्राप्त करते हैं। मार्केटिंग की दुनिया में इस रणनीति को ''रियायती दाम पर धन को बेचना'' कहते हैं।

पिछला अध्याय आय में वृद्धि के उपाय तलाशने पर केंद्रित था, जो किसी भी निवेश पर मिलने वाले रिटर्न को बढ़ाने का शानदार तरीक़ा है। तकनीकी रूप से आय को कई गुना करने वाला उपाय ना होते हुए भी आपका निवेश शानदार हो सकता है, लेकिन मुझे अपने ज़्यादातर निवेशों में कम से कम एक (और अक्सर कई) ऐसा उपाय मिलता रहा है।

यह अध्याय वार्ता के एक और दौर पर केंद्रित है जिससे आय में वृद्धि के और साधन, आपके जोख़िम पर अतिरिक्त संरक्षण या अक्सर दोनों ही प्राप्त हो सकते हैं। यह अतिरिक्त लाभ बातचीत के आरंभ में ही या निवेश के करार पर दस्तख़त से पहले के अंतिम पलों में हो सकते हैं।

डील तय होने का भ्रम

यह एक भ्रम है कि एक बार सौदे की बातचीत होने का मतलब है कि अब सब कुछ तय हो गया है। वास्तव में करार पर दस्तख़त होने तक सौदा तय नहीं होता है। उस समय तक आपके पास निवेश की शर्तों में सुधार करने की गुंजाइश होती है। मैं दूसरे लोगों की तरह सौदों को नहीं देखता हूँ। जब भी मुझे अवसर दिखाई देता है, मैं उसका लाभ लेना चाहता हूँ। अगर मुझे ऐसा महसूस होता है कि कंपनी की इतनी सामर्थ्य है कि वह और रियायतें दे सकती है या बातचीत के पहले दौर में कोई चीज़ मेरे दिमाग़ में नहीं आई और मैंने उसके बारे में बात करने का कोई प्रयास ही नहीं किया तो मुझे करार होने के पहले तक उसके संबंध में बात करने में कोई हिचकिचाहट नहीं है। उनके पास हमेशा मना करने का पूरा अधिकार है।

कभी-कभी जब मैं दूसरे पक्ष से निवेश में अतिरिक्त शर्तें जोड़ने के बारे में बात करता हूँ तो वास्तव में उनको पूँजी उगाहने की ज़रूरत नहीं होती है। वे तेज़ी से आगे बढ़ने के लिए कुछ ज़्यादा ही आक्रामक तेवर अपना लेते हैं और मेरी शर्तों के बाद वे बातचीत को आगे बढ़ाने के इच्छुक नहीं होते हैं। लेकिन कई बार मैं जहाँ निवेश कर रहा होता हूँ, वहाँ आर्थिक संकट की स्थिति होती है या ऐसे हालात होते हैं कि उन्हें तत्काल पूँजी की ज़रूरत तो होती ही है। निश्चित समयसीमा में उन्हें धन उगाहना होता है और ऐसे में अक्सर वे कुछ रियायतें देने के इच्छुक होते हैं।

मैं तब तक डील की बातचीत निरंतर जारी रखता हूँ, जब तक शर्तों को लेकर मैं सहज नहीं हो जाता और जोख़िम न्यूनतम या पूरी तरह से ख़त्म नहीं हो जाते।

एक डील पर दो डील के फ़ायदे

मैं आपको एक डील पर दो के लाभ के बारे में बताने जा रहा हूँ, जिसमें किसी भी तरह का जोख़िम नहीं होने का एक अतिरिक्त लाभ है। देखिए यह किस तरह से काम करता है। मैं अपने निवेश के लिए धन जुटाने के मक़सद से विशेष रूप से तैयार संपूर्ण जीवन बीमा पॉलिसी का उपयोग करता हूँ और जैसा मैंने पिछले अध्याय में कहा था, उसे कुछ बेहतर शर्तों के साथ बैंक की तरह संचालित करता हूँ। मैं अपनी संपूर्ण जीवन बीमा पॉलिसी पर

बैंक की तरह क़र्ज़ लेकर यही रणनीति इस्तेमाल करता रहा हूँ और इस तरह मैंने एक ही धन पर कई बार रिटर्न लिया है।

मैंने ड्रेसबार्न और मेरे लायंस नेटवर्क द्वारा ख़रीदे गए शेष ख़ुदरा ब्रांड (पीयर 1 इम्पोर्ट्र्स, लिनेन्स ऐंड थिंग्स, द फ्रेंकलिन मिंट, मॉडेल्स, रेडियोशैक, स्टीनमार्ट आदि) में निवेश में इसी रणनीति का उपयोग किया। मैंने आज तक ख़रीदे अपने सभी मोबाइल होम पार्क, उन सभी कंपनियों में जिनमें मैंने निवेश किया (इस संबंध में इस अध्याय के अंत में और अगले अध्याय में विस्तार से) और कई अन्य निवेशों में भी इस रणनीति का इस्तेमाल किया।

नोट: सभी बीमा एजेंट समान नहीं होते, ना ही सभी बीमा पॉलिसी एक समान होती हैं और ना ही सभी जीवन बीमा कंपनियाँ वे सेवाएँ प्रदान करती हैं जो मैं बताने जा रहा हूँ।

इसके लिए आपको ऐसी जीवन बीमा कंपनी चाहिए जो आपको **एक समान लाभांश** प्रदान करे, चाहे आपने उस पर क़र्ज़ लिया हो या नहीं लिया हो। ज़्यादातर बीमा कंपनियाँ पॉलिसी के विरुद्ध क़र्ज़ लेने पर कम लाभांश का भुगतान करती हैं। हालाँकि अगर उसके आधार पर मिल रहे क़र्ज़ पर ज़्यादा रिटर्न मिलता है तो यह लाभकारी सौदा हो सकता है। लेकिन यह लाभ उस बीमा कंपनी से क़र्ज़ के मुक़ाबले में कम ही होता है जो लाभांश में भी कोई कटौती नहीं करती है। अक्सर **लाभांश में कमी** करने वाली बीमा कंपनी से क़र्ज़ लेने में आपको वास्तव में नुक़सान हो सकता है। इसलिए सावधानीपूर्वक कंपनी का चुनाव करें।

आम तौर लोग मृत्यु के बाद के जीवन बीमा के लाभ के बारे में ही सोचते हैं। वे किस्तों का भुगतान करते हैं, उनकी मृत्यु के बाद **उनके परिवार के लिए** यह आय का ज़रिया बन जाता है। बेहतर योजना के साथ ली गई संपूर्ण जीवन बीमा पॉलिसी आपको जीते-जी कई तरह के लाभ प्रदान कर सकती है। वास्तव में जीवन बीमा संपत्ति के संरक्षण का सबसे शानदार तरीक़ा है। कुछ लोग ट्रस्ट को सबसे बेहतर तरीक़ा मान सकते हैं, लेकिन अगर आप पुराने फ़ैसलों के आधार पर बने क़ानून को देखेंगे तो यह स्पष्ट है कि जीवन बीमा क़र्ज़दाता से आपकी संपत्ति की सुरक्षा का सर्वश्रेष्ठ तरीक़ा है।

इसके अलावा जीवन बीमा से कर में छूट के साथ आपके धन में वृद्धि होती है और सेवनिवृत्ति के बाद मिलने वाली एकमुश्त राशि पर भी कोई कर नहीं देना होता। निश्चित ही मृत्यु की स्थिति में आपके उत्तराधिकारी को भी मिलने वाली राशि पर कोई कर नहीं देना होता है। आप किसी बेहतरीन प्रदर्शन करने वाली जीवन बीमा कंपनी से पॉलिसी ले सकते हैं जो 4% के सामान्य ब्याज से न्यूनतम रक़म की गारंटी प्रदान करते हुए प्रति वर्ष आम तौर पर 6.5% लाभांश देती हो। शीर्ष बीमा कंपनियाँ इस समय 5-7% के लाभांश का भुगतान कर रही हैं। जीवन बीमा से जुड़ी लागत को कम करने के बाद यह कुल आंतरिक ब्याज दर 4-6% होती है।

जीवन बीमा में इस तरह से मिलने वाला ब्याज *वास्तविक ब्याज दर* है, ना कि औसत ब्याज दर। भ्रांति 1 के अंतर्गत इस किताब में इसका उल्लेख किया गया है। इस प्रकार से 10% ब्याज दर का वादा करने वाले अन्य निवेशों के विपरीत यह वास्तविक ब्याज दर है। कई वित्तीय सलाहकार शेयर बाज़ार में 10% ब्याज दर का वादा करते हैं। यह वास्तविक संख्या है और इसमें कोई भी छेड़खानी नहीं की गई है। इस तरह से साल दर साल लगातार मिलने वाली ब्याज दर ही वास्तविक है।

हम फिर से एक पर दो के फ़ायदे के सौदे की बात करें। मैंने इस किताब में निवेश के जिस शानदार मौक़े की चर्चा की है, अगर उस तरह का अवसर आपको मिले तो आप अपनी पॉलिसी को अमानत की तरह इस्तेमाल करते हुए उसपर क़र्ज़ ले सकते हैं। इसमें शर्तें लचीली हों और ब्याज दर क़रीब 5% तक हो सकती हैं। यदि आपके सामने कठिन हालात आते हैं तो आप क़र्ज़ नहीं चुकाने का फ़ैसला कर सकते हैं। पॉलिसी आपकी चलती रहेगी। हालाँकि यह ज़रूर है कि उस पर मिलने वाला रिटर्न उतना बेहतर नहीं होगा जितना क़र्ज़ चुका देने पर मिलता। और बीमाधारक की मृत्यु होने पर बीमा कंपनी क़र्ज़ की रक़म काट कर बीमा राशि का भुगतान कर देती है। इस तरह से परिवार पर क़र्ज़ का बोझ नहीं आता है।

अपने धन का पूरा इस्तेमाल करें

मैं आपको एक और वास्तविक उदाहरण के बारे में बताता हूँ। किस तरह से मैंने जीवन बीमा की अपनी पॉलिसी के धन को अपने डील को बढ़ाने

में इस्तेमाल किया। मैंने पहला मोबाइल होम पार्क ख़रीदने के लिए अपनी संपूर्ण जीवन बीमा पॉलिसी का उपयोग किया। मैंने अपने धन को मोबाइल होम पार्क में निवेश करने की बजाय उसे संपूर्ण जीवन बीमा पॉलिसी में निवेश किया। उस पॉलिसी पर मैंने मोबाइल होम पार्क में निवेश के लिए क़र्ज़ लिया। इससे क्या हासिल हुआ? मुझे एक ही धन राशि पर दो जगह से ब्याज मिला। मैं एक की जगह दो जगह से ब्याज लेना क्यों नहीं चाहूँगा? वह भी जब इनमें से एक रिटर्न की गारंटी है।

संपूर्ण जीवन बीमा में **न्यूनतम बीमा धन की गारंटी** होती है जो ज़्यादातर पॉलिसी के साथ मिलता है। लेकिन कई कंपनियाँ लाभांश के माध्यम से न्यूनतम से ज़्यादा राशि का भुगतान करती हैं। हर साल बीमा कंपनी अपने निवेश पर हुए लाभ का आकलन करती है और न्यूनतम गारंटी धन या लाभांश में से जो भी ज़्यादा होता है, उसका भुगतान करती है। यह लाभांश इसलिए भी ज़्यादा मुनाफ़े वाला होता है, क्योंकि इसे पूँजी की वापसी ही माना जाता है, ना कि कोई लाभ जिस पर कर देना पड़ता है। इस तरह से इस लाभांश पर कर नहीं है।

मैंने मोबाइल होम पार्क के अपने पहले निवेश पर पहले साल में जितनी नग़द पूँजी लगाई थी, उस पर 36% की आय प्राप्त की। लेकिन साथ ही मुझे उसी पूँजी पर 6.5% का लाभांश भी मिला जो अब भी मेरी संपूर्ण जीवन बीमा पॉलिसी में बना हुआ है। मैंने मोबाइल होम पार्क में शुरू में जो धन दिया था, वह पॉलिसी पर लिए गए क़र्ज़ से अदा किया था। मैंने पहले भी कहा था कि जीवन बीमा पॉलिसी के कुछ ख़र्च भी हैं। हम इन ख़र्चों को लागत में शामिल करने के बाद मिलने वाले ब्याज को 6.5% की बजाय 6% मान लेते हैं। मुझे अपने धन पर कुल 42% (36%+6%) की प्राप्ति हुई जिससे मैंने संपूर्ण जीवन बीमा पॉलिसी का क़र्ज़ चुकता किया। मैंने यही प्रक्रिया अगले मोबाइल होम पार्क में निवेश में भी अपनाई। दूसरे सौदे में मुझे नग़द निवेश पर 54% नग़द आय प्राप्त हुई। इसमें संपूर्ण जीवन बीमा की 6% की दर से मिले ब्याज को जोड़ने के बाद मुझे इस सौदे में कुल 60% लाभ हासिल हुआ।

ऐसे निवेशों की तलाश करें जो करों से मुक्त होकर बढ़ सकें। यह निवेश में वद्धि का सबसे श्रेष्ठ उपाय है। यह उपाय किसी भी और तरीक़े

से कहीं तेज़ी से आपके धन को कई गुना करते हैं। इसमें आपके धन को तेज़ी से बढ़ने में कोई भी बाधा नहीं होती, जिससे वृद्धि सबसे तेज़ गति से होती है। इन दोनों मिसालों में प्राप्त होने वाली धन राशि में वृद्धि कर मुक्त है। चूँकि संपत्ति के रूप में मोबाइल होम पार्क के मूल्य में समय के साथ गिरावट आती है, जिससे इससे होने वाला लाभ भी कर मुक्त होता है।

नोट : कर मुक्त वृद्धि के इनमें से कई साधन बहुत आम तौर पर उपलब्ध नहीं है और बहुत सारे जो मौजूद हैं, उनमें सरकार की कुछ सरकार द्वारा लगाई गई शर्तें हैं।

इस क़र्ज के साथ कुछ ख़र्च भी हैं, जो इसकी लागत को थोड़ा बढ़ाते हैं। मैं अपने तर्क के साथ इसके बारे में बता रहा हूँ।

कुछ क़र्ज़ दाता संस्थाएँ हैं, जो जीवन बीमा कंपनी से भी कम दर पर उधार देने का काम करती रही हैं। वे जीवन बीमा कंपनी की तरह आपकी पॉलिसी को अमानत की तरह इस्तेमाल करते हुए आपको क़र्ज़ दे सकती हैं। जब आप इस तरह से अपनी जीवन बीमा पॉलिसी पर ऐसी संस्था से क़र्ज़ लेते हैं तो आपकी ब्याज दर में कुछ प्रतिशत अंकों की और कमी हो जाती है। इस तरह से आप जीवन बीमा कंपनी की जगह अपनी संपूर्ण जीवन बीमा पॉलिसी पर यह काम करने वाली क़र्ज़दाता संस्था से रक़म उधार ले सकते हैं। आप घटती-बढ़ती ब्याज दर या स्थिर दर का विकल्प चुन सकते हैं।

मैंने अभी जिस डील के बारे में ज़िक्र किया है, उस दौरान स्थिर ब्याज दर 4% थी और चर ब्याज दर 3% थी। मैंने चर ब्याज दर पर क़र्ज़ का फ़ैसला किया। उस समय इससे सस्ती पूँजी उपलब्ध नहीं हो सकती थी। आगे कुछ समय तक ब्याज दरों के बढ़ने की कोई संभावना नज़र नहीं आ रही थी और जब भी ब्याज दर बढ़तीं तो मैं विकल्प बदल कर अचर ब्याज दर का विकल्प चुन सकता था। मैंने जीवन बीमा कंपनी को 5% ब्याज का भुगतान करने की बजाय क़र्ज़दाता संस्था को 3% देकर 2% की बचत कर ली। इसमें केवल ब्याज की छोटी सी रक़म का भुगतान करने की छूट भी थी जिससे मुझे अपनी नग़द आय को बढ़ाने का भरपूर मौक़ा मिला।

मैं आपको बताता हूँ कि यह डील किस तरह से काम करती है, जिससे आप समझ सकें कि यह आपके लिए किस तरह से मुनाफ़ा देने वाला हो सकता है। हम ऐसा मान लेते हैं कि आपने ऐसी डील में निवेश

किया है जो 20% ब्याज अदा करता है। उदाहरण के लिए कोई भी ऐसा एक निवेश जिसका मैंने इस किताब में ज़िक्र किया है। आपने अपनी जीवन बीमा पॉलिसी के विरुद्ध रक़म उधार लेकर वह निवेश किया है। उस जीवन बीमा पॉलिसी पर अभी आपको 6% की दर से ब्याज प्राप्त हो रहा था। आपको क़र्ज़ पर 3% का ब्याज लग रहा है, जिससे आपको निवेश पर मिलने वाला कुल रिटर्न 23% (20% + 6% - 3% = 23%) हो जाता है।

हम पहले मोबाइल पार्क के निवेश के उदाहरण को देखें। इससे नग़द निवेश पर 36% की नग़द आय प्राप्त हुई थी। इसमें संपूर्ण जीवन बीमा का 6% का ब्याज जोड़ लें और 3% का ब्याज कम कम कर दें तो कुल रिटर्न 39% होता है। यह लगभग बिना किसी जोख़िम या बहुत ही बदतर परिस्थितियों में बेहद कम जोख़िम से होने वाली आय है।

संपूर्ण जीवन बीमा पॉलिसी में निवेश करने और उससे रक़म उधार लेने तथा उसे मोबाइल होम पार्क में निवेश करने पर वास्तविक रूप से इस तरह का लाभ हासिल होता है। निवेश की यह डील अपने धन का सर्वश्रेष्ठ तरीक़े से इस्तेमाल करने का उदाहरण है– किस तरह से मेरी पूँजी दो निवेशों में काम करते हुए लाभ प्रदान कर रही है।

एक नज़र में पूरी डील

संपूर्ण जीवन बीमा पॉलिसी के $65,000 × ब्याज 6% = $3,900

संपूर्ण जीवन बीमा पॉलिसी से क़र्ज़ $65,000 × 36% नग़द प्राप्ति = $23,400

$65,000 क़र्ज़ पर 3% ब्याज = $1,950

$3,900 + $23,400 - $1,950 = $25,350 शुद्ध लाभ और 39% कुल रिटर्न

ऐसे हालात में क्या करें यदि कोई जीवन बीमा पाने में समर्थ नहीं हो, उसकी सेहत ऐसी नहीं हो, जिस पर कोई जीवन बीमा कंपनी बीमा करने के लिए

तैयार हो या कोई ऐसी शर्त जुड़ी हो जो जीवन बीमा की लागत को महँगा बना रही हो? तब आप ऐसे *किसी भी व्यक्ति के नाम पर* जीवन बीमा ले सकते हैं जिसके साथ आपके बीमा हित जुड़े हुए हैं। ये आपके परिवार का सदस्य, कर्मचारी या ऐसा कोई भी व्यक्ति हो सकता है, जिसके साथ आपके किसी तरह के संबंध हैं और उनके साथ कुछ अप्रिय घटित हो जाने पर आपके कारोबार पर उसका असर हो सकता हो।

जो उदाहरण मैं देने जा रहा हूँ, उसमें मैंने अपनी डील को और ज़्यादा लाभप्रद बनाने के कई उपायों के बारे में बताया है। आय को कई गुना करने के तरीक़ों को शामिल किया है और इस निवेश के साथ जुड़े कुछ जोख़िमों को कम किया है।

उदाहरण : ऑरेंजथ्योरी फ़िटनेस फ़्रेंचाइज़ी

ऑरेंजथ्योरी फ़िटनेस सेहत और कसरत के लिए एक बहुत लोकप्रिय और कामयाब कारोबारी कंपनी है। अमेरिका में ही इसके 1300 जिम हैं जो खुलने से पहले ही भर जाते हैं और इनमें सीट मिलना काफ़ी कठिन रहता है। दूसरी सभी कंपनियों से इसका मुनाफ़ा बहुत ज़्यादा है। लेकिन उसकी फ़्रेंचाइज़ी माँग इतनी अधिक है कि इसे हासिल कर पाना कठिन है। किसी भी नई इकाई को खोलने का पहला हक़ मौज़ूदा मालिक और क्षेत्रीय प्रतिनिधि को ही है।

किसी भी अन्य फ़्रेंचाइज़ी में भी कभी इस तरह के मौक़े उपलब्ध हो सकते हैं जब उसकी बहुत माँग हो, उसने अपनी सफलता को प्रमाणित कर दिया हो। ज़ोखिम कम हो और लाभ की संभावना ज़्यादा हो। वहीं किसी आम आदमी तक इस डील की पहुँच नहीं हो और जिस ऑपरेटर की पहुँच डील तक हो, उसके वित्तीय संसाधन सीमित होने के कारण वह इस डील को करने में सक्षम नहीं हो। किसी भी निवेशक के लिए, जिसके पास पूँजी हो या वह क़र्ज़ लेने में सक्षम हो तो यह एक आदर्श अवसर है।

मेरे लिए निवेश का ऐसा ही एक मौक़ा आया। दो ऑपरेटरों के पास पूँजी या क़र्ज़ की क्षमता नहीं थी और वे भागीदारी देने के इच्छुक थे। यह सही लोगों से जान-पहचान का नतीज़ा था। मुझे उन लोगों से **मधुर संबंधों**

को बनाकर रखने का परिणाम मिला था, जिनके साथ मैं अक्सर उठता-बैठता रहता था, और वर्षों से जुड़ा हुआ था।

मैंने एक दंपति के साथ इस सौदे में भागीदारी की। उनके साथ मैं पहले भी काम कर चुका था और बहुत अच्छे संबंध थे। उनको अपने किसी परिचित के माध्यम से इस संगठन में निवेश के अवसर की जानकारी मिली थी, लेकिन उनके पास स्टोर को स्वयं शुरू करने के लिए पूँजी नहीं थी। मैं इन दोनों को उनके अपने-अपने पहले कारोबार में सलाह दे चुका था। साथ में काम करने का हमारा अनुभव बहुत अच्छा रहा था। उनको मालूम था कि मैं एक अच्छा भागीदारी बन सकता हूँ क्योंकि ना केवल मेरे पास निवेश के लिए पूँजी होगी बल्कि कई वर्षों तक इस तरह की कंपनियों में सीधे निवेश के अपने अनुभव से में उनको बेहतर सलाह-मशविरा दे सकता था।

बातचीत से हरेक के लिए मनमाफ़िक स्थिति के रास्ते बन जाते हैं। इस तरह से सभी की जीत होती है। यह सामंजस्य है, ना कि प्रतिस्पर्धा।

हमने सौदे को सभी पक्षों के लिए लाभकारी बनाया और स्थानीय बैंक में 16% आरंभिक भुगतान कर लघु कारोबार के लिए क़र्ज़ हासिल करने में कामयाब हो गए।

सोच

कुछ समय के लिए मैं किसी मज़बूत ब्रांड की फ्रेंचाइज़ी में निवेश करने का इच्छुक था। मैंने ऑरेंजथ्योरी फ़िटनेस के लिए कोशिश की थी। लेकिन बहुत ज़्यादा माँग के कारण इसका लाइसेंस मिलना लगभग असंभव था। लाइसेंस प्राप्त करने का एकमात्र तरीक़ा था किसी ऐसे व्यक्ति को तलाशा जाए जिसके पास लाइसेंस तो हो, लेकिन वह इसे बेचने का इच्छुक हो। मेरे कई दोस्त थे, जो इस फ्रेंचाइज़ी के सफल मालिक थे। मेरे कई लोगों से संबंध थे, जो लाइसेंस दिलाने में मदद कर सकते थे और कई ऐसे ऑपरेटरों को मैं जानता था, जो इस कारोबार को संचालित कर सकते थे और इसे ऊँचाइयों पर ले जा सकते थे। इसके अलावा कई निजी इक्विटी फ़र्म ऑरेंजथ्योरी फ़िटनेस फ्रेंचाइज़ी में बहुत सस्ते दामों पर बड़ी हिस्सेदारी ख़रीद

रहे थे। मुझे हमेशा से ऐसे निवेश पसंद आते रहे हैं, जिनसे पूँजी निकाल कर जाना भी फ़ायदेमंद हो।

स्वरूप

मैंने इस डील की बनावट कुछ इस तरह से की थी।

- बैंक से क़र्ज़ के लिए 1,20,000 डॉलर के शुरुआती भुगतान के साथ हिस्सेदारी में निवेश
- कारोबार में 33% की हिस्सेदारी
- क़र्ज़ का भुगतान होने तक 67% का शीघ्रता से वितरण
- इसके बाद 33% का स्थायी रूप से लगातार वितरण
- आरंभिक 1,20,000 डॉलर के निवेश का एक साल के भीतर भुगतान
- क़र्ज़ के 20% की व्यक्तिगत गारंटी के लिए भुगतान किया गया 35,000 डॉलर का अतिरिक्त नग़द बोनस

छानबीन

इस ब्रांड का इतिहास पूरी तरह से संदेह से परे था। उस समय तक इसके किसी 54भी फ्रेंचाइज़ी मालिक को कभी भी अपना सेंटर बंद करने की नौबत नहीं आई थी। कंपनी अमेरिका और दुनिया में सबसे तेज़ी से बढ़ता हुआ ब्रांड थी। इसके अलावा इस फ्रेंचाइज़ी के लिए इस तरह की प्रणालियाँ बनाई जा सकती थीं और ऐसी प्रणालियाँ पहले से ही मौज़ूद थीं, जिनसे इसके मालिक फ्रेंचाइज़ी को हर बार आधुनिक रूप दे सकते थे और इसे उच्च स्तर पर ले जा सकते थे। मुझे भागीदारों ने आकर्षक शर्तों की पेशकश की थी। जोख़िम कम था, मासिक नग़द भुगतान के साथ रिटर्न ज़्यादा था और शीघ्रता से वितरण तय किया गया था।

डील की बातचीत

मैंने बातचीत के ज़रिये पूँजी बढ़ाकर अपनी कम हिस्सेदारी को बराबरी की भागीदारी में बदल दिया। मैंने और कोई अतिरिक्त काम नहीं लिया। अपने

निवेश की शीघ्र वापसी के लिए मैंने नई समय सीमा पर बात की, जिसमें यह सुनिश्चित किया कि मुझे अपने रिटर्न तेज़ी से प्राप्त हों। इसमें मेरे पूर्ण निवेश की वापसी तक दो-तिहाई रिटर्न हर महीने मुझे मिलना तय हुआ। बैंक में मैंने निजी गारंटी दी थी। मैं इसके छोटे हिस्से का नग़दीकरण करने में समर्थ था। इसके बदले मुझे अतिरिक्त नग़द बोनस का लाभ मिला, जो मुझे तेज़ी से मिलने वाले रिटर्न के कार्यक्रम में ही जोड़ लिया गया था। अंत में क़र्ज़ के बदले में मेरी केवल 20% की निजी गारंटी बैंक के पास थी। बैंक से बातचीत के ज़रिए मैं इसे इतने कम स्तर तक लेकर आया था। यद्यपि सौदे में मेरी भागीदारी बराबरी की थी और दोनों भागीदारों से मेरी संपत्ति कहीं ज़्यादा थी।

डील समीक्षा

यह डील जीवनशैली निवेश का एक आदर्श उदाहरण है जहाँ आपका धन आपके लिए काम करता है- आपको कोई संचालन का कार्य नहीं करना है या समय नहीं देना है जिससे आपका सबसे क़ीमती संसाधन आपका समय आपके लिए है। आपको मासिक नग़द आय प्राप्त हो रही है और लंबी अवधि के लिए आपकी हिस्सेदारी बनी हुई है, जिसमें भविष्य में निवेश से बाहर आने और अतिरिक्त फ्रेंचाइज़ी प्राप्त करने के आकर्षक अवसर हैं। इस तरह के निवेश में एकमात्र जोख़िम कोई ऐसी नकारात्मक ख़बर हो सकती है जो ब्रांड को नुक़सान पहुँचाए या मौजूदा आर्थिक माहौल में बदलाव हो सकता है जो कारोबार पर प्रतिकूल असर डाले। इस किताब को लिखते समय कोविड के कारण लोग घरों में बंद थे। तब भी इसका कारोबारी मॉडल और ब्रांड इतना प्रभावी रहा कि यह मुनाफ़ा देता गया।

इसके अलावा हाल में मैंने एक और निवेश किया है। इन दोनों कारोबारी भागीदारों के साथ मिलकर एक और कंपनी को ख़रीदा है और यह हमारे ऑरेंजथ्योरी फ़िटनेस स्टूडियो के काफ़ी क़रीब है। हमें साथ में मिलकर काम करने में इतना मज़ा आया था कि हम साथ में ही कारोबार का आगे भी विस्तार करना चाह रहे थे। मैं एक बार फिर से पूँजी निवेश करने वाला भागीदार था। हमारे ऑरेंजथ्योरी फ़िटनेस फ्रेंचाइज़ी के दो भागीदारों में से एक ने नए कारोबार का संचालन शुरू कर दिया, जबकि दूसरा भागीदार हमारे ऑरेंजथ्योरी फ़िटनेस स्टूडियो में ही पुराना काम देखता रहा।

मज़बूत वित्तीय स्थिति, प्रभावशाली ब्रांड, एक प्रमुख स्थान और कारोबार चलाने वाले शानदार संचालकों के चलते यह बेहतरीन निवेश था। लेकिन मैंने इस ''सौदे को और ज़्यादा फ़ायदेमंद'' बनाने के लिए भी कई रास्ते तलाशे थे। मैंने त्वरित वितरण कार्यक्रम का इस्तेमाल किया और अपने कुल भुगतान प्रतिशत को दोगुना कर लिया। इस तरह फ्रेंचाइज़ी हासिल करने के एक साल के दौरान मेरा मूल निवेश बहुत ही शीघ्र मुझे वापस मिल गया। मेरे भागीदारों और मैंने फ्रेंचाइज़ी के मुनाफ़े का इस्तेमाल एक और कारोबार में निवेश में किया, जिससे ऑरेंजथ्योरी फिटनेस फ्रेंचाइज़ी से ज़्यादा बेहतर नग़द आय प्राप्त हुई। इसके अतिरिक्त मैंने बैंक से क़र्ज़ पर अपनी निजी गारंटी को 100% से घटाकर 20% करवा लिया था। इससे निवेश में लगभग कोई जोखिम नहीं रह गया। अपनी संपूर्ण जीवन बीमा पॉलिसी पर क़र्ज़ लेकर इस कारोबार में मैंने आरंभिक निवेश किया था। अंततः मुझे एक ही पूँजी पर दो रिटर्न की प्राप्ति हुई।

नियम 8 : अतिरिक्त लागत में कटौती करें

छोटे-छोटे ख़र्चों के प्रति सावधान रहें, एक छोटा सा छेद पूरे जहाज को डुबा देता है।

– बेंजामिन फ्रेंकलिन

आपको तब कैसा महसूस होता है जब आपको पता चलता है कि आपने किसी चीज़ के लिए ज़्यादा भुगतान कर दिया है? कल्पना कीजिए कि आप बाज़ार जाते हैं और आभूषण के किसी शानदार से शो रूम पर 7,000 डॉलर की एक अँगूठी ख़रीदते हैं और उसके बाद कॉस्टको जैसे थोक के रियायती दामों पर बिक्री करने वाले किसी स्टोर पर वही अँगूठी 3,200 डॉलर में बिकती हुई देखते हैं। यह कुछ बड़ी भी होती है और क्वॉलिटी में भी कुछ बेहतर दिखाई देती है।

यदि आप दुर्लभ और ख़ज़ाने की वस्तुओं के संग्रहकर्ता हैं तो आप उस शख़्स के महत्त्व को जानते होंगे, जिसके ऊँचे रसूखदार लोगों से संपर्क हैं। जो बहुत दूरदराज़ तक और गहराई तक जाकर, लोगों को फ़ोन कॉल कर आख़िर में वह तलाश कर लाता है, जो आपको चाहिए होता है। साथ ही इस सौदे में वह आपकी 40% तक बचत भी करा देता है। आप ख़ुशी-ख़ुशी उसे अच्छा ख़ासा कमीशन दे देंगे। शायद उसकी सेवाओं के लिए पहले ही एक शुल्क अदा कर देंगे। जब भी आपको ज़रूरत होगी, आप

उसी शख़्स के पास जाएँगे। बार-बार उसकी सेवाएँ लेंगे। विभिन्न स्तरों पर इस व्यक्ति से अपने संबंधों का आप मूल्यांकन करते रहेंगे।

मैं इस पूरे उदाहरण को निवेश के क्षेत्र में लागू करता हूँ। पहले हम पीछे मुड़कर देखते हैं और उसके बाद हम आगे चलेंगे।

आपने किताब के आरंभ में पढ़ा है और मेरे कई निवेशों के बारे में जानते हैं। मैंने अपने पहले तीन मोबाइल होम पार्क के सौदों में किसी दलाल की मदद नहीं ली थी। मैंने विक्रेता से ही पूरी या आंशिक ख़रीदी मूल्य की पूँजी ब्याज पर ली। उस समय मेरे पास धन से कहीं ज़्यादा समय था। मैंने ही सौदे की जानकारी जुटाई। उसकी शर्तों को लेकर काम किया। किसी तरह की दलाल की सेवाएँ नहीं लीं। इससे किसी तरह का कमीशन मुझे नहीं देना पड़ा। इससे जो बचत हुई उससे मुझे 100,000 डॉलर की अतिरिक्त प्राप्ति हुई। विक्रेता से बातचीत के द्वारा मुझे शुरुआत में 15% का बहुत ही कम शुरुआती भुगतान करना पड़ा। विक्रेता को यह धन 5% ब्याज के साथ दस वर्ष में अदा करना था। इससे मुझे मोबाइल होम पार्क की मरम्मत और उनको सुधार कर किराया बढ़ाने से पहले ही तुरंत नग़द आय और मुनाफ़ा होना शुरू हो गया।

इसके बाद जब मेरे पास समय से ज़्यादा धन हो गया तो मैंने अपने फ़ायदे के लिए बिचौलियों और दलालों की सेवाएँ लेना सीख लिया। अपने करिअर की शुरुआत में जो कुछ मैं कर रहा था, अब वही काम बिचौलियों और दलालों से लेकर और इसके लिए उनको शुल्क देने में मुझे कोई परेशानी नहीं थी। बल्कि ख़ुशी ही थी, इससे मेरे क़ीमती समय की बचत हो रही थी।

संबंधों की जमा पूँजी

यदि आपके पास धन हो और आप अपने समय की बचत करना चाहते हों तो यहाँ मैं बता रहा हूँ कि आप शानदार सौदों के लिए किन संसाधनों का इस्तेमाल कर सकते हैं :

- बढ़िया **दलाल** आपके लिए एक से बढ़कर एक सौदों की पेशकश लेकर आ सकते हैं जिनके बारे में आप जानते नहीं होंगे।

वे आपका परिचय एक ऐसे नेटवर्क से कराएँगे जहाँ आपका संपर्क नहीं होगा। यह आपका दशकों का समय बचाएगा।

- अच्छे **वित्तीय सलाहकार और बीमा पेशेवर** आपको ऐसे वित्तीय उत्पादों की जानकारी दे सकते हैं जिनके बारे में आपने कभी सोचा या सुना नहीं होगा, क्योंकि इनके बारे में ज़्यादा जानकारी नहीं होती।
- इसी तरह से उम्दा **बैंकर और वित्तीय संस्थान** भी आपको ऐसे वित्तीय साधनों और उपकरणों की जानकारी देंगे, जो उनके संपर्क में आए बिना पूरी तरह से गुप्त रहती है और कहीं से भी आप तक पहुँचना असंभव है।

जब आप इन संसाधनों को खोज निकालते हैं तब आप सबसे बेहतरीन उपकरणों को अपने निवेश की टूलकिट – रिश्तों – में शामिल करते हैं। आपके अन्य उपकरणों के साथ यह आपको बड़े सौदों, ज़्यादा फ़ायदों, बेहतर शर्तों और विचार तथा अवधारणा तक पहुँच प्रदान करते हैं। आपको यह और कहीं से भी सीखने को नहीं मिलेगा।

इस किताब में दी गई जानकारी और जो दूसरे साधनों और तरक़ीबों के संबंध में मैंने आपको बताया है, उसे हासिल करने में मुझे दस साल से ज़्यादा समय लग गया। मैंने अपने व्यक्तित्व विकास में क़रीब 10 लाख डॉलर की रक़म निवेश की है और हज़ारों-लाखों डॉलर क़ानूनी, पेशेवर, शिक्षण-प्रशिक्षण शुल्क के भुगतान में दिए हैं। इन संसाधनों ने करोड़ों डॉलर के निवेश का पोर्टफ़ोलियो बनाने में मेरी मदद की है। किसी भी अवसर को भुनाने या सौदे को अंजाम तक ले जाने में समर्थ सुपर हीरो की टीम के बिना यह सब कुछ संभव नहीं था जिसके साथ संबंधों का मुझे भरपूर लाभ मिला।

निवेश, बढ़ती संपत्ति और नेटवर्थ खेल बन जाता है।

सही सलाहकारों में निवेश

सभी संबंधों में कुछ आपके लिए अच्छे होते हैं और कुछ नहीं। निवेश के रिश्तों और बिचौलियों के संबंध में भी यह बात उतनी ही सही है। इसलिए

सावधान रहने की ज़रूरत है। ऐसे संबंधों को तलाशें जो कारोबार को कई गुना करने वाले हों या भागीदार हों। ना कि जहाँ क़ीमत से ज़्यादा लागत हो। धन कमाने का सबसे तेज़ तरीक़ा है कि कभी भी उसको अनावश्यक तरीक़े से ख़र्च नहीं करें।

कॉस्टको, सैम्स क्लब और वालमार्ट आदि सभी ने यही क़वायद की है कि किस तरह से बिचौलियों को कम से कम करें और ज़्यादा मुनाफ़ा हासिल करें, ज़्यादा से ज़्यादा माल बेंचे, उपभोक्ताओं को कम क़ीमत पर अधिक से अधिक उत्पाद बेचें। एमेज़ॉन ने भी इस पर काम किया कि किस तरह से बिचौलियों को बाहर किया जाए *और* एक दिन में आपके घरों तक अपने उत्पादों को पहुँचाया जाए।

आपको यह अंतर समझने की ज़रूरत होगी कि कौन सा बिचौलिया अपने कमीशन से ज़्यादा आपको लाभ दे रहा है और कौन सा लाभ से ज़्यादा केवल कमीशन ले रहा है। जैसे ही आप गैरज़रूरी लागत को पहचान कर उसे ख़त्म कर सकते हैं, वैसे ही आप अपनी ताक़त को पहचान लेते हैं। आप जीत हासिल कर लेते हैं।

यहाँ पर मैं उन बिचौलियों की सूची दे रहा हूँ, जिनकी क़ीमत और लागत का आपको विश्लेषण करना चाहिए। कुछ बेवजह की लागत बढ़ाने वाले और अपने शुल्क तथा दलाली के कारण परेशानी पैदा करने वाले हो सकते हैं। यह आपके लिए मूल्यवान होने की बजाय नुक़सान देने वाले सौदे करा सकते हैं।

- वित्तीय सलाहकार
- दलाल
- बीमा विक्रेता
- फ़ंड मैनेजर
- सामान्य भागीदार
- धन उगाहने वाले एजेंट
- बैंक और वित्तीय संस्थान
- सामान्य रूप से सभी बिचौलिए

अस्वीकरण : जिन पेशों को मैंने इस सूची में शामिल किया है, उनमें से कई मुझे बहुत पसंद हैं – बशर्ते नियम और शर्तें उचित तरीक़े से बनाई जाएँ। मेरे कई दोस्त वित्तीय सलाहकार, दलाल, साहूकार और बीमा विक्रेता प्रतिनिधि हैं जो अपने ग्राहक को बहुत शानदार सेवाएँ देते हैं। लेकिन सभी वित्तीय सलाहकार, दलाल, साहूकार और बीमा विक्रेता प्रतिनिधि समान नहीं होते हैं।

आप इसकी पहचान कैसे करेंगे कि कौन सा दलाल या बिचौलिया आपके लिए उपयोगी है और कौन नुक़सान कर सकता है? मैं अपनी आज़माई हुई पद्धति *कट आउट द फैट* के बारे में बता रहा हूँ। यह बिना किसी अपवाद के लाभ और आय प्रदान करती है। बहुत अच्छे सौदे की संभावनाओं को तलाशने और ''चर्बी'' को कम करने के लिए इन सभी का इस्तेमाल करें।

आपको नुक़सान दे रहे पहले कारण का पता लगाएँ

1. जब आपको नुक़सान होता है तो क्या तब भी उनको फ़ायदा होता है?

दलालों और वित्तीय निवेशों का छुपा हुआ शुल्क होता है और कई म्यूचुअल फ़ंड, सेवानिवृत्ति योजनाओं और बीमा पॉलिसी में बहुत ज़्यादा शुल्क शामिल रहता है। बारीक अक्षरों में कई अन्य बातें लिखी होती हैं जो साधारणतया लोग नहीं पढ़ते हैं और नियम-शर्तों में अनेक अपवाद जुड़े होते हैं। इनके कारण आपको इनसे कुछ भी हासिल नहीं होता। आपका यह समझना ज़रूरी है कि इन पेशे से जुड़े लोगों को आख़िर कमाई कहाँ से होती है। ऐसे सौदे जिनमें पारदर्शिता नहीं होती, वे कभी भी आपका भला नहीं कर सकते।

2. क्या इन पेशेवरों का कोई निजी हित जुड़ा है?

अगर आप ऐसे लोगों के साथ काम नहीं कर रहे हों जिनके पास दशकों का अनुभव हो। जो सेवाओं के लिए बहुत मामूली शुल्क

ले रहे हों और उनको मिलने वाले किसी भी तरह के कमीशन या अतिरिक्त शुल्क के बारे में पूरी तरह पारदर्शी हों तो फिर आपके लिए ज़रूरी है कि आप ऐसे साझेदारों की तलाश करें, जो शुल्क आधारित सेवाओं की जगह नतीजे पर आधारित सौदा करते हों।

वित्तीय सेवाओं के क्षेत्र में ज़्यादातर एजेंट और दलाल ऐसे हैं, जो ऐसे फ़ैसले नहीं लेते हैं, जो उनके ग्राहकों की भलाई के लिए हैं। वे ऐसे निर्णय करते हैं, जो वास्तव में उनके भले के लिए होते हैं। बहुत ही थोड़े से लोग ऐसे हैं, जिन पर विश्वास किया जा सकता है। क़ानूनी रूप से उनको आपके लिए एक उपयुक्त उत्पाद देना होता है। आप अपने भविष्य की आर्थिक सुरक्षा को इतने घटिया मानदंडों के साथ काम कर रहे पेशेवरों के भरोसे पर नहीं छोड़ सकते।

3. क्या वे जो कहते हैं, उसका स्वयं पालन करते हैं?

क्या आप एक मोटे-ताज़े जिम प्रशिक्षक या पोषण विशेषज्ञ की सलाह पर भरोसा करेंगे? आपके वित्तीय सलाहकार पर भी यही बात खरी उतरती है। वे आपको जो उत्पाद बेच रहे हैं, क्या वे ख़ुद उसमें निवेश करेंगे या वे इसे केवल इसलिए आपको दे रहे हैं, क्योंकि इस ख़ास उत्पाद में उनको कमीशन के रूप में ज़्यादा फ़ायदा मिल रहा है? क्या वे ख़ुद निवेश भी करते हैं? उनका क्या इतिहास है? उनकी कुल संपत्ति कितनी है? आप अपने धन को लेकर जिन लोगों पर भरोसा कर रहे हैं, उन पर ग़ौर करें कि क्या जो वे कह रहे हैं और कर रहे हैं, उनके चरित्र और स्वभाव उससे मेल खाता है।

4. आप कहाँ पर अपने समय या धन की बचत कर सकते हैं?

आपके लिए इस समय क्या ज़्यादा महत्त्वपूर्ण और मूल्यवान है- आपका धन या आपका समय? आपका जवाब इस पर निर्भर करता है कि जीवन में आप किस पड़ाव पर हैं। यही तय करेगा कि आप कैसे और कहाँ पर *नुक़सान* पहुँचाने वाले कारकों को कम कर सकते हैं।

मैं निवेश की डरावनी कहानी आपको बताता हूँ। शेयर बाज़ार में दलालों और वित्तीय सलाहकारों को औसत रिटर्न की बात करना सिखाया जाता है।

कुछ समय के लिए कल्पना करें कि यदि कोई आपके पास आता है और आपको यह समझाता है :

- पहले साल आपको 50% का नुकसान हुआ
- दूसरे साल आपको 50% का फ़ायदा हुआ
- तीसरे साल आपको 50% का फ़ायदा हुआ
- चौथे साल आपको 50% का नुक़सान हुआ

आपको क्या लगता है औसत रिटर्न क्या होगा? ज़्यादातर लोग कहेंगे, कुछ भी हासिल नहीं होगा। औसत रिटर्न 0% रहा।

लेकिन हम कुछ वास्तविक आंकड़ों पर गौर करते हैं। हम इन्हें ''वॉल स्ट्रीट नंबर'' कहेंगे। मान लेते हैं कि आपने 100,000 डॉलर का निवेश किया।

- पहले साल आपको 50% का घाटा हुआ। यानी कि आपके खाते में 50,000 डॉलर हैं, जिसमें दलाली शामिल नहीं है।
- दूसरे साल 50,000 डॉलर के खाते में आपको 50% का फ़ायदा हुआ यानी 25,000 डॉलर का जिससे आपके खाते में 75,000 डॉलर हो गए।
- तीसरे साल आपको 50% का घाटा हुआ जिससे आपके खाते में 37,500 डॉलर रह गए।
- चौथे साल आपको 50% यानी 18,750 डॉलर का लाभ हुआ जिससे आपके खाते में रक़म बढ़कर 56,250 डॉलर हो गई।

चौंक गए न, *औसत* रिटर्न हुआ – 43.75%!

वास्तव में आपके खाते में कुल रक़म इससे भी कम होगी क्योकि इसमें अभी दलाली शुल्क, कुछ छुपे हुए शुल्क कम नहीं किए गए हैं जो कि देने होते हैं। इसके अलावा भी कई अन्य तरह के छल-कपट होते हैं जो कि आपकी रक़म को और कम कर सकते हैं।

आपके लिए यह डील इसलिए भी और भयानक हो जाती है कि आपको इतने घाटे के बाद भी आपका वित्तीय सलाहकार मज़े में है। उसे पूरा भुगतान मिल रहा है।

कभी-कभी बिचौलिया मेरा समय, धन और ऊर्जा की बचत करता है। जब ऐसा कुछ होता है तो मुझे उनका शुल्क या कमीशन देने में ख़ुशी होती है। लेकिन अगर मुझे उनसे इस तरह की कोई मदद नहीं मिल पा रही है तो उनको कमीशन लेने का कोई हक़ नहीं है। यदि वे मेरे लिए मूल्यवान सेवाएँ दे रहे हैं तो मैं ज़रूर उनको इसकी क़ीमत अदा करूँगा। लेकिन अगर वे मुझे ऐसी सेवाएँ दे रहे हैं जो मैं ख़ुद भी उतनी ही बेहतर तरीक़े से कर सकता हूँ तो मैं बेवज़ह अतिरिक्त ख़र्च क्यों वहन करूँगा? जो काम मैं ख़ुद ही सरलता से बेहतर या तेज़ी से करने में समर्थ हूँ, उसके लिए धन ख़र्च कर किसी और की सेवाएँ लेने की कोई तुक नहीं है। इसके विपरीत यदि उनमें मुझसे ज़्यादा दक्षता और विशेषज्ञता है और धन देकर उनकी सेवाएँ लेने से मैं उन मुख्य कार्यों को कर पाता हूँ, जिनमें मेरी दक्षता है तो क़ीमत देकर उनकी सेवाएँ लेने में मुझे प्रसन्नता होगी।

याद करें कि मैंने ज़िम्मेदार एजेंसी और व्यक्तियों के बारे में क्या कहा था? आपको ऐसे ही संबंधों की तलाश करनी होगी? थोड़ा-बहुत अनुभव लेना या किसी ऐसे किसी व्यक्ति के साथ साझेदारी करना, जो यह जानता हो कि तर्कपूर्ण और बौद्धिक सवाल किस तरह से किए जाते हैं, यह आपकी क़िस्मत को चमका देगा और आपके भविष्य को आर्थिक संकट से भी बचाएगा।

डील में निजी हित शामिल होना

डील में किसी के हित जुड़े होने का एक उदाहरण है। पिछले अध्याय में इस उदाहरण का विस्तृत ब्योरा है। मैंने पहले भी ज़िक्र किया था कि मैंने ऑरेंजथ्योरी फ़िटनेस में निवेश किया था। पूर्व प्रशिक्षकों के माध्यम से यह सौदा मेरे पास आया था। उनके पास इस सौदे के लिए धन नहीं आया था जो मैंने उपलब्ध कराया और मेरे पास समय नहीं था, जो उनके पास था। वे इसमें अपना ख़ून-पसीना लगाकर ख़ुश थे। उन्होंने अपने जीवन की पूरी जमा पूँजी 15,000 डॉलर का इसमें निवेश कर दिया। इस निवेश के साथ उनके व्यक्तिगत हित इस उपक्रम से जुड़ गए। मेरे 120,000 डॉलर के निवेश के मुक़ाबले यह छोटी रक़म थी। लेकिन इसके साथ उन्होंने अपना सब कुछ दाँव पर लगा दिया था। वेतनभोगी कठिन, मेहनत

भरे जीवन से निकलने और उद्यमी बनने का यह उनके लिए एकमात्र मौक़ा था।

इस उद्यम में मेरे पास लंबी अवधि की हिस्सेदारी थी और मेरे भागीदारों के हित इसकी सफलता में ही निहित थे। उन्होंने अपना समय और संसाधनों इसमें लगाया। इसके संचालन में उनकी कार्य संस्कृति ने कामयाबी का मार्ग प्रशस्त किया। मेरे भागीदारों के पास संबंधों को बनाने के लिए या उनका भुगतान करने के लिए धन, समय या दक्षता नहीं थी। तो मैंने अपने सलाहकारों और पेशेवरों के विस्तृत नेटवर्क का भी इस्तेमाल किया। यह हर तरह से हमारी जीत थी।

गैर–जरूरी चर्बी यानी गैर ज़रूरी लागत

यहाँ मैं गैर–जरूरी चर्बी या नुक़सान देने वाले कारकों को ख़त्म करने का एक उदाहरण दे रहा हूँ। मैंने पूर्व में नियम 5 ''तुरंत नग़द आय पैदा करें'' में तीन मोबाइल होम पार्क ख़रीदने के अपने किस्से के संबंध में बताया था। पहले दो पार्क में मुझे चनत्कारिक कामयाबी मिली थी और तीसरे पार्क में मेरे निवेश से बिना समय लगाए होने वाली निष्क्रिय आय मेरी अर्जित आय को पीछे छोड़ने वाली थी। पहले दो पार्क के लिए मैंने विक्रेता से ही पूँजी ली थी। लेकिन तीसरे पार्क की स्थिति एकदम अलग थी। यह सौदा बस यूँ ही हो गया। सौदा प्रॉपर्टी बाज़ार में नहीं था। ख़रीदार ने संपत्ति के मालिक को फ़ोन कर पूछा कि क्या आप पार्क बेचने के इच्छुक हैं। दोनों पक्षों ने करार कर लिया। उन्होंने किसी भी बिचौलिए या किसी एजेंट के गैर–ज़रूरी शुल्क या कमीशन के बोझ से परहेज़ किया।

मेरा व्यवसायिक पेशेवरों, विशेषज्ञों और दोस्तों का एक मज़बूत नेटवर्क है। इस मामले में पार्क की ख़रीदी के लिए करार करने वाला मेरा अच्छा मित्र था। उन्होंने पार्क को नहीं ख़रीदने का निर्णय किया। उन्होंने मुझसे पूछा, क्या मैं इसे ख़रीदना चाहता हूँ। मुझे यह संपत्ति पसंद आई और मैंने उनसे इसे ख़रीदने का फ़ैसला किया। इस तरह से बिचौलिए या एजेंट को कमीशन या शुल्क का भुगतान किए बिना मुझे यह करार हासिल हो गया।

इस संपत्ति की ख़रीदी का **करार** मेरे दोस्त ने कर लिया था। उन्होंने **क्रय–विक्रय अनुबंध** कर लिया था। लेकिन इसे उन्होंने ख़त्म करने की

बजाय उन्होंने अनुबंध के अधिकार मेरे नाम पर करने का फ़ैसला किया। सरल रूप से कहें तो ख़रीदार के पास करार को संपादित करने या उसे किसी और के नाम पर करने का अधिकार होता है। और करार होने के बाद जिस दूसरे व्यक्ति के नाम करार के अधिकार स्थानांतरित किए जाते हैं, ऐसा मान लिया जाता है कि उसे करार की शर्तें स्वीकार हैं।

इस तरह के मामलों में विक्रेता का कोई दख़ल नहीं होता कि कौन संपत्ति का असली ख़रीदार है। वे मूल अनुबंध से बँधे हुए होते हैं – ना कि उस मूल क्रेता से जिसके साथ करार हुआ था। अनुबंध की भाषा में भी इस प्रकार का प्रावधान शामिल होता है। मैंने जो भी अनुबंध किए, उनमें यह प्रावधान शामिल रहा कि मैं संबंधित संपत्ति को किसी और को भी सौंप सकता हूँ।

मेरे कई सहयोगी थे जिन्होंने इस संपत्ति के सौदे के पहले पूरी पड़ताल की थी। उन सभी को यह पसंद आई थी। साथ ही मेरे दोस्त ने भी इस सौदे को लेकर पहले ही बहुत जाँच कर ली थी। उसके बाद मेरे लिए करने को कुछ ज़्यादा नहीं था। मैंने अपने दोस्त से 20,000 डॉलर मैं यह संपत्ति ख़रीद ली। मैं अपने दोस्त को इस मोबाइल पार्क को तलाशने में की गई मेहनत के लिए उनका पूरा शुल्क देने को सहर्ष तैयार था। बिना ज़्यादा भाग-दौड़ के यह सौदा कराने में मदद करने वालों को **पुरस्कृत** करने में मुझे ख़ुशी हो रही थी। एक तरह से मैंने अपना समय ख़रीदा था। मैं अगर किसी दलाल के माध्यम से यह सौदा करता तो मुझे दोस्त को उसकी मेहनत के एवज़ में दिए गए शुल्क से कम से कम दोगुना कमीशन देना पड़ता। यह मेरे दोस्त *और* मेरे लिए फ़ायदे का सौदा रहा था।

इस सौदे के बारे में और भी कुछ है, जो मैं बताना चाहता हूँ। इस पार्क पर मेरे दोस्त ने भाव-ताव कर बहुत शानदार सौदा किया था। लेकिन जैसा मैंने किताब में पहले भी कहा था कि अपनी कुछ रणनीतियों का इस्तेमाल कर मैं सौदों को और भी अपने पक्ष में करने में कामयाब रहा था। इस सौदे के लिए भी मैं मोबाइल होम पार्क के मालिक के पास गया और कुछ अतिरिक्त शर्तों पर उनसे दोबारा बात की। इससे मुझे क़ीमत में 1,00,000 डॉलर की कमी कराने में मदद मिली। मैंने मालिक को पार्क से जुड़ी उनकी पूरी संपत्ति 50,000 डॉलर कम क़ीमत पर बेचने के लिए

राज़ी कर लिया। इसमें मोबाइल घर, ट्रैक्टर और उपकरणों से सुसज्जित शेड शामिल था। पहले से ही यह एक उम्दा निवेश था और मैं इसकी क़ीमत में कुल 1,50,000 डॉलर की और कमी कराने में सफल रहा था।

एक बहुत बड़ी ग़लतफ़हमी है कि निवेश का एक ही रास्ता है। आपको कोई वित्तीय प्रबंधक या सलाहकार चाहिए, जो शेयर बाज़ार में आपको निवेश की सही सलाह दे सके। मैं यह नहीं कह रहा हूँ कि इस तरह का निवेश बुरा है। लेकिन यह एकमात्र रास्ता नहीं है। अपना कुछ धन शेयर बाज़ार में निवेश करना फ़ायदेमंद हो सकता है, लेकिन मैं पूरा धन शेयर बाज़ार में कभी नहीं लगाऊँगा और ना ही ऐसी सलाह दूँगा। मैं अपना धन अलग-अलग जगह निवेश करूँगा और मैं अपने ज़्यादातर निवेश पर अधिक नियंत्रण और प्रभाव रखना चाहूँगा।

मेरी भरसक कोशिश होगी कि बिचौलियों को दूर रखूँ जिससे कमीशन की रक़म बचे और मुझे और मेरे परिवार को ज़्यादा से ज़्यादा लाभ मिले। या मैं अपने साझेदारों के साथ लाभ साझा करूँ। हाँ, अगर बिचौलियों ने अच्छा काम किया है तो मैं ज़रूर उनको फ़ायदे में हिस्सा दूँगा जो सामान्य रूप से उनको प्राप्त नहीं होता है। अगर कोई सौदे में सीधे-सीधे कुछ फ़ायदा करा रहा है तो उसे भुगतान करने में मुझे ख़ुशी होती है। मैंने कई बहुत शानदार दलालों के साथ बात की है और मुझे उनका शुल्क देने में ख़ुशी भी होती है। लेकिन किसी वित्तीय संस्थान की बजाय मुझे विक्रेता से रियायती क़र्ज़ लेना ही रास आया है। जहाँ तक है मैं ऐसे सौदों से बचता रहा हूँ जिनमें भले मुझे कोई फ़ायदा हो रहा हो या नहीं हो रहा हो, लेकिन पूँजी प्रबंधकों को उनका हिस्सा प्राप्त हो रहा हो।

ज्ञान से लाभ

अतिरिक्त लागत कम करने का सीक्रेट यह जान लेना है कि क्या सवाल करने हैं और कब करने हैं। कई दशकों तक ग़लतियाँ करने के बाद आप यह सीख पाते हैं। लेकिन एक प्रशिक्षक को शुल्क का भुगतान कर आप निवेश करते हैं तो आप अपना क़ीमती समय और हज़ारों,

कभी न कभी, कहीं न कहीं आप चूक कर बैठेंगे और अपना धन गँवा देंगे। इसकी शिक्षा प्राप्त करें। सीखें।

लाखों और करोड़ों डॉलर बचा सकते हैं। किसी अच्छे प्रशिक्षक से ज्ञान हासिल करने से आपका लंबा सफ़र बहुत छोटा और आसान हो सकता है।

सामान्य रूप से कहीं भी पूँजी निवेश में जहाँ उसका व्यावसायिक प्रबंधन किया जा रहा है तो उसमें लिए जाने वाले शुल्क को देखकर आप हैरान रह जाएँगे। एक समय था, जब मेरे निवेश का बड़ा हिस्सा शेयर बाज़ार में लगा था और एक पेशेवर उस पूँजी का सक्रिय रूप से प्रबंधन कर रहा था। मैंने जब उस खाते के हिसाब-किताब को देखा तो मुझे लगा था जैसे किसी ने मुझे आसमान से ज़मीन पर पटक दिया हो। इसमें कहा गया था कि मुझे औसत दर से रिटर्न प्राप्त हुआ है, जो 7% था। मैंने सोचा कि यह तो काफ़ी अच्छा है। *इतने अच्छे औसत रिटर्न के साथ मुझे बड़ी रक़म मिल जानी चाहिए थी।* लेकिन और गहराई में जाने पर मैंने जाना कि वास्तव में मुझे *घाटा* हुआ है। *वास्तविक* रिटर्न दर *औसत* रिटर्न दर से भिन्न थी। दरअसल औसत रिटर्न दर के साथ मुझे घाटा हुआ था!

पिछले पाँच से दस साल औसत रिटर्न प्लस में रहने के बाद भी इसी बीच में किसी एक वर्ष के घाटे के कारण यह नुक़सान हुआ था। अन्य वर्षों में रिटर्न की अधिक दर और इसके कारण कुल मिलाकर औसत रिटर्न से आपको तसवीर अच्छी दिखाई देने लगी। लेकिन इसका अर्थ यह नहीं था कि मैं वास्तव में अच्छी दौलत बना रहा था। इस घटना ने मेरी आँखें खोल दीं। मैंने ख़ुद को ठगा हुआ महसूस किया। मुझे गुमराह किया गया था। मुझे जो जानकारी दी गई थी, उससे ऐसा दिखाई देता था कि मैं धन कमा रहा हूँ। मेरे साथ धोखा हुआ था। तब मैंने पहली बार यह जाना कि प्रचुर मात्रा में ग़लत सूचनाएँ और हेराफेरी वित्तीय सेवा क्षेत्र और परंपरागत निवेश जगत में आम बात है। यहाँ पर ऐसे ही काम होता है।

तब मुझे समझ आया कि वित्तीय जगत में लोग मेरे बारे में नहीं बल्कि अपने बारे में सोच रहे हैं। सबसे ख़राब तो यह कि जब मैंने अपना धन गंवा दिया, तब भी मेरी पूँजी का प्रबंधन करने वाले शख़्स ने पैसा कमाया। इन तमाम जानकारियों ने मेरी आँखें खोल दीं। यहाँ से निवेश के मेरे करिअर में नया मोड़ आया। मैंने अब पूरा कामकाज़ ख़ुद सँभालने का फ़ैसला किया।

मैंने निवेश की बारीकियों को सीखने की ओर गंभीरता से प्रयास शुरू कर दिए और स्वयं निवेश आरंभ किया।

संबंधों से लाभ

अतिरिक्त *लागत और ख़र्च कम* करने के बारे में सीखने के साथ ही यह भी महत्त्वपूर्ण है कि आप यह सोच-विचार करें कि आप किन लोगों के साथ समय बिता रहे हैं- और ऐसे लोगों के साथ अच्छा समय व्यतीत करें जिनकी आप तारीफ़ करते हैं और जिनकी तरह अपना जीवन बनाना चाहते हैं। आप सचमुच में उन लोगों की तरह हो जाते हैं, जो आपके इर्द-गिर्द होते हैं। इसलिए ऐसे लोगों और संबंधों का सोच-समझ कर चुनाव करना ज़रूरी है। मुझे लोगों से मिलना पसंद है। मैं अपना बहुत सारा समय निवेशकों और उद्यमियों से मिलने में बिताता हूँ। निवेशकों और कारोबार के मालिकों से मुलाक़ात में मुझे नई रणनीतियों के संबंध में जानकारी होती है, जिनको मैं अपने निवेश के दौरान व्यवहार में लाता हूँ।

नए लोगों से मिलने के अलावा मैं कई निवेश समूहों में भी शामिल हूँ। मैं समान विचार वाले लोगों से मिलना चाहता हूँ, लेकिन उन लोगों से मिलने में भी दिलचस्पी रखता हूँ, जो मुझसे अलग विचार रखते हैं - जो जीवन में मुझसे भी ज़्यादा ऊँची उड़ान भर रहे हैं। मैं लगातार ख़ुद को यथास्थिति से ऊपर उठाने के लिए, उच्च मानदंडों पर खरा उतरने के लिए चुनौती देता रहता हूँ। व्यक्तिगत और पेशेवर के रूप में लगातार आगे बढ़ने और नियमित तथा निरंतरता के साथ अपनी क्षमताओं को बढ़ाने के लिए चुनौती देता रहता हूँ। अपने प्रशिक्षकों, दूसरे समूहों, किताबों और पॉडकास्ट के माध्यम माध्यम से जो भी मैं कर रहा हूँ, उसे और बेहतर करने के रास्ते खोजता रहता हूँ।

संबंधों को लेकर सचेत और सजग होने का लाभ मुझे कारोबारियों और उद्यमियों को प्रशिक्षण और परामर्श देने के दौरान भी मिला। पुराने संबंधों के कारण मैंने निवेश में कई वर्षों की दक्षता हासिल की। इस हुनर को मैंने अपने अध्ययन और स्वतंत्र रूप से प्राप्त व्यावहारिक अनुभव के

साथ मिलाकर साझा किया। दूसरे शब्दों में सीखने और तरक्की करने की मेरी अतृप्त इच्छा तथा उस ज्ञान को दूसरों के साथ साझा करने के मेरे जुनून का मेल कुछ इस तरह से हुआ कि इससे हरेक को लाभ हुआ।

निवेश को लेकर मेरा नज़रिया अगले कुछ निवेश अवसरों में पूरी तरह से कारगर रहा। पहला, सामान्य रूप से परिचालित कंपनियों में निवेश से संबंधित था। दूसरा, सॉफ़्टवेयर कंपनियों के पोर्टफ़ोलियो में विशिष्ट निवेश पर केंद्रित है, जिसमें पहले ही कुछ रणनीतिक ख़रीदार हैं, जो उनको आकर्षित कर रहे हैं।

संचालित कंपनी में निवेश

अगला उदाहरण ऐसा है, जिसमें निवेश के बारे में अधिकांश लोगों ने कभी सोचा नहीं होगा। और यदि उन्होंने सोचा भी था तो पूरी संभावना है कि उनको इस बारे में जानकारी नहीं होगी कि इस प्रकार के निवेश का स्वरूप क्या हो। आय को कई गुना करने वाली कई निवेश योजनाएँ बहुत सरलता से नज़र नहीं आती हैं। वे क्या हैं?

आप बहुत थोड़ी या बिना किसी पूँजी वाले कारोबार में निवेश कर और उसके मूल्य में वृद्धि कर ख़ासी दौलत कमा सकते हैं। ऐसा करने के दौरान भी आपको आय की प्राप्ति हो सकती है। कारोबार की बिकवाली होने पर आपको बड़ी रक़म मिल सकती है, जो आपकी आय को कई गुना बढ़ा देती है। निवेश और तरह-तरह के सौदों की पड़ताल शुरू करने पर आपके अनुभव, नेटवर्क, सलाह और संबंधों के मेल से समस्याओं के समाधान के द्वारा आय को बढ़ाने वाले कारोबारों की तलाश आसान होती चली जाती है। आप बहुत कम नग़दी या पूँजी तक पहुँच, एक शानदार टीम, अद्भुत नेटवर्क और अपने अनुभव के साथ कोई सौदा कर सकते हैं। कंपनी में आपके और आपकी दक्षता के होने से उसका राजस्व, लाभ बढ़ सकता है। बाज़ार में उसके ख़रीदने के लिए दिलचस्पी बढ़ सकती है। इसमें सभी को फ़ायदा होता है। एक समय के बाद आप थोड़े से निजी प्रयासों से लगातार अपनी आय को बढ़ाते जा सकते हैं।

इसके अलावा इन डील में मिलने वाले धन को लेकर आप किसी दलाल, फ़ंड मैनेजर, सामान्य भागीदार, निवेश सलाहकार या वित्तीय

संस्थान की मदद लिए बिना भी बातचीत कर सकते हैं। नग़द आय की अवधि को लेकर बात कर सकते हैं। अगर आपको ज़रूरी लगता है तो आप इन पेशेवरों का इस्तेमाल कर सकते हैं। इनकी मदद के बिना सीधे कंपनी में निवेश करने पर आप अपना ख़र्च कम कर सकते हैं।

उदाहरण : संचालित कंपनी में निवेश

संचालित कंपनियों में निवेश के मेरे ख़ुद के पिछले दस वर्षों के ढेरों उदाहरण हैं जिन्हें आप अपने किसी डील को आकार देने में इस्तेमाल कर सकते हैं। कुछ मेरे दोस्तों की कंपनियों में हैं और कुछ ऐसी कंपनियों में हैं जिनके मालिकों से मैं कभी नहीं मिला। उन्होंने मेरे बारे में सुना है। एक **संचालित कंपनी** ऐसे किसी भी कारोबार में हो सकती है जो माल या सेवाओं का उत्पादन कर रही हो तथा उसका नियमित परिचालन होता हो, राजस्व, व्यय हो और उसकी एक टीम हो, भले ही शुरुआत में वह एक सदस्य की ही क्यों ना हो। एक होल्डिंग कंपनी संचालित कंपनी से भिन्न होती है और इसके पास सिर्फ़ संचालित कम्पनियों की परिसंपत्तियों का स्वामित्व होता है।

मैं सामान्यतया छोटे से मध्यम आकार के कारोबार वाली संचालित कंपनियों में निवेश करता हूँ, जिनकी सकल बिक्री 5,00,000 से 30,00,000 डॉलर तक होती है। हालाँकि मेरे पास इससे कुछ बड़ी कंपनियाँ भी हैं। प्रत्येक निवेश अनोखा होता है और हरेक कंपनी की ज़रूरतें अलग होती हैं। ऐसे में निरंतर निवेश के लिए राशि या कोई स्वरूप नहीं है। कभी-कभी किसी कारोबार को कंपनी को विस्तार देने और ज़्यादा लोगों को काम पर लेने के लिए क़र्ज़ की ज़रूरत होती है। कई बार उनको विस्तार करने, बढ़ती हुई टीम के प्रबंधन, कंपनी के परिचालन के लिए उच्च स्तर के अधिकारी लेने, टीम की भर्ती और प्रशिक्षण प्रक्रिया, अतिरिक्त प्रणालियाँ लागू करने, सुधार करने, विज्ञापन और बाज़ार के उपायों तथा अन्य चुनौतियों के लिए सलाह लेनी होती है। कोई भी सौदा एक समान नहीं होता। इनमें से हरेक में निवेश के लिए मेरी एक मानक प्रक्रिया ज़रूर तय है।

सोच

कई वर्षों तक मैंने संचालित कंपनियों में निवेश किया है और इन कंपनियों को अपने को ऊपर उठाने के लिए सलाह-मशविरा दिया है। **एक मानक संचालन प्रक्रिया (एसओपी**) तैयार करने, अपना स्तर बढ़ाने और वृद्धि के लिए वित्तीय संसाधन जुटाने के अनोखे तरीक़ों का इस्तेमाल करने के मक़सद से मैं लगातार कारोबारी किताबें पढ़ता रहता हूँ और सफल उद्यमियों से मिलकर बातचीत करता रहता हूँ। मैं अपने साथ में काम करने वाले किसी भी शख़्स को अपनी ओर से अधिकतम देने के लिए अपने अस्त्रों की धार को तेज़ करता रहता हूँ। अपने आप को माँजता रहता हूँ जिससे अपने में एक नयापन बनाए रख सकूँ। अक्सर लोग सिर्फ़ इसलिए मेरे साथ काम करते हैं, जिससे मेरे नेटवर्क तक उनकी पहुँच बन जाए। मुझे इसमें कोई परेशानी नहीं होती, बल्कि ख़ुशी ही होती है। यह ज़्यादातर कारोबारियों के लिए एक शानदार आइडिया है।

अपने करिअर के इस मुक़ाम मैं कुछ अतिरिक्त शर्तों के साथ क़र्ज़ देने के करार कर रहा हूँ। साथ ही कारोबार के मालिकों का अपने नेटवर्क के पेशेवरों और विशेषज्ञों से संपर्क करा रहा हूँ, जिससे वे अपनी कंपनी को बढ़ा सकें। इसमें मुझे अपना समय खपाने की ज़रा भी ज़रूरत नहीं होती। इस तरह से मेरी पूँजी मेरे लिए काम करती है। मुझे उससे अच्छी आमदनी होती है, जिससे मैं अपने जीवन का अपनी तरह से आनंद उठा सकता हूँ जिसको पाने के लिए मैंने बहुत ज़्यादा मेहनत की है। मुझे बहुत अच्छा लगता है जब शानदार रिटर्न मिलता है। ख़ासकर तब जब इसके लिए मुझे बिलकुल भी समय जाया नहीं करना होता है! एक बार आप शुरुआत करते हैं तो आपका नेटवर्क और क़ीमत कई गुना बढ़ती जाती है।

स्वरूप

किसी संचालित कंपनी के साथ करार के नियम-शर्तें यहाँ पर दे रहा हूँ। हालाँकि यह निवेश के आधार पर अलग-अलग हो सकती हैं और हरेक निवेश पर सभी शर्तें लागू नहीं होतीं।

- 8-15% ब्याज पर दो से तीन साल का क़र्ज़ (मैं हमेशा अपने दोस्तों के लिए अद्भुत सौदा लेकर आता हूँ। यही कारण है कि

मेरी ब्याज दर बहुत कम से शुरू होती है और दरों का दायरा व्यापक होता है।)

- एक साल तक केवल ब्याज का भुगतान (इसमें मैं कुछ लचीला हो सकता हूँ, लेकिन मैं जिस कारोबार में निवेश कर रहा हूँ उसके लिए क़र्ज़ भुगतान को सहज बनाना चाहता हूँ और जोख़िम को कम करना चाहता हूँ)
- क़र्ज़ की बाक़ी अवधि के लिए मूल धन और ब्याज का भुगतान
- क़र्ज़ अवधि के लिए मासिक भुगतान
- मैं जो कर्ज़ दे रहा हूँ, उसके एवज़ में क़र्ज़दार को प्राप्त होने वाली राशि, अचल संपत्ति, उपलब्ध सामग्री, उपकरण, बौद्धिक संपदा, शेयर और अन्य संपत्ति को अमानत के तौर पर रेहन रखने का प्रावधान करना। यह सुनिश्चित करना कि इस रेहन संपत्ति का मूल्य मेरे निवेश से ज़्यादा हो। (क़र्ज़ भुगतान में चूक की स्थिति में कुर्की के द्वारा मुझे मेरे निवेश की रक़म वापस मिल जाएगी)
- अक्सर मैं अपने निवेश की सुरक्षा के लिए क़र्ज़दार से निजी गारंटी पर भी हस्ताक्षर कराता हूँ।
- कुछ-कुछ मामलों में दी गई रक़म को क़र्ज़ की जगह मैं इक्विटी निवेश के रूप में देता हूँ, जिसके लिए करार में मूल धन की मासिक क़िस्तों में शीघ्र भुगतान वापसी का प्रावधान शामिल किया जाता है।
- यह इक्विटी हिस्सेदारी कुल बिक्री **राजस्व** का 0.5-10% हो सकती है (यह इस पर निर्भर करता है कि संबंधित पक्ष मुझे किस तरह से और किस सीमा तक अपने साथ जोड़ना चाहता है)।
- 0.5-10% की इक्विटी हिस्सेदारी (यह इस पर निर्भर करता है कि क्या गुंजाइश है और वे किस तरह की ज़िम्मेदारी का अनुरोध करते है)

छानबीन

मैंने जब निवेश किया था, उस समय इनमें से कुछ कंपनियों को कारोबार करते हुए 20 साल से ज़्यादा समय हो गया था। राजस्व और मुनाफ़े को देखते हुए उनका पिछला रिकॉर्ड बहुत ही प्रभावी था। ये कंपनियाँ लगातार अच्छा काम कर रही थीं। इनका प्रदर्शन मज़बूत था। मेरे निवेशों के कम होने का जोख़िम वास्तव में बहुत कम था। सिर्फ़ यही ज़रूरी नहीं है कि उनमें वृद्धि हो रही हो या वैसी वृद्धि हो रही हो जैसी कि कारोबार के मालिक चाहते हों। उनके वर्तमान उत्पादन को बनाए रखने या उत्पादन को बढ़ाने की बहुत ज़्यादा संभावना है। मैं वह निवेश पसंद करता हूँ, जहाँ निवेश के कम होने के ख़तरे को नियंत्रित कर सकूँ। लेकिन बड़े मुनाफ़े को हासिल करने का मौक़ा भी मुझे मिले।

डील की बातचीत

इनमें से ज़्यादातर डील में बहुत ज़्यादा बातचीत की ज़रूरत नहीं होती है क्योंकि कारोबार के मालिक किसी न किसी मेरे संपर्क के माध्यम से मेरे पास आते हैं और उन्हें पहले ही मेरी शर्तों की जानकारी होती है जो मैंने दूसरे कारोबारियों पर भी लागू की हैं। तब भी हमेशा कुछ न कुछ मसला बातचीत के लिए आ ही जाता है। ख़ासकर जब उद्यमी केवल क़र्ज़ से कुछ ज़्यादा की इच्छा रखते हैं। मुझे कारोबार के चलने तक नग़द मासिक आय सुनिश्चित करने वाली शर्त पसंद है, जिससे कभी-कभी मैं सकल आय पर राजस्व की हिस्सेदारी तय करता हूँ। और कभी-कभी कंपनी में हिस्सेदारी की शर्त करार में शामिल करता हूँ। विशेष रूप से जब वितरण में बहुत ज़्यादा अवसर हों या कंपनी के भविष्य में बहुत अधिक मूल्यांकन के साथ तेज़ी से बढ़ने की संभावना हो। कुछ मौक़ों पर हम राजस्व हिस्सेदारी और इक्विटी दोनों पर सहमत हो जाते हैं।

मुझे यह भी अच्छे से मालूम है कि निवेश में घाटे के जोख़िम को कुछ कम करने के लिए उस संपत्ति पर पहला हक़ रखने से मेरा क़र्ज़ सुरक्षित हो जाएगा। इससे मेरा निवेश सुरक्षित होगा और डिफ़ाल्ट की स्थिति में सबसे पहले भुगतान पाने वालों में मैं रहूँगा। निवेश में यह बहुत महत्त्वपूर्ण है। नियम 1 सर्वप्रथम जीवनशैली में मैंने अचल संपत्ति पर क़र्ज़ के संबंध

में चर्चा की है। यह भी डिफ़ाल्ट होने पर पहले हक़ का एक उदाहरण है। मेरा लक्ष्य हमेशा यही रहा है कि मेरे साथ कारोबारी के लिए भी यह फ़ायदे का सौदा हो।

डील समीक्षा

''दृष्टिहीनों की नगरी में, एक आँख वाला ही राजा होता है!'' इस कहावत का मतलब यही है कि इस तरह के सौदे करने का आपके पास अनुभव हो तो धीरे-धीरे लोगों को पता चलता है और जल्दी ही अन्य कारोबारियों की ओर से भी आपके पास मदद के लिए अनुरोध आने लगते हैं। आप जितने ज़्यादा सौदे करते जाते हैं, उतनी तेज़ी से आपकी क़ीमत बढ़ती है और आप अनुभव हासिल करते हैं। इससे आपको और अधिक लाभ मिलता है। हरेक कारोबारी आपका सलाहकार बन जाता है।

कारोबारियों, व्यावसायिक भागीदारों और अन्य उद्यमियों से अक्सर मुझे यही प्रतिक्रिया मिली है कि मैंने उनको जो क़र्ज़ दिया या उनके उद्यम में निवेश किया, वह उनके कारोबार को बढ़ाने में मददगार रहा, लेकिन मेरी सलाह और मेने नेटवर्क के संबंध मेरे क़र्ज़ या निवेश से कहीं ज़्यादा क़ीमती साबित हुए। या कहें कि जो संबंध मैंने बनाए और उनको कारोबार को बढ़ाने के लिए जो रचनात्मक विचार मैं साझा करने में समर्थ हो सका, वे उनके लिए क़र्ज़ या निवेश की रक़म से कहीं ज़्यादा मूल्यवान रही। मैं जिस तरह से सलाह देता हूँ और विचारों को साझा करता हूँ, वे अद्भुत हैं। मेरे नेटवर्क के संबंधों ने कई ब्रांड और व्यवसायों में मूल्यवान रणनीतिक भागीदारी को अंजाम तक पहुँचाया है। यह क्षमता आपके भीतर भी स्वाभाविक और प्राकृतिक तरीक़े से पैदा और विकसित होगी।

प्रत्येक निवेश से सीखें और शिक्षा हासिल करें। कहें : मुझे बताओ, आपने निवेश का यह फ़ैसला क्यों किया।

याद रखें, शुरुआत में संभवतया आपके पास धन से ज़्यादा समय होगा। ऐसे में *लागत और ख़र्च को कम* करने का सबसे तीव्रतम तरीक़ा है कि कुछ ज़्यादा काम स्वयं करें। मैंने भी आरंभ में यही किया, क्योंकि समय धन की अपेक्षा ज़्यादा सस्ता था। साथ ही आप भी सभी स्थितियों को समझना चाहते हैं, *किस तरह से लोगों*

को भुगतान होता है। इससे आप सौदे में इस तरह से बातचीत और शर्तें तय कर सकते हैं, जिससे कि दूसरे पक्ष का भी कारोबार में ''जोख़िम'' हो और वह उसमें वह अपनी ओर से हरसंभव क़ीमत प्रदान करे।

आख़िर में यह ध्यान रखें कि नया निवेशक सबसे बड़ी ग़लती यह जानने के लिए पर्याप्त सवाल नहीं करने की करता है कि वास्तव में अतिरिक्त लागत क्यों आ रही है और किस तरह से हर कोई धन कमा रहा है। मेरा अनुभव है कि आपके लिए सर्वश्रेष्ठ यही हो सकता है कि आप ढेर सारे सवाल करें, पता लगाएँ कि कहाँ लागत और ख़र्च ज़्यादा हो रहा है। बातचीत से ऐसे सौदे को अंजाम दें जहाँ पर दलाल, एजेंटों और बैंक के प्रतिनिधियों को कमाने का मौक़ा तभी मिले जब आपको फ़ायदा हो रहा हो – और अपने वादे पूरे करने *के बाद* ही उनको भुगतान मिले। एक बार आप ज़्यादा दौलत कमाना शुरू कर देंगे और आपके पास ज़्यादा संपत्ति होगी तो आप कुछ सौदों में इन कुशल पेशेवरों के साथ काम करने के लिए कुछ अतिरिक्त देने को भी राज़ी हो जाएँगे। क्योंकि इससे आप और ज़्यादा सौदे हासिल कर सकेंगे, जो आपके बढ़े हुए ख़र्चों की पूर्ति करेंगे। इसके अलावा आपके सौदों की रक़म बड़ी होती जाएगी और आपके पास साझेदार तथा कर्मचारियों की टीम होगी, जिसका फ़ायदा आपको मिलेगा। इससे आप समय की बचत करते हुए अपने लाभ को निरंतर क़ायम रख सकते हैं।

उदाहरण : सॉफ़्टवेयर कंपनी में निवेश

मैंने जो पिछला उदाहरण दिया वह किसी एक नहीं बल्कि चालू कंपनियों में निवेश के मेरे संपूर्ण तरीक़े के संबंध में था। हरेक निवेश भिन्न है और उसकी शर्तें अलग–अलग हैं। मैं आपको एक ख़ास कंपनी के उदाहरण के बारे में बताना चाहता हूँ, जिसमें मैंने निवेश किया। उसके सौदे में बातचीत के ज़रिये मैंने कुछ अनूठी शर्तों को जोड़ा। इस कंपनी की संरचना पिछले उदाहरण से अलग है, लेकिन इसके निवेश के करार में भी इस किताब में दिए गए अन्य सभी नियमों को शामिल किया गया है। यदि कभी आपको इस तरह की कंपनी में निवेश का मौक़ा मिलता है तो आपके पास कई

विकल्प होंगे कि सौदे में क्या होना चाहिए और निवेश तथा उसके रिटर्न को किस तरह का स्वरूप दिया जाए।

सोच

मैंने एक कंपनी में निवेश किया, जो सॉफ़्टवेयर कंपनियों को प्रोत्साहित करने का काम कर रही है और उन कंपनियों में हिस्सेदारी के साथ रणनीतिक निवेश करती है। इस तरह की कंपनियाँ व्यवसाय में मददगार संसाधनों और बाज़ार से कम क़ीमत पर सेवाओं की पेशकश कर नए उद्यमों के विकास को तीव्र कर उनको तेज़ी से सफलता की ओर ले जाती हैं। यह एक सास (सॉफ़्टवेयर एज़ ए सर्विस) कंपनी है, जो सॉफ़्टवेयर लाइसेंसिंग कंपनी होती हैं। मुझे सास उद्योग पसंद है। निवेश से बाहर आने पर कारोबार जगत में यह ज़्यादा लाभ देने वाले क्षेत्रों में से है। इसका कारण है कि इसमें कंपनी के कुल मूल्य का निर्धारण करने के लिए उसके प्रदर्शन को मापने का तरीक़ा कुछ अलग है।

आम तौर पर कंपनियों के प्रदर्शन को **एबिटा** (अर्निंग्स बिफ़ोर इंटरेस्ट, टैक्सेस, डेप्रेशिएशन ऐंड अमर्टाइजेशन) पर लागू किया जाता है। एबिटा कंपनी का मुनाफ़े को मापने का ही एक तरीक़ा है। एबिटा यानी कंपनी की वह आय जिसमें ब्याज, कर, क़र्ज़ की लागत और ख़र्च आदि शामिल होते हैं। लेकिन सास कंपनियों की बिक्री उनके राजस्व के आधार पर की जाती है यानी ख़र्च की कटौती किए बिना बिक्री राजस्व के आधार पर कंपनी के प्रदर्शन का मूल्यांकन किया जाता है। सास कंपनी की बिक्री कर अपने निवेश को निकालने पर **वार्षिक आवर्ती राजस्व** (एआरआर) का 8 से 20 गुना या उससे भी ज़्यादा रिटर्न मिल सकता है! वार्षिक आवर्ती राजस्व (एआरआर) या रन रेट कारोबार के मौजूदा ग्राहकों से प्राप्त होने वाला वार्षिक राजस्व है। उच्च वृद्धि वाली कंपनियाँ **मासिक आवर्ती राजस्व** (एमआरआर) के आधार पर भी बिक्री सौदा कर सकती हैं जो निवेशकों के लिए ज़्यादा अनुमान लगाने लायक़ है।

जितना ज़्यादा रन रेट और वर्तमान माह-दर-माह वृद्धि होगी, उतना ही कंपनी के प्रदर्शन का मूल्यांकन बढ़ता जाएगा। ज़्यादातर कारोबारों के लिए सामान्यतया यह आँकड़ा एबिटा का एक से चार गुना रहता है। वहीं

सास कंपनियों के लिए यह आँकड़ा एबिटा या मुनाफ़े की बजाय बिक्री राजस्व के आधार पर निकाला जाता है, जो ज़्यादातर अन्य उद्योगों के मुक़ाबले अधिक होता है। ज़्यादा बड़े मुनाफ़े की दृष्टि से मैं अपने निवेश का कुछ हिस्सा सास कंपनियों जैसे टेक्नोलॉजी क्षेत्र में लगाता हूँ।

स्वरूप

इस सास कम्पनी में निवेश के समय सात पोर्टफ़ोलियो कंपनियाँ थीं जिनका 16,000,000 डॉलर का मूल्यांकन हुआ था। मैं शर्तें तय करने की बातचीत में अपने निवेश के लिए कंपनी के मूल्यांकन में 36% की छूट ले पाने में कामयाब हो गया। उसके बाद से पोर्टफ़ोलियो का मूल्य बढ़ गया है। इस तरह क़ीमत में ली गई रियायत बड़ी जीत साबित हुई। मैंने मूल कंपनी में 1% प्रति 100,000 डॉलर (0.5% प्रति 50,000 डॉलर) के स्थायी वारंट जारी करने कर शर्त भी मंजूर करा ली। सौदे में इस शर्त का मतलब है कि सात पोर्टफ़ोलियो कंपनियों में से जब भी कोई कंपनी बिकती है तो मेरे निवेशक समूह को हर बार एक हिस्सा प्राप्त होगा। बिना इस पर विचार किए कि कंपनी की बिक्री में कितना समय लगता है।

पोर्टफ़ोलियो कंपनियों में से एक कंपनी को हर छह से 12 महीने में बेचने की योजना थी, जिससे नगद आय प्राप्त होने के मौक़े आते रहें। इसके साथ ही मैंने अगले पाँच वर्षों के लिए मूल कंपनी द्वारा ख़रीदे जाने वाले प्रत्येक नए अधिग्रहण में स्वामित्व प्राप्त करने के इरादे से सभी अतिरिक्त पोर्टफ़ोलियो कंपनियों पर यही वारंट प्रावधान को लागू करने के लिए भी चर्चा कर ली। यह स्पष्ट कर दूँ, पहली सात पोर्टफ़ोलियो कंपनियों में निवेश स्थायी रूप से था। इन सात कंपनियों के अलावा किसी अतिरिक्त पोर्टफ़ोलियो कंपनी के लिए केवल पाँच साल की कम अवधि तय की है।

यदि पाँच साल की अवधि की समाप्ति तक हमारे निवेश पर मेरे लॉयंस नेटवर्क को न्यूनतम दो गुना रिटर्न नहीं मिलता है तो वारंट संबंधी समझौता न्यूनतम दो गुना रिटर्न हासिल होने तक पूरे एक और वर्ष के लिए बढ़ जाता है। अब तक तीन अतिरिक्त पोर्टफ़ोलियो कंपनियाँ ख़रीदी गई हैं और हमारे निवेश में शामिल हुई हैं। इन तीन नई कंपनियों के लिए भी पिछली सात कंपनियों की तरह स्वतः ही वारंट की व्यवस्था लागू हो गई

है। अब इस निवेश में कुल 15 पोर्टफ़ोलियो कंपनियाँ हो गई हैं। और भी इसमें जुड़ेंगी।

छानबीन

जब आप सॉफ़्टवेयर कंपनियों या सॉफ़्टवेयर कंपनियों में निवेश करने वाले वेंचर कैपिटल फ़ंड में निवेश करते हैं, तो ज़्यादातर यह लंबी अवधि के लिए होता है। यानी कि आपको अगले सात या दस साल या हो सकता है उससे भी ज़्यादा समय तक उस निवेश पर अच्छा रिटर्न देखने को नहीं मिले। मेरे लिए यह बहुत लंबा समय है। मैं अपने निवेश के मूल धन और उस पर रिटर्न की वापसी के लिए इतना इंतज़ार नहीं कर सकता। मैं उस पूँजी को तेज़ी से कई गुना बढ़ाना चाहता हूँ। उदाहरण के लिए यदि हरेक निवेश के दो साल के भीतर मुझे मूल धन वापस प्राप्त हो जाए तो मैं इसी पूँजी से उस दस साल की समय अवधि में कम से कम पाँच अलग-अलग निवेश कर सकता हूँ। वहीं कम से कम पाँच अलग-अलग रिटर्न हासिल कर लेता और संभवतया कम से कम पाँच हिस्सेदारी में भी अपना पैसा लगा देता।

इस निवेश में पहले साल के भीतर ही अपना निवेश निकाल लेने की संभावना काफ़ी अच्छी थी। मैंने आपको जो तरीक़े सुझाए हैं अगर उन पर चलते हुए आपने बुद्धिमानी से चुनाव किया और शर्तें तय कीं तो आपके लिए भी पहले या दूसरे साल में आकर्षक रिटर्न के साथ इस निवेश से बाहर आने की बेहतर संभावनाएँ बन सकती हैं। इसके अलावा पोर्टफ़ोलियो कंपनियों को बेचने से नगद आय के भी अनेक अवसर हैं। इस तरह से इस निवेश के पूरे जीवन काल में कई बार रिटर्न प्राप्त हो सकता है और संभवतया हर साल भी।

डील की बातचीत

जोख़िम को कम करने के लिए मैंने कुछ रणनीतिक शर्तों को शामिल किया। पहला, 20% ब्याज के साथ कभी भी निवेश को वापस लेने का विकल्प। यदि मेरे निवेशक समूह को कंपनी की चाल यानी वह जिस दिशा में बढ़ रही है, वह रास नहीं आई तो हम किसी भी समय पर निवेश अवधि के लिए 20% ब्याज के साथ हम अपना निवेश वापस खींच लेंगे। दूसरी शर्त थी कि हमारे निवेश की पूर्ण वापसी पहली प्राथमिकता पर हो। पहली

पोर्टफ़ोलियो कंपनी की बिक्री के साथ हमारे मूल निवेश की पूर्ण वापसी हो। भले ही बिक्री की क़ीमत कुछ भी हो। बिक्री की क़ीमत वारंट आधारित हमारी निवेश राशि के भुगतान के लिए कम हो तो करार में यह गारंटी की गई कि कंपनी से कोई भी धन निकासी से पहले हमारा पूरा निवेश लौटाया जाए। यदि मालिक और पूँजी जुटाता है, तब भी हम भुगतान के लिए पहले स्थान पर हैं।

डील समीक्षा

मैं ऐसे निवेश को पसंद करता हूँ, जिसमें बड़े रिटर्न की संभावना हो और पूँजी की निकासी के लिए कई विकल्प हों। साथ ही निवेश को घाटे में जाने से रोकने की सुदृढ़ व्यवस्था हो। यह सब कुछ निवेशक के लिए बहुत अनुकूल है। पहले साल के भीतर पूरी संभावना है कि मुझे कम से कम अपना मूल निवेश वापस मिल जाएगा और उसके बाद सौदे से पूरी रक़म वापस मिलने पर उससे मैं आने वाले वर्षों में होने वाली तरक्की में भागीदार बनूँगा। 10 वर्तमान पोर्टफ़ोलियो कंपनियों में से यदि केवल एक भी बिकती है तो भी मेरा निवेश वापस आ जाएगा। वह भी बेहतरीन रिटर्न के साथ। यदि दो या ज़्यादा कंपनियाँ बिक जाती हैं तो मुझे कई गुना मुनाफ़ा मिल सकता है। दो या ज़्यादा कंपनियों की बिक्री की अच्छी संभावना है, क्योंकि पहले ही कुछ जाने-माने रणनीतिक ख़रीदारों ने कई पोर्टफ़ोलियो कंपनियों को ख़रीदने के बारे में पूछताछ की है।

इसके अलावा सास कंपनी के मालिक मौजूदा पोर्टफ़ोलियो में कई और कंपनियों को शामिल करने के लिए बातचीत कर रहे हैं। कुल पोर्टफ़ोलियो 30 कंपनियों से ज़्यादा तक भी जा सकता है, जिन पर मेरे लायंस नेटवर्क को वारंट रिटर्न की सुविधा प्राप्त होगी। यदि किन्हीं कारणों से निवेश फलीभूत नहीं होता है तो हम 20% ब्याज के साथ निवेश से बाहर आने का विकल्प चुन सकते हैं।

कुल मिलाकर उद्यमों को विकसित करने वाली इस तरह की सास कंपनी अतिरिक्त *लागत और ख़र्च को कम* करते हुए निवेश का अच्छा अवसर है। यह निवेश का ऐसा रास्ता है, जिसमें मालिक के भी ‘‘हित और जोख़िम’’ शामिल हैं तथा सौदा निवेशकों सहित सभी को एक दिशा में काम करने के लिए जोड़ता है।

नियम 9 : उधार की पूँजी से लाभ लें

सफलता में 80% सोच और 20% हुनर की हिस्सेदारी है।

– टोनी रॉबिन्सन

लोग कहते हैं उनके पास अचल संपत्ति में लगाने के लिए धन नहीं है। यह गलतफ़हमी है। *आपको धन की ज़रूरत नहीं है।* मैंने यही पाया है कि यदि आपके पास कोई अच्छा सौदा आता है तो धन के अनेक स्रोत भी पैदा हो जाते हैं। निवेशक अच्छा सौदा चाहते हैं। यदि आपको कोई शानदार डील नज़र आती है तो उनसे धन जुटाना वाकई आसान है। समझदार निवेशक अच्छे डील को पहचानते हैं और उसमें हिस्सेदार होना चाहते हैं।

मैं अपने निवेश के लिए बैंकों से पूँजी लेना पसंद करता हूँ, लेकिन तभी जब मेरे अनुकूल शर्तों के साथ यह मेरे लिए फ़ायदेमंद हो। अन्यथा, मैं बैंकों को छोड़कर कोई और स्रोत तलाश करता हूँ।

अचल संपत्ति ख़रीदने या अन्य परिसंपत्तियों में निवेश के कुछ प्रकरणों में मैं ज़रूर बैंक का इस्तेमाल करूँगा। परंपरागत रूप से बैंक **क़र्ज़ का भुगतान नहीं** करने पर संपत्तियों पर हक़ लेने के लिए आ सकते हैं। इस तरह के क़र्ज़ों में आपको सतर्क रहना होगा और करार पर बहुत सोच-विचार के साथ हस्ताक्षर करने होंगे। कई मामलों में संपत्ति की ही क़ीमत इतनी ज़्यादा

होती है और उसके बाद बैंक को क़र्ज़ की वसूली के लिए किसी और चीज़ की ज़रूरत नहीं होती है। अगर हालात प्रतिकूल होते हैं तो बैंक बंधक संपत्ति का क़ब्ज़ा ले लेगा। क़ानूनी तौर पर क़र्ज़ की पूरी वसूली करने तक बैंक को आपकी सभी संपत्तियों के लिए दावा करने का हक़ है।

अचल संपत्ति की ख़रीदी के लिए आपको बैंक से शुरुआत में 20-25% का भुगतान करने पर क़र्ज़ हासिल हो जाएगा। यह नेटवर्थ को बढ़ाने और मुख्य रूप से अन्य लोगों के धन से ऐसी संपत्ति प्राप्त करने का एक शानदार तरीक़ा है जो आपके लिए आय का ज़रिया बन जाती है। इसके अलावा आपको समय के साथ उस संपत्ति की क़ीमत में वृद्धि का लाभ मिलता है। आप उस संपत्ति में सुधार कर सकते हैं, जिससे उस पर किराये में बढ़ोतरी कर अधिक नग़द आय पैदा की जा सके। इससे आपकी संपत्ति के लिए किराएदारों की कमी नहीं रहेगी और इसमें पूरे समय किराएदार रहेंगे और आपके लिए मासिक नग़द आय आती रहेगी। किराये की राशि से आप मारगेज़ का भुगतान कर सकते हैं।

यह सिर्फ़ एक उदाहरण है कि किस तरह से आप अपनी संपत्ति को बढ़ा सकते हैं और इस संपत्ति को ख़रीदने के लिए आपको ज़रूरी रक़म का 20-25% ही चुकाना होता है। यदि विक्रेता के साथ या किसी बैंक से उचित शर्तों पर आपकी बातचीत हो जाए तो यह रक़म और कम भी हो सकती है। क़र्ज़ के लिए गिरवी संपत्ति के संबंध में आप शर्तों को इस तरह से तय कर सकते हैं, जिससे आपको ज़्यादा धन ख़र्च नहीं करना पड़े और आपको संपत्ति भी प्राप्त हो जाए।

ज़मीन-जायदाद में कुछ लोगों के निवेश नहीं करने का एक अन्य कारण है कि वे इसे ज़्यादा जोख़िम भरा मानते हैं। यह भी अपने आप में एक भ्रम है। दरअसल वे इसलिए निवेश नहीं करते हैं, क्योंकि उन्होंने इसे पूरी तरह से समझा ही नहीं है। कभी इसके बारे में जानने-समझने के लिए समय ही नहीं दिया है। मैं कुछ भी इस उम्मीद से नहीं ख़रीदता हूँ कि इसकी क़ीमत में वृद्धि होती है। मैं संपत्ति इसलिए ख़रीदता हूँ, क्योंकि मुझे मालूम है कि आज से ही नग़द आय आना शुरू हो जाती है।

ज़मीन-जायदाद में निवेश के संबंध में सीखना कठिन नहीं है। विशेषकर मकानों के किराये के कारोबार को समझना। अक्सर में उन सौदों

की समीक्षा करता हूँ, जो लोग जोख़िम भरा मानकर छोड़ देते हैं। तब अक्सर मुझे यह भी महसूस होता है कि *मैं इस सौदे को कर सकता हूँ और मुझे कोई जोख़िम उसमें नज़र नहीं आता। मैं इसको लेकर बातचीत कर सकता हूँ और अपनी शर्तों पर इसे कर सकता हूँ। मुझसे पहले इस सौदे को नामंजूर करने वालों ने उनके सामने प्रस्ताव को देखा और बिना कोई बातचीत किए इसको ख़ारिज़ कर दिया।*

ऐसी परिस्थितियों में केवल विक्रेता को ही लाभ होगा। ऐसे में ख़रीदारों ने आगे बिना किसी बातचीत के इसे अस्वीकार कर दिया। कोई भी सौदा तब तक एक अच्छा सौदा नहीं कहा जा सकता जब तक कि उससे क्रेता और विक्रेता दोनों को लाभ नहीं हो। जो सौदे लोगों ने अस्वीकार कर दिए, मैंने उन्हीं के लिए बेहतर शर्तों पर बातचीत की जिससे मेरा जोख़िम कम से कम हो जाए और मैं उसमें धन कमा सकूँ। सौदे को लेकर दोनों पक्षों के लाभ की सोच के साथ आप किस तरह से बातचीत करते हैं और उसका क्या स्वरूप रखते हैं। इसी से सफलता मिलती है। निवेशक को संपत्ति निर्मित कर और ज़्यादा हिस्सेदारी प्राप्त कर लाभ होता है और विक्रेता अपनी क़ीमत और शर्तों पर सौदा कर जीत महसूस करता है। सभी पक्षों की जीत होती है।

आपकी सोच ही आपकी सीमा है। आपका दिमाग़ जो भी कल्पना कर सकता है कि आप वह सब कुछ कर सकते हैं। जब तक आप वास्तव में 100% यक़ीन करते हैं।
– एरनॉल्ड श्वार्ज़नेगर

क़र्ज़ के लिए विकल्प

थोड़ी देर के लिए हम क़र्ज़ के लिए उपलब्ध विभिन्न विकल्पों पर चर्चा करते हैं। इनमें से हरेक के साथ क्या जोख़िम हैं। कैसे आप इनका अपने लाभ के लिए इस्तेमाल करें।

पहले दो क़र्ज़ सीधे या प्रत्यक्ष क़र्ज़ के विकल्प में आते हैं। इसमें क़र्ज़ की राशि सीधे रक़म देने वाले से आती है।

1. **विक्रेता द्वारा क़र्ज़ :** सीधे क़र्ज़ देने का यह विकल्प मेरा पसंदीदा है। यह परंपरागत तरीक़े के क़र्ज़ों की तुलना में बहुत तेज़ है

और अक्सर आप बातचीत से सबसे बेहतर शर्तों के साथ इसे ले सकते हैं। इस प्रकार के क़र्ज़ में यदि कुछ *प्रतिकूल* होता है तो देनदार करार की संपत्ति को ही वापस ले सकता है और आपकी दूसरी संपत्तियों पर दावा नहीं कर सकता। उधार लेने वाला निजी रूप से क़र्ज़ के भुगतान के लिए ज़िम्मेदार नहीं है। यह संरक्षण बहुत अच्छा है, जो मैं रखना पसंद करता हूँ।

2. **परंपरागत बैंक क़र्ज़ :** मैं छोटे स्थानीय बैंकों को प्राथमिकता देता हूँ क्योंकि आप इसमें ज़्यादा सौदेबाजी कर बेहतर शर्तें तय करने में सक्षम होते हैं। यह बैंक क़र्ज़ देने के लिए संभावनाएँ तलाशते रहते हैं और इनको स्थानीय ज़मीन कारोबार के बारे में बड़े बैंकों से बेहतर जानकारी होती है। इनके ज़्यादातर क़र्ज़ में लेनदार की पूरी संपत्ति को बंधक के तौर पर रखा जाता है, जिसका अर्थ है कि भुगतान में चूक की स्थिति में बैंक आपकी किसी भी संपत्ति पर दावा कर सकता है। एसबीए क़र्ज़ और परंपरागत क़र्ज़ प्राथमिक विकल्प हैं। एसबीए क़र्ज़ आंशिक रूप से सरकार द्वारा गारंटी प्राप्त होते हैं, लेकिन इसे हासिल करने के लिए आपको चक्कर पर चक्कर लगाने होते हैं और इसमें बहुत समय लग सकता है। बैंकों से मैं ज़्यादातर परंपरागत क़र्ज़ ही लेता रहा हूँ और इनकी अवधि तीन से 10 साल होती है।

दो अन्य क़र्ज़ देनदार और निवेशक के बीच में ख़रीदे और बेचे जाते हैं। शेयर बाज़ार की तरह सेकंडरी मार्केट में इनकी ख़रीदफ़रोख़्त होती है। इनमें किसी तरह की भुगतान में चूक की नौबत आने पर केवल संबंधित संपत्ति पर ही देनदार दावा कर सकता है।

1. **कंडुइट लोन वाणिज्यिक क़िस्म के क़र्ज़ हैं, जो वणिज्यिक संपत्ति को बंधक रखकर दिए जाते हैं**। वित्तीय बाज़ार की संस्थाएँ इस प्रकार के क़र्ज़ प्रदान करती हैं। ये ऋण सेकंडरी बाज़ार में शेयरों की तरह निवेशकों को बेचे जाते हैं। इन क़र्ज़ों की ब्याज दर परंपरागत बैंक ऋणों की ब्याज दरों से कम होती है और अक्सर ये लंबी अवधि के लिए दिए जाते हैं। ज़्यादातर इनकी अवधि

दस साल होती है। अक्सर इस प्रकार के ऋण क़र्ज़दार से कोई दूसरा व्यक्ति या संस्था भी अपने ऊपर ले सकती है। जैसे आप अगर बंधक संपत्ति बेचते हैं तो कोई और आपका मौजूदा क़र्ज़ ले सकता है और आप देनदारी के दायित्व से मुक्त हो जाते हैं। नए ख़रीदार के लिए यह आकर्षक हो सकता है। ख़ासकर जब ब्याज दर, बाज़ार दर से कम है।

इस प्रकार के **क़र्ज़** की ख़ामी यह है कि एक बार यह क़र्ज़ स्वीकृत हो जाता है तो इसमें लचीलेपन का अभाव है। ये लंबी अवधि के हिसाब से तैयार किए जाते हैं। अगर आप थोड़े वर्षों में ही संपत्ति को बेचने वाले हैं तो शायद आप इस तरह के क़र्ज़ लेना पसंद नहीं करें। इसमें कई तरह के शुल्क भी हैं जिनपर आपको विचार करना होगा। यदि आप संपत्ति जल्दी बेचते हैं या उस पर दोबारा कर्ज़ लेते हैं या क़र्ज़ को समय अवधि के पहले चुकाते हैं तो इसके लिए **शुल्क** देना होता है। नए ख़रीदार के इस क़र्ज़ को स्वीकार करने पर भी शुल्क है। आम तौर पर कंडुइट लोन के मंजूर होने का शुल्क 1% होता है, जो इसकी समाप्ति पर देना होता है।

2. **एजेंसी क़र्ज़ :** यह क़र्ज़ फ़ेडरल नैशनल मॉरगेज़ एसोसिएशन और फ़ेडरल होम लोन मॉरगेज़ कॉर्पोरेशन जैसी सरकार प्रायोजित एजेंसियों द्वारा जारी किया जाता है। ये क़र्ज़ भी एकमुश्त कर शेयर बाज़ार की तरह सेकंडरी मार्केट में अन्य निवेशकों को बेचे जाते हैं। इन ऋणों के साथ भी कंडुइट लोन के समान ही नफ़ा-नुक़सान हैं। जैसे कि ऋण भुगतान में चूक होने पर केवल बंधक रखी संपत्ति पर ही देनदार अपना दावा कर सकता है। इसमें भी कई तरह के शुल्क लागू होते हैं। इनके साथ एक बड़ा लाभ यह है कि ज़्यादातर इनमें 30 वर्ष तक स्थिर ब्याज दर पर क़र्ज़ प्राप्त हो जाता है। जिन निवेशकों की रणनीति संपत्ति को ख़रीद कर लंबी अवधि के लिए रखने की है, उनके लिए ये क़र्ज़ लाभप्रद हैं।

क़र्ज़ को अपने लाभ के लिए कैसे इस्तेमाल करें

एक अन्य सफल जीवनशैली निवेशक रणनीति संपत्ति को ख़रीदने और हमेशा के लिए उसे अपने स्वामित्व में रखने की है, कभी नहीं बेचने की। यदि आपको नग़दी की ज़रूरत है तो आप इन संपत्तियों के विरुद्ध उधार ले सकते हैं और उनको बंधक के रूप में गिरवी रख सकते हैं। आप अपनी ज़मीन-जायदाद, शेयर और अपनी संपूर्ण जीवन बीमा पॉलिसी और अन्य परिसंपत्तियाँ इस तरह से गिरवी रख सकते हैं। मैंने कई साल तक इस प्रकार की रणनीति पर अमल कर फ़ायदा लिया है। हाल में मैंने माइक्रोस्ट्रैटिज़ी के सह-संस्थापक माइकेल सेलॉर के पॉडकास्ट का एक एपिसोड सुना है, जिसमें उन्होंने इसी प्रकार की रणनीति का ज़िक्र किया है।

ज़्यादातर लोगों को यह जानकारी नहीं होती है कि वे अपने शेयरों को गिरवी रखकर क़र्ज़ प्राप्त कर सकते हैं। मान लीजिए कि आपके पास एमेज़ॉन के 1,00,000 डॉलर के शेयर हैं। इस समय आप अपने स्थानीय बैंक से लंदन इंटर-बैंक ऑफ़र्ड रेट (लाइबोर) और 50 **बेसिस पॉइंट** (0.5%) जोड़कर कुल 0.65% ब्याज पर 800,000 का क़र्ज़ ले सकते हैं। **लाइबोर** मानक ब्याज दर है जिसपर वैश्विक बैंक एक-दूसरे को उधार देते हैं। इस तरह के क़र्ज़ पर किसी तरह का कर नहीं है।

इस उदाहरण को और विस्तार से समझते हैं। यदि आपके पास 1000,000 डॉलर के शेयर हैं और आपको 100,000 डॉलर की अपने आजीविका ख़र्चों के लिए ज़रूरत है। इसके लिए आप 100,000 डॉलर क़ीमत के शेयर बेच सकते हैं। इसके लिए आपको 25-50% तक कर देना होगा जो कि आपकी आय पर निर्भर करता है। इस तरह से अगर यहाँ देखें तो करों के भुगतान के बाद आपके पास वास्तव में शेयरों को बेचने से मिली 100,000 डॉलर की रक़म में से केवल 50,000 डॉलर की राशि ही बची रह पाएगी। दरअसल, आपको अपनी ज़रूरत के लिए 100,000 डॉलर प्राप्त करने के लिए 200,000 डॉलर क़ीमत के शेयर बेचने होंगे। इसके बाद आपके पास केवल 800,000 डॉलर के शेयर बाक़ी रहेंगे। यदि आप लगातार पाँच साल तक सालाना 200,000 डॉलर के शेयर बेचते रहते हैं तो इनसे हुए लाभ की रक़म को छोड़कर आपके पास कोई

शेयर नहीं बचेंगे। छठवें साल में आपके पास कुछ नहीं रह जाएगा और 100,000 डॉलर के आजीविका ख़र्चों की पूर्ति के लिए आपको कोई और रास्ता तलाशना होगा।

यह एक बेहतर रास्ता है। अपने 1000,000 डॉलर के शेयरों को बेचने की बजाय आप उनके विरुद्ध क़र्ज़ ले सकते हैं। इन पर आपको 1% या उससे भी कम ब्याज देना होगा। इस उदाहरण में आप क़र्ज़ ले रहे हैं और अपनी परिसंपत्तियों को बेच नहीं रहे हैं। आपकी कोई आय नहीं हो रही है या कोई पूँजीगत लाभ नहीं हो रहा है तो आपकी कोई कर देयता नहीं बनती है।

जब तक शेयरों की क़ीमत बढ़ रही है, आप यही करते रह सकते हैं। यदि परिसंपत्ति 10% की दर से सालाना बढ़ रही है तो आप स्थायी रूप से जितनी रक़म बढ़ रही है, उतना क़र्ज़ ले सकते हैं। अगर आपके पास 1000,000 डॉलर के शेयर हैं और यह हर साल 10% यानी 100,000 डॉलर से बढ़ रहे हैं तो आप अपनी आजीविका की पूर्ति के लिए इस राशि के विरुद्ध क़र्ज़ ले सकते हैं।

ज़मीन-जायदाद के बदले भी इस तरह से क़र्ज़ लिया जा सकता है। आपकी ज़मीन की क़ीमत बढ़ती है तो आप बैंक से उस पर दोबारा क़र्ज़ लेकर कर मुक्त होकर आजीविका चला सकते हैं। आपने कुछ भी बेचा नहीं है, जिससे कोई पूँजी लाभ नहीं है और इससे आपको कोई आय नहीं है, क्योंकि आप सिर्फ़ इसके विरुद्ध उधार ले रहे हैं। देनदारी के कारण परिसंपत्ति की भरपाई हो जाती है। इसके साथ ही ज़मीन-जायदाद को अपने उत्तराधिकारियों को सौंपा जा सकता है जिससे वे भी यही आगे करते रहें और इसे अपने वारिसों को सौंप दें।

यह उदाहरण बताता है कि हरेक समझदार ज़मीन-जायदाद निवेशक क्या करता है। जब तक सरकार और अधिक करेंसी नोट छापती जाएगी, आपकी ज़मीन-जायदाद की क़ीमत बढ़ती जाएगी। मुद्रा की आपूर्ति बढ़ने के साथ आपकी संपत्ति का मूल्य भी बढ़ेगा।

मान लेते हैं कि आपके पास 10,000,000 डॉलर की अचल संपत्ति है और आप उसके विरुद्ध 8,000,000 डॉलर क़र्ज़ ले सकते हैं। आप इसे बेचना नहीं चाहते, क्योंकि इस पर कर देना होगा। इसकी बजाय आप

उसके विरुद्ध धन राशि उधार लेते रहेंगे, जो कि कर मुक्त आय होगी। ज़मीन-जायदाद में अपनी हिस्सेदारी पर दोबारा वित्त से प्राप्त धन से आप अपनी आजीविका के ख़र्च पूरे करने के साथ ही उसका उपयोग और ज़मीन ख़रीदने में भी कर सकते हैं। इस ज़मीन के विरुद्ध भी आप उधार लेकर अपने ख़र्च पूरे करने के लिए आय प्राप्त कर सकते हैं। अगर आप इस योजना के अनुसार चलते हैं तो एक भी डॉलर कमाए बिना अपनी संपत्ति पर मिलने वाले क़र्ज़ से अपना जीवन बिता सकते हैं।

इस रणनीति के प्रभावी ढंग से अमल के लिए ज़रूरी है कि ब्याज दरें कम हों। कुछ अच्छे बैंक अधिकारियों के साथ आपके मज़बूत संपर्क हों। नग़द आय लगातार बढ़ती रहे जिससे आपकी परिसंपत्ति के मूल्य में भी निरंतर वृद्धि होती रहे। इससे आप इन परिसंपत्तियों का इस्तेमाल कर और संपत्तियाँ ख़रीद सकेंगे तथा उनपर रक़म उधार ले सकेंगे।

आय पर कर देना होता है। इसकी बजाय आप ज़मीन-जायदाद ख़रीदेंगे तो उसकी क़ीमत बढ़ेगी, जिस पर कोई कर भी नहीं देना होगा। वारेन बफ़ेट का तो कहना है कि आदर्श तो यही होगा कि हमेशा के लिए संपत्ति को अपने पास बनाए रखें। यदि आपकी अचल संपत्ति नग़द आय नहीं दे रही है तो भी यह संभव है। हालाँकि मैं नग़द आय देने वाली संपत्तियाँ पसंद करता हूँ, जो आपकी जीवनशैली और वित्तीय स्थिति को ज़्यादा विकल्प प्रदान करती हैं।

आप अपनी संपूर्ण जीवन बीमा पॉलिसी का इस्तेमाल भी आजीविका कमाने के लिए क़र्ज़ मुक्त आय प्राप्त करने की इस रणनीति के लिए कर सकते हैं। इसमें शेयरों और जमीन को बंधक रखने के दोनों उदाहरणों से कहीं ज़्यादा लाभ की संभावनाएँ हैं।

जीवनशैली निवेश किस तरह से काम करता है

इस अध्याय में बताई गई कई रणनीतियों को अगले उदाहरण में उपयोग में लाया गया है और यह जीवनशैली निवेश का एक आदर्श उदाहरण है। मैंने इस किताब में जगह-जगह मोबाइल होम पार्क के निवेश का उदाहरण दिया है, क्योंकि वे वास्तव में ऐसे निवेश सौदे हैं, जिन्होंने मुझे कामयाब बनाने में सबसे बड़ा योगदान दिया है। इस निवेश ने मेरे लिए बहुत दौलत कमाई

है और वास्तव में वे इस तरह के निवेश हैं, जो प्रकट रूप से नज़र नहीं आते हैं। मैं इस उदाहरण को लीवरेज यानी लाभ के लिए उपयोग करने के माध्यम से बताऊँगा। जो मेरे निवेश में एक निरंतरता और अनुशासन को आपके सामने पेश करता है। एक बार आप निवेश के लिए मौक़े तलाशने शुरू कर देते हैं तो मैं चाहूँगा कि आप भी उसी स्तर का अनुशासन अपनाएँ और इस किताब में दिए गए सिद्धांतों, पड़तालों और नियमों को अपनी निवेश प्रक्रिया में शामिल करें।

उदाहरण : मोबाइल होम पार्क

इस होम पार्क में निवेश की भी मज़ेदार कहानी है। इसे वास्तव में ख़रीदने से क़रीब पाँच साल पहले मैंने इसके मालिक को सौदे के संबंध में नाउम्मीदी के साथ फ़ोन कॉल किया था। मेरे मालिक, उनकी पत्नी और बेटी के साथ मधुर संबंध कायम हो गए थे, जिसने कारोबार के दिन-प्रतिदिन संचालन में काफ़ी मदद की। मैं उनसे जुड़ा रहना चाहता था। इसके लिए इन वर्षों के दौरान मैं लगातार उनके संपर्क में रहा। इसके अलावा उनका मोबाइल होम पार्क मेरे दो मोबाइल होम पार्क के नज़दीक ही था। मैं वहाँ से गुज़रते हुए कई बार रुक कर उनसे मिलता हुआ जाता था। मुझे पता था कि एक न एक दिन वे अपना मोबाइल होम पार्क ज़रूर बेचेंगे। हालाँकि इसे उन्होंने ख़ुद बनाया था, जिससे उनका इसके साथ भावनात्मक लगाव था। यही कारण था कि वे उसे बेचने का फ़ैसला नहीं कर पा रहे थे। आख़िरकार एक दिन मालिक की मृत्यु हो गई। मैं उनके परिवार के संपर्क में था। उनके परिवार ने मोबाइल होम पार्क को बेचने का फ़ैसला किया। मैं उनकी पहली पसंद था।

सोच

कई कारण हैं, जिनसे मुझे मोबाइल होम पार्क में निवेश काफ़ी पसंद है। अगर उचित शर्तों के साथ यह संपत्ति आप ख़रीदते हैं तो इसमें बहुत कम जोख़िम है। अचल संपत्ति के क़र्ज़ों की बात करें तो मोबाइल होम पार्क के लिए दिए गए ऋणों के भुगतान में चूक की दर सबसे कम है, जिससे

इनकी ख़रीदी के लिए आसानी से वित्त उपलब्ध हो जाता है। केवल 20% शुरुआती भुगतान और लचीली शर्तों के साथ विक्रेता, बैंक, एजेंसी से क़र्ज़ लिया जा सकता है। मोबाइल होम पार्क पहले दिन से ही नग़द आय प्रदान करना शुरू कर देते हैं। इनकी मरम्मत और सुधार कर बेहतर रूप दे देने से तुरंत इनकी क़ीमत में इज़ाफ़ा हो जाता है और आमदनी ज़्यादा हो जाती है। सस्ते घरों की माँग हमेशा अच्छी-ख़ासी माँग बनी रहेगी। हर कोई अपना घर चाहता है और मोबाइल होम पार्क से सस्ते घर और कहीं नहीं हैं। इनके बराबर सुविधाएँ कहीं और नहीं मिलतीं। एक आँगन होता है, ऊपर कोई नहीं होता और आपस में दीवारें सटी नहीं होती जिससे कि अगल-बगल का कोई शोर नहीं आता। औसतन केवल 280 डॉलर प्रतिमाह पर इससे अमेरिका में अपने घर का सपना साकार हो सकता है। इससे सस्ता और कोई घर नहीं हो सकता।

वहीं अचल संपत्ति में निवेशक के लिए कर की बचत करने का फ़ायदा है।

स्वरूप

कुछ इस तरह से मैंने इस डील का स्वरूप तय किया।

- 2,700,000 में मैंने इसे ख़रीदा और स्थानीय बैंक से इसके लिए क़र्ज़ लिया
- 540,000 डॉलर की 20% राशि शुरू में अदा की
- 2,160,000 डॉलर की शेष राशि के लिए 5% ब्याज दर के साथ दस साल का करार किया
- ऋण भुगतान की अवधि 25 साल की तय की (25 वर्ष की ऋण अवधि के आधार पर भुगतान)
- हर महीने नग़द आय (इतने कम मॉरगेज़ भुगतान के साथ मुझे मोबाइल होम पार्क का मालिक बनने के पहले महीने से ही अच्छी आय मिलनी शुरू हो गई)
- मुख्य करार के साथ ही 150,000 डॉलर का अतिरिक्त क़र्ज़ पार्क की सड़कों को सुधारने के लिए। यह भी 25 साल की

अवधि में चुकाने की शर्त में शामिल किया। (सुधार पर ख़र्च करने का लाभप्रद तरीक़ा अपनी पूँजी की बजाय बैंक से क़र्ज़ प्राप्त करना है- इसमें कोई शुरुआती भुगतान भी नहीं करना होता, मासिक रूप से छोटी राशि देनी होती है- कर की काफ़ी बचत हो जाती है)

- पार्क की क़ीमतों में बहुत ज़्यादा वृद्धि। मैं जानता था कि मैं बहुत कम क़ीमत में पार्क ख़रीद रहा हूँ और किसी भी तरह का जोख़िम नहीं रह गया था (हालाँकि मैंने इसे परिवार द्वारा रखी गई क़ीमत पर ही ख़रीदा था, तब भी यह दोनों पक्षों के लिए फ़ायदे का सौदा बन गया।)
- पहले साल में 224,000 डॉलर का फ़ायदा हुआ (41% का नग़द रिटर्न)
- उसके अगले साल 326,000 डॉलर (हमने संपत्ति की मरम्मत कर उसमें सुधार किया और निवासियों से पानी तथा स्वच्छता कार्य के शुल्क वसूल किए)
- दो साल में 550,000 का फ़ायदा हुआ (शुरुआती भुगतान केवल 540,000 का था)
- तीसरे साल में संपत्ति में सुधार जारी रखा और किराये में वृद्धि की (पार्क का किराया अब भी बाज़ार दरों से बहुत कम था, मुनाफ़ा लगातार बढ़ता रहा)
- स्थानीय क़र्ज़ दाता से अच्छे संबंध बन जाने के कारण मैंने क़र्ज़ की शर्तों को कुछ उदार बनाने पर उनसे बातचीत की। इस तरह से पार्क को ख़रीदने के एक साल बाद उससे एक लाख डॉलर की राशि बाहर निकाल ली। (**क़र्ज़ की शर्तों में सुधार** दोबारा वित्त प्राप्त करने की तरह ही होता है, लेकिन यह ज़्यादा किफ़ायती होता है और इसमें वक़्त बहुत कम लगता है।)

छानबीन

यह डील शुरू से ही मेरे लिए बहुत अच्छी था। इसके बारे में किसी को जानकारी नहीं थी और यह बाज़ार से बाहर था। मैंने सीधे मालिकों से बातचीत कर इस पार्क की क़ीमत तय की थी। मैं जानता था कि मुझे पार्क बेहद कम क़ीमत पर मिल रहा था, इसलिए उस पर क़र्ज़ हासिल करना भी आसान होगा। इस तरह से केवल इस पार्क से मिलने वाली नग़द आय मेरे सभी ख़र्च और मौजूदा जीवनशैली की पूर्ति करने करने से भी ज़्यादा होने वाली थी। इस सौदे के बाद मेरी समय देकर काम करने की ज़रूरत ख़त्म होने वाली थी। इस सौदे ने मुझे अच्छी नग़द आय देने वाले कई और निवेश करने के लिए प्रेरित किया। आजीविका के ख़र्च के बाद बचने वाली आय को इसी तरह से नग़दी प्रदान करने वाली और संपत्तियों में निवेश कर दिया। एक निवेश से इस तरह से मिलने वाली रिटर्न तेज़ी से कई गुना होने लगा।

डील की बातचीत

इस डील को इतना लाभप्रद बनाने के लिए कई शर्तों पर काफ़ी बातचीत करनी पड़ी। बातचीत के अंतिम दौर में विक्रेताओं ने तय किया कि पार्क को बेचने के लिए वे दलाल की मदद लेंगे। आरंभ में केवल विक्रेता और मैं इस सौदे की बात कर रहे थे। दलाल के बीच में आने पर उसने क़ीमत 300,000 डॉलर बढ़ाने की इच्छा ज़ाहिर की। अब मेरी बातचीत सौदे को पहले वाली क़ीमत पर वापस लाने की थी। उसके बाद बैंक से उदार शर्तों को लेकर काफ़ी बातचीत की गई।

जब भी मुझे क़र्ज़ की ज़रूरत होती है तो मैं कम से कम तीन बैंकों से उनकी दरों के साथ ही नियम और शर्तों का विवरण लेता हूँ। इस तरह से मैं बैंकों में परस्पर प्रतिस्पर्धा पैदा कर सकता हूँ तथा उन्हें और भी बेहतर शर्तों के लिए राजी कर सकता हूँ। मैंने देखा है कि जब मेरे निवेश के लिए कई बैंकों में प्रतिस्पर्धा रहती है तो वे मेरे निवेश से हाथ धोना नहीं चाहते और इसलिए वे शर्तों को उदार करने को तैयार हो जाते हैं। एक बार क़र्ज़ मंजूर हो जाने के बाद मैंने सड़कों की मरम्मत के लिए अतिरिक्त क़र्ज़ प्राप्त करने की बातचीत की। पहले से ही मैंने बातचीत के ज़रिए क़र्ज़ की शर्तों को काफ़ी उदार और अनुकूल करा लिया था। इसमें और सुधार से मैंने

1,000,000 डॉलर इस निवेश से बाहर ले लिया। मैं इस धन राशि को कई और नग़द आय पैदा करने वाली संपत्ति में लगा सकता था।

डील समीक्षा

यह निवेश राशि के इस्तेमाल और एक ऐसी राशि से आय प्राप्त करने का उदाहरण है जो कि अस्तित्व में ही नहीं है। जैसा कि मैंने नियम 6 ''आय को कई गुना करने के उपाय तलाशें'' में उल्लेख किया है। मैंने क़रीब 1,000,000 डॉलर पर नगद आय अर्जित की जो मेरे पार्क को ख़रीदने के समय थे ही नहीं। इस धन राशि पर ही मुझे अब सालाना 1,50,000 डॉलर की आमदनी हो रही है। कुल मिलाकर कई कारणों से यह शानदार निवेश सौदा था और यह संपत्ति आज भी मेरे पास है।

किसी अन्य से धन राशि उधार लेकर या बिना कोई संपत्ति गिरवी रखे हुए शुरुआती भुगतान (या बिना शुरुआती भुगतान के भी) के साथ विक्रेता से ही वित्त प्राप्त करना सबसे अच्छा और सबसे तेज़ तरीक़ा है। आप वास्तव में बिना कोई जोख़िम या लागत के अपने आप को संपत्ति हस्तांतरित कर रहे हैं। यदि आप इस संपत्ति को बिना कोई धन ख़र्च किए सुधार सकते हैं तो आप उसमें अपनी हिस्सेदारी को बढ़ाएँगे और सुधारेंगे। साथ ही नग़द आय भी बढ़ा लेंगे।

यह एक उदाहरण है। आप कोई संपत्ति तलाश सकते हैं और कम शुरुआती भुगतान या बिना किसी आरंभिक भुगतान के विक्रेता से उधार ले सकते हैं। या वित्त प्राप्त करने का कोई अन्य तरीक़ा अपना सकते हैं, जिनका मैंने इस अध्याय में उल्लेख किया था। शायद आप कोई ऐसा सेवाएँ देने वाला या कोई भागीदार खोज सकें जो आय का एक छोटा हिस्सा लेकर आपकी संपत्ति की मरम्मत कर उसे सुधार सके। इसी तरह से आपको कोई प्रबंधक मिल सकता है, जो आपकी संपत्ति की देखरेख कर सके। यह भी आपकी आय के एक छोटे हिस्से के बदले में हो। इस पूरी लेन-देन में कोई नग़दी नहीं है। और कोई जोख़िम नहीं है।

किसी भी निवेश के मक़सद से क़र्ज़ लेने के लिए केवल बातचीत करना होती है और यह एक रचनात्मक कवायद है। बातचीत करने पर सामने वाला ज़्यादा से ज़्यादा इंकार कर सकता है। लेकिन ज़्यादातर आप अपने

चतुराई भरे सवालों से सौदा हासिल करने में कामयाब हो सकते हैं और किसी ऐसे व्यक्ति की मदद से आप सौदे को स्वरूप दे सकते हैं, जिसने पूर्व में इस तरह का काम किया हो। इससे आप सही राह पर बढ़ सकते हैं। आप अपने लिए संरक्षक या एक होशियार मददगार तलाश लें, तो यह आपके लिए बहुत प्रभावशाली हो सकता है। केवल एक आइडिया एक सौदे में ही आपको दस गुना तक फ़ायदा दिला सकता है।

आप हमेशा तरक्की और सुधार कर सकते हैं। मैं कभी मंज़िल पर पहुँचना नहीं चाहता। अपना सफ़र जारी रखना चाहता हूँ।

नियम 10 :
निवेश की पाई-पाई से मुनाफ़ा

ज्ञान प्राप्त करने में किया गया निवेश सबसे
अधिक ब्याज देता है।

– बेंजामिन फ्रैंकलिन

यदि मैं आपसे कहूँ कि मैं आपको निवेश पर 5,000% मुनाफ़े की गारंटी देता हूँ *और* केवल दो महीने में आपका मूल निवेश आपको वापस दिला दूँगा? और यदि आप उसी तरीक़े से नहीं चलेंगे जैसा मैं कह रहा हूँ तो आपका निवेश डूबना तय है? युद्ध काल में सैनिकों को बदतर हालात के लिए तैयार रहने को कहा जाता है। ऐसा इसलिए क्योंकि जब आप *बुरे से बुरे हालात के लिए तैयार रहेंगे तो ऐसी नौबत ही नहीं आएगी।* (इस निवेश के बारे में आपको इस अध्याय के अंत में जानकारी दूँगा।)

ज्ञान प्राप्त करने के संबंध में ग़लतफ़हमी

कुछ लोग सोचते हैं कि वे निवेश नहीं कर सकते, क्योंकि निवेश के बारे में उनको जानकारी नहीं है। यह एक भ्रांति है। आप सीख सकते हैं। वास्तव में एक बार आप निवेश कर देते हैं तो आप उसके बारे में जानने-समझने के लिए *मजबूर* हो जाते हैं। मैंने पाया है कि निवेश करना सीखने का सबसे तेज़ तरीक़ा है।

आम आदमी की सोच होती है कि वे इसमें माहिर नहीं हैं और वे कुछ नहीं कर सकते। यह भी पूरी तरह से एक ग़लतफ़हमी है। आप किसी भी क्षेत्र के लिए एक विशेषज्ञ की सेवाएँ ले सकते हैं। मेरे पास एक टीम है, जिसमें अलग-अलग क्षेत्रों के सलाहकार हैं जो अपने क्षेत्रों में मुझसे ज़्यादा जानकार हैं। यही कारण है कि मैं उनके साथ काम करता हूँ और अपने साथ काम के लिए मैंने उनको चुना है। जब मैं किसी पेशेवर शख़्स से बात करता तो मैं उनको पहले ही बता देता हूँ कि मैं सब कुछ करने के लिए उनकी सेवाएँ नहीं ले रहा हूँ। यह तो कोई भी कर सकता है। मैं उनकी सेवाएँ बारीकियों को समझने के लिए ले रहा हूँ, जिनके तहत वे कोई भी निर्णय करते हैं।

सबसे शुरुआती निवेश अपने आप पर और अपनी शिक्षा पर करना होता है।

मैं केवल अपने क्षेत्र में अग्रणी विशेषज्ञों की सेवाएँ लेता हूँ। मैं उनके ज्ञान को सीखना चाहता हूँ जिससे भविष्य में उसका लाभ हासिल कर सकूँ। इस तरह से मैं सुनिश्चित करता हूँ कि उनके साथ काम करके अधिकतम जानकारी प्राप्त करूँ। इतना ही नहीं है। मैं इन विशेषज्ञों से बहुत महत्त्वपूर्ण शिक्षा प्राप्त करता हूँ, जो भविष्य में मेरे काम आ सकती है। साथ ही इस जानकारी के लिए मुझे बार-बार विशेषज्ञों की सेवाएँ लेने की ज़रूरत नहीं होगी।

कल्पना करें कि आपने ख़ुद को शिक्षित करने के लिए किसी की सेवाएँ लीं। आप जानना चाहेंगे कि वे किन आधारों पर कुछ फ़ैसले करते रहे थे, क्योंकि आपने उनको शिक्षित करने के लिए भुगतान किया है। उनकी सेवाओं के लिए नहीं। इस सोच का वास्तव में मुझे बहुत लाभ हुआ है। मैंने अपने वकीलों, सलाहकारों और कर रणनीतिकारों से अपने हरेक सौदे के संबंध में ढेरों सवाल किए हैं और ध्यान से उनकी बातें सुनी हैं। फिर अपने नए सौदों की शर्तों की बातचीत में उसी नए ज्ञान और कौशल के साथ मैंने शिरक़त की है। इसके अलावा बहुत सारा आरंभिक कार्य मैं ख़ुद ही कर सकता हूँ, जिससे अगली बार उनके कम समय की ज़रूरत हो सकती है। इससे मुझे उनकी सलाह के लिए कम शुल्क देना होगा।

अनुभवी सलाहकार

मुझे बहुत अव्वल क़िस्म की क़ानूनी और पेशेवर सेवाओं के लिए भुगतान करने में ख़ुशी महसूस होती है। पहले मुझे इस तरह के शुल्क देने में तकलीफ़ हुआ करती थी। लेकिन फिर मुझे समझ आ गया कि वे जिन बारीकियों के बारे में जानते और बताते हैं, उनको ख़ुद करने में मुझे कितना ज़्यादा समय और प्रयास देने होंगे। अब मैं समझ पाता हूँ कि सर्वश्रेष्ठ और सबसे कुशल लोगों की सेवाएँ लेने से मुझे अविश्वसनीय फ़ायदा मिला है। यह सबसे उपयुक्त ख़र्च था। इस ख़र्च को करने में भी मुझे बेहद ख़ुशी हुई।

वास्तव में आपको अपनी विशेषज्ञता के बाहर के क्षेत्र के लिए कोई विशेषज्ञ मिल जाता है तो उसकी सेवाएँ लेना ही समझदारी है, जो आपको अपने काम की बारीकियों से भी अवगत कराएगा।

मेरे सलाहकार प्रतिभाशाली हैं और उनके पास ऐसे क्षेत्रों का अनुभव है जिनके बारे में मुझे बहुत कम या बिलकुल भी जानकारी नहीं है। उनकी सेवाएँ लेने से मेरे समय की बचत होती है और एक सिरदर्द बच जाता है। मैं वह काम पूरे समय भी करूँ तो भी उतना अच्छा नहीं कर सकता जितना कि वे करते हैं। इसके साथ ही वे इन चीज़ों के बारे में पूरी तरह से भिन्न तरीक़े से सोच सकते हैं और गहरी दृष्टि प्रदान कर सकते हैं जो मैं कभी ख़ुद नहीं सोच पाऊँगा। वे मेरी कमज़ोरियों की ओर ध्यान दिलाने में मदद करेंगे और उनका नज़रिया हर चीज़ को बारीकी और विस्तार से देखने का होगा जो मैं ख़ुद नहीं कर सकूँगा। इससे वे यह सुनिश्चित कर पाएँगे कि सूक्ष्म से सूक्ष्म चीज़ भी चूकने नहीं पाए।

असली ज्ञान अपनी अज्ञानता की सीमाओं को जानना है।
– कन्फ़्यूशियस

अपने निवेशों पर बेहतर रिटर्न प्राप्त करने और मंशा के अनुरूप लक्ष्य प्राप्त करने के लिए निवेश सौदों को आकार देने में मदद करने के अलावा वे मुझे अनुत्पादक निवेश को करने से रोकने में भी मदद करेंगे। शिक्षा और विशेषज्ञता का सवाल आने पर मैं अपने सलाहकारों से ज़्यादा से मदद की अपेक्षा करता हूँ। मैं चाहता हूँ वे किस तरह से ज़्यादा बेहतर मुनाफ़ा दिलाने, मुझे नुक़सान से बचाने और कर की ज़्यादा से ज़्यादा बचत में मेरी मदद निरंतर जारी रखें। मेरे क़ानूनी सलाहकारों ने इन प्रमुख क्षेत्रों पर

ध्यान देकर उन पर किए गए निवेश के बदले में मुझे अविश्वसनीय फ़ायदा कराया है।

कभी-कभी कोई एक निवेश भविष्य के लिए निवेश सौदों के लिए राह खोल देता है। यह एक तरह से लोगों को यह बताना है कि आप मैदान में उतर चुके हैं और जब भी उनके पास कोई आकर्षक प्रस्ताव हो तो आप उसके लिए कतार में सबसे आगे हैं। निवेश का एक बहुत बड़ा हिस्सा संबंध स्थापित करना और नेटवर्क बनाना है। उसके बाद यह सुनिश्चित करना है कि आप जो करने की बात करते हैं, वह करते हैं। यदि आपने कहते हैं कि आप कहीं पर निवेश करेंगे और धन लगाएँगे तो यह ज़रूरी है कि आप ठीक उसी तरह से और उसी समय पर धन का निवेश करें, जैसा आपने कहा था। जहाँ भी आप जाएँ, अच्छी छाप छोड़ें।

एक और अहम बात है, उचित सलाहकारों की तलाश की। कुछ लोग ऐसे लोगों के साथ काम करने के महत्त्व को नहीं समझते जिनके साथ समय बिताने और सीखने में आपको वास्तव में मज़ा आता है। मैं जिन पेशेवरों के साथ काम करता हूँ, उन सभी का पहले इंटरव्यू लेता हूँ, जिससे वे इस बात को समझें कि मेरे लिए शिक्षा कितनी महत्त्वपूर्ण है। मैं यह भी सुनिश्चित करता हूँ कि हमारे बीच अच्छा सामंजस्य रहे और उनके साथ काम करना आनंददायक हो। यदि ऐसा नहीं है तो मैं उनके नाम को सूची से हटा देता हूँ। मैं उन लोगों के साथ काम करना चाहता हूँ, जो विशेषज्ञ हैं, लेकिन मुझे उनके साथ काम करने में मज़ा भी आना चाहिए। इसलिए विशेषज्ञों के चयन के लिए परख़ने की मेरी प्रक्रिया मेरी कामयाबी में महत्त्वपूर्ण है।

निवेश के संबंध में ज्ञान प्राप्त करना कामयाबी का अनुसरण करना भी है। मुझे जब भी कोई व्यक्ति ऐसा कुछ करता हुआ दिखाई देता है जो प्रभावी है तो मैं उसकी नक़ल करता हूँ। बहुत संभव है कि उस ख़ास मॉडल के बारे में और अच्छी तरह से समझने के बाद मैं उसमें और सुधार करूँ और उसे बेहतर बनाऊँ। इसका यह अर्थ नहीं है कि मैं उनसे बेहतर करूँगा, लेकिन सफल लोग जो कुछ कर रहे हैं, उसे मैं कम से कम दोहरा तो सकता हूँ।

मैं वर्चुअल रिअल्टी के माध्यम से अनुभव आधारित प्रशिक्षण की पद्धति से शिक्षण को काफ़ी पसंद करता हूँ। मुझे इसके शिविरों, सम्मेलन

और संगोष्ठियों में शामिल होने में मज़ा आता है। कई तरह के निवेश विषयों और परियोजनाओं के संबंध में मैंने इस तरह के कई आयोजनों में भाग लिया है। मुझे पढ़ना भी बहुत अच्छा लगता है। मैं हर हफ़्ते एक या दो किताब पढ़ लेता हूँ। अनुभव के अलावा मेरे लिए सीखने का जो सबसे श्रेष्ठ तरीक़ा है, वह अध्ययन ही है। मुझे अपने मार्गदर्शकों और संरक्षकों की सहायता का उल्लेख करने में ख़ुशी होती है। मुझे कई मार्गदर्शकों से सहायता मिली है। ज़्यादातर इस तरह के संबंध की शुरुआत किसी व्यक्ति से एक सरल और सीधा सवाल पूछने से होती है कि क्या वे संरक्षक और मार्गदर्शक की भूमिका को निभाएँगे। और मुझे इसके लिए शुल्क का भुगतान करने में ख़ुशी होती है। मैंने इतने वर्षों के दौरान अलग-अलग तरह के मार्गदर्शनों और सहायता में निवेश किया है क्योंकि मैं जानता हूँ कि इससे दस गुना, बीस गुना या उससे भी कहीं अधिक मुनाफ़ा हो सकता है।

प्रमुख रूप से रॉबर्ट कियोसाकी द्वारा लिखी किताब *कैशफ़्लो क्वाड्रेंट : रिच डैड्स गाइड टु फ़ाइनशियल फ्रीडम* ने मुझे वास्तव में यह सोचना सिखाया कि एक कर्मचारी, अपने स्वयं के रोज़गार पर आश्रित के रूप में, एक कारोबारी या निवेशक के रूप में नग़द आय के मामले में आपकी स्थिति क्या है। शुरुआत में एक छोटा व्यवसाय करते हुए मैं सोच रहा था कि मैं एक कारोबार का मालिक हूँ, लेकिन वास्तव में ऐसा नहीं था। मैं स्वरोज़गार पर आश्रित था। जैसा कि रॉबर्ट कियोसाकी ने *कैशफ़्लो क्वाड्रेंट* में बताया है कि यदि कारोबार मालिक एक साल से ज़्यादा समय के लिए अपना काम रोक सकता है और इस दौरान उनके बिना भी कारोबार में वृद्धि होती रहती है तो यह वास्तव में कारोबार है और यह निजी स्वामित्व नहीं है। वास्तविक कारोबार मालिक के पास एक व्यवस्था और टीम होती हैं जो कारोबार को संचालित करती हैं जिससे कि वह मालिक की भागीदारी के बिना भी सफलता के साथ संचालित होता है। यदि मैं लंबे समय के लिए अपने शहर से बाहर चला जाता तो मेरा व्यवसाय ठप हो जाता।

इस समझ ने मेरी आँखें खोल दीं। इसने यह सीख दी कि मुझे एक बेहतर कारोबार विकसित करना होगा जो काम करने और तरक्की के लिए मुझ पर निर्भर नहीं हो। यह ऐसा चुनौतीपूर्ण लक्ष्य है जो ज़्यादातर उद्यमी जीवन भर हासिल नहीं कर पाते। हालाँकि इससे भी बड़ा ज्ञान मुझे इस समझ के साथ प्राप्त हुआ कि मैं वास्तव में निवेशक बनना चाहता था। मैं

सोच रहा था कि मैं कारोबार मालिक बनना चाहता हूँ। ऐसा नहीं था। केवल निवेशक के रूप में ही मैं वास्तव में अपनी आय के लिए अपना समय देने की ज़रूरत से आज़ाद हो सकता था यानी एक तरह से मेरा समय और मेरी आय के रिश्ते को ख़त्म कर सकता था।

तब मैंने कियोसाकी की किताब में बताए गए निवेशक के पहलू की ओर ध्यान देना शुरू किया कि किस तरह से कारोबार शुरू करने और उनको संचालित करने की बजाय कारोबार में निवेश करें या उनको ख़रीदें। मैं कई वर्षों तक इसी लक्ष्य को लेकर काम करता रहा।

तो वह 5,000% का मुनाफ़ा क्या है जिसका ज़िक्र मैंने इस अध्याय के आरंभ में किया था, जिसमें मूल धन केवल दो से तीन महीने में ही वापस मिल सकता था? *आपका सबसे बड़ा और सर्वश्रेष्ठ निवेश एक बढ़िया व्यवसाय प्रशिक्षक में निवेश के द्वारा अपने ज्ञान और क्षमताओं में वृद्धि करना होगा।*

व्यवसाय प्रशिक्षक

एक महान व्यवसाय प्रशिक्षक आपको मूर्खतापूर्ण ग़लतियाँ करने से रोक सकता है, जैसे कि ग़लत लोगों की सेवाएँ लेने से और बहुत ही कम समय में आपको एक बेहतर टीम बनाने में सहायता कर सकता है। वे जो कुछ जानते हैं, उसे सीखने की आपको ज़रूरत नहीं होती। वे आपके लिए ऐसे निवेश प्रस्ताव और अवसर लाते हैं, जो आप ख़ुद नहीं तलाश सकते। वे आपको सौदों का स्वरूप तय करने और शर्तें तय करने के लिए बातचीत के अलग-अलग तरीक़े सोचने में मदद करते हैं।

इसे ऐसे सोचें- यदि आप समय में 20 साल पीछे जा सकते हों और एपल तथा गूगल में निवेश कर सकते हों तो क्या आप ऐसा करेंगे? कुछ हज़ार डॉलर अब लाखों, करोड़ों डॉलर या उससे भी ज़्यादा हो गए होते। एक महान प्रशिक्षक अतीत में या भविष्य में ले जाने वाली टाइम मशीन की तरह है। कोई भी आपके दिमाग़ की दौलत को नहीं छीन सकता। आपका ज्ञान और अनुभव आपके साथ ही रहने वाला है। आपने अरबपतियों, खरबपतियों के बारे में सुना होगा जो कई बार दिवालिया हो गए। यही वह राज़ है कि कैसे वे फिर से सिफ़र से शिखर तक पहुँच गए।

यहाँ एक निवेश अवसर का संक्षिप्त विवरण है और इस उदाहरण के संबंध में जानना आप के लिए महत्त्वपूर्ण है।

उदाहरण : रखरखाव संबंधी सेवाएँ देने वाली कंपनी

मैंने दो कारोबारी साझेदारों के साथ अपने स्वामित्व वाले एक अन्य कारोबार के माध्यम से रखरखाव की सेवाएँ देने वाली कंपनी में निवेश किया था। निवेश करने वाली मूल कंपनी **सीरीज़ ए** निवेश के ज़रिये पूँजी जुटाना चाहती थी जो कि नए उद्यमों के लिए पूँजी जुटाने (वेंचर कैपिटल) का पहला महत्त्वपूर्ण चरण होता है। **वेंचर कैपिटल** लंबी अवधि में विकास की संभावनाओं वाली स्टार्ट अप कंपनियों को निवेशकों द्वारा प्रदान की जाने वाली पूँजी और एक तरह की निजी हिस्सेदारी है।

मैंने उस मूल कंपनी में अपनी कुछ हिस्सेदारी पूर्व में बेच दी थी और किस्तों में मुझे भुगतान प्राप्त हो रहा था। लेकिन मेरी शेष बकाया राशि उनके हिसाब-किताब में क़र्ज़ के रूप में नज़र आ रही थी। इससे उनके लिए सीरीज़ ए निवेश के माध्यम से पूँजी जुटाना कठिन हो गया था। इसी दौरान मूल कंपनी का संचालन करने वाले मेरे दो भागीदारों तथा रखरखाव की सेवाएँ देने वाली कंपनी के मालिकों के बीच विवाद हो गया। दोनों पक्षों के बीच सुलह के कई प्रयासों के बाद भी ऐसा दिखाई दे रहा था कि रखरखाव करने वाली कंपनी, जिसमें हमने निवेश किया था, वह हमारी उधार रक़म का भुगतान नहीं करना चाहती। इसके लिए हमें अदालत में जाना पड़ सकता था।

मैं इस विवाद को अच्छे माहौल में हल करना चाहता था। मैंने इसमें हस्तक्षेप करते हुए बातचीत से नया रास्ता निकाला और एक समझौता कराया। मैंने मूल कंपनी पर अपनी बकाया रक़म को माफ़ कर दिया जो उनके लिए सीरीज़ ए निवेश की पूँजी जुटाने में बाधा पैदा कर रही थी। इसके बदले में रखरखाव करने वाली कंपनी में मूल निवेश से **रॉयल्टी के समझौते** में पूरे अधिकार हासिल किए गए थे। रॉयल्टी समझौता सकल बिक्री पर कुल राजस्व पर आधारित था। हालाँकि मैंने उन दोनों मालिकों और उनकी कंपनी के लिए बेहतर नग़द आय का प्रवाह सुनिश्चित करने के मक़सद से

रखरखाव कंपनी द्वारा दी जाने वाली कुल राशि को घटा दिया। इसमें तीनों ही पक्षों का फ़ायदा हुआ।

सोच

मैंने अपने वकील के साथ काफ़ी समय देकर विचार-मंथन किया। अपने निवेश और नग़द आय का विश्लेषण किया। उन्होंने मेरे कई मौजूदा उद्यमों पर विशेष सलाह केलिए अपनी लॉ फ़र्म में अपने कई सहयोगियों से मेरी बातचीत कराई। इसी तरह विचार-मंथन के दौरान हमने उस मूल कंपनी में एक बहुत अच्छा अवसर पाया जो रखरखाव करने वाली कंपनी से मेरे भागीदारों के विवाद को हल करने में मदद कर सकता था। यह अवसर और हल ऐसा था जो कि सोच के दायरे से एकदम बाहर था, जिसे आउट ऑफ़ द बॉक्स आइडिया कहा जा सकता है। यह आदर्श उदाहरण है कि किस तरह से आपसे अलग तरीक़े से सोचने वाली मज़बूत, रचनात्मक और रणनीतिक सोच रखने वाली क़ानूनविदों की टीम आपकी ताक़त बन सकती है। मैंने उनसे सभी पक्षों के लिए बेहतर हालात और सुलह के लिए मध्यस्थता करने की दिशा में अनुबंध और करार के कुछ अनोखे तरीक़ों और कुछ रचनात्मक विचारों के बारे में जाना और समझा। मैं शायद कभी भी इस तरह से नहीं सोच सकता था।

स्वरूप

समझौते का स्वरूप कुछ इस तरह से था।

- एक भी डॉलर का निवेश नहीं (लेकिन मैंने मूल कंपनी पर अपनी 500,000 डॉलर की रक़म को माफ़ ज़रूर किया)
- रखरखाव करने वाली कंपनी को पिछले करार से हटकर बातचीत करने में मदद की पेशकश और मुकदमेबाजी को टालने के लिए उनको एक नया और बेहतर करार देना
- सकल राजस्व का प्रतिशत
- राशि का मासिक वितरण
- यदि रखरखाव करने वाली कंपनी कभी बिकती है तो उसकी

- सकल बिक्री राजस्व आय पर वारंट (निश्चित अवधि के पहले हिस्सेदारी को ख़रीदने या बेचने के अधिकार का विकल्प)
- यदि कंपनी बिकती है तो उसके परिसमापन में प्राथमिकता

छानबीन

यह सौदा बहुत शानदार निवेश था, क्योंकि यह उद्योग फल-फूल रहा था और इसमें असीमित विकास की संभावनाएँ थीं। इसमें मुझे ज़्यादा समय देने या पूँजी लगाने की ज़रूरत नहीं थी और इससे मेरे परिवार को अपनी तरह से जीवन बिताने के लिए मासिक आय मिलने वाली थी। इस तरह से यह मेरे लिए और समय ख़रीद कर देने वाला था। इसके अलावा मैं रखरखाव करने वाली कंपनी को क़ानूनी पचड़े से निकलने और उनके लिए फ़ायदेमंद शर्तों पर समझौता कराने में मदद करने में सक्षम था। उनके तरक्की करने के साथ मैं आगे भी उनके लिए मददगार हो सकता था। यह सभी पक्षों के लिए फ़ायदे का सौदा था।

डील की बातचीत

मैंने कुल राजस्व का एक निश्चित हिस्सा हर महीने मुझे देने के लिए राजी कर लिया। यह हमेशा से मेरी पसंदीदा शर्त रही है। इसी तरह से कंपनी को बेचे जाने की स्थिति में हिस्सेदारी के रूप में अतिरिक्त वारंट जारी करने की शर्त जोड़ने में भी मैं कामयाब हो गया। वारंट के रूप में यह हिस्सेदारी सकल बिक्री राजस्व पर आधारित है, ना कि शुद्ध बिक्री राजस्व पर। यह भेद करना बहुत ही महत्त्वपूर्ण है। यह फ़र्क़ उसी तरह से है, जैसे सकल राजस्व और मुनाफ़े में हिस्सेदारी के बीच अंतर है। मुनाफ़े में हिस्से के मुक़ाबले राजस्व में हिस्सेदारी में ज़्यादा लाभ है, क्योंकि इसकी गणना तमाम ख़र्चों को घटाने से पहले होती है और मुनाफ़ा सभी ख़र्चों को घटाने के बाद निकाला जाता है। यही बात विशुद्ध बिक्री राजस्व की तुलना में सकल बिक्री राजस्व के ज़्यादा लाभप्रद होने में भी लागू होती है। मालिकों के तय योजना से अलग तरीक़े से कंपनी को बेचने पर राजस्व हिस्सेदारी की आय से न्यूनतम गारंटी रिटर्न भी मुझे मिलना तय हुआ।

डील समीक्षा

एक बार आपके पर्याप्त ज्ञान प्राप्त कर लेने, सलाहकारों और पेशेवरों की उम्दा टीम जोड़ लेने तथा कई सौदों में शामिल हो जाने के बाद आपको सौदों के लिए शर्तों को तय करने की बातचीत के अनेक अवसर मिलेंगे। इनमें आप इस तरीक़े से शर्तें तय कर पाएँगे, जो कई पक्षों के लिए फ़ायदेमंद हों और लंबी अवधि के लिए नग़द आय और हिस्सेदारी प्रदान करेंगे। जानकारी, समझ और दूसरों का अनुभव लिए बगैर काम करने से सभी के लिए लाभ जैसे मौक़े नहीं बन पाएँगे।

सीख से प्राप्त इस तरह के हुनर के लिए पहला क़दम उठाना, प्रतिबद्धता दिखाना और अपने सपने को लेकर आगे बढ़ने की ज़रूरत है।

अपने प्रिय प्रशिक्षणार्थी (उसे हम जेजे नाम दे देते हैं) के साथ मैंने पूरा दिन रणनीति बनाने में बिताया। लेकिन सब कुछ ऐसे खेल-खेल में हुआ कि लगा जैसे कि दस मिनट ही हुए हों। उसके बाद रात में हमने साथ में मज़े करते हुए खाना खाया। हमने उनकी जीवनशैली के निवेश लक्ष्यों के अनुरूप निवेश का पूरा कार्यक्रम तैयार किया। केवल 90 दिन साथ में काम करने के बाद जेजे ने क़रीब 10 सौदों में निवेश कर दिया था। हरेक सौदे में छह और सात अंकों में यह निवेश था। वास्तव में जेजे जैसे होशियार प्रशिक्षणार्थी के साथ काम करने का फ़ायदा यह है कि जितना वे मुझसे सीखते हैं, उतना ही मैं उनसे भी सीख प्राप्त करता हूँ। दिन भर साथ में निवेश की रणनीति बनाने के बाद मैंने इसका वर्णन अपनी पत्रिका में कुछ इस तरह से किया।

> *जेजे के साथ रणनीति बनाते हुए कल का दिन बहुत मज़ेदार बीता। जेजे और उनकी सीखने की मंशा तथा जानकारी को ग्रहण करने की उनकी क्षमता से मैं बहुत प्रभावित हूँ। वह अविश्वसनीय रूप से बहुत होशियार हैं और अलग-अलग क्षेत्रों में उनको बहुत महारत हासिल है। उनकी गहरी और रणनीतिक सोच तथा दृष्टि से मुझे बहुत ख़ुशी हुई है। वे ज़्यादातर लोगों*

से कई क़दम आगे बढ़कर सोचते हैं। बौद्धिक संपदा को लेकर उनकी जानकारी बहुत प्रभावित करने वाली है। हाल में उन्होंने जिस कंपनी में निवेश किया है, उसके लिए वे काफ़ी मूल्यवान साबित हो रहे हैं और उसकी तरक्की में सचमुच में सहायक बन रहे हैं। पहली कंपनी से उन्होंने बहुत ही चतुर रणनीति के साथ अपने निवेश को बाहर निकाला। अगली कंपनी के साथ उन्होंने और भी अधिक कुशल रणनीति अपने निवेश को बाहर निकालने के लिए बनाई है। वे अधिकारियों और मालिकों को उपयोगी जानकारी दे रहे हैं। मैं आज रणनीति के दूसरे सत्र के लिए उत्साहित हूँ। अपनी कई रणनीतियों में और गहराई से जाने का मौक़ा मिलेगा। मुझे यक़ीन है कि जेजे को मेरे साथ इन सत्रों और दोस्ती का बहुत लाभ मिलेगा। मुझे भी उनके नज़रिये और सोच से सीखने में बहुत आनंद प्राप्त हो रहा है। यह हमारे लिए बहुत ही मज़ेदार और उससे भी ज़्यादा कुछ देने वाला साल होने वाला है!

इस किताब के आरंभ में मैंने बताया था कि दौलतमंद होने के लिए उस तरह की सोच होना बहुत आवश्यक है। अब मैं इसे और ज़्यादा नहीं बता पाऊँगा। दौलतमंद सोच का अर्थ बहुत समृद्ध विचारों वाले, योग्य प्रशिक्षणार्थियों के एक बहुत संपन्न माहौल से है, जो परस्पर लाभप्रद अवसरों की पहचान कर सकते हैं, जहाँ सभी को फ़ायदा होता है। निवेश का क्षेत्र ऐसा नहीं है जहाँ किसी के लाभ के लिए किसी का नुक़सान होना ज़रूरी हो।

मुझे इन प्रभावी सिद्धांतों और नियमों को युवाओं के साथ साझा करने और उनको सिखाने में संतोष हासिल होता है। मुझे ख़ुशी है कि लोगों की सोच को बदलने और उनको आकर्षक आर्थिक लाभ देने का मुझे मौक़ा मिला। निवेश की एक-एक पाई लाभ देती है। ख़ासकर जब आप उसका निवेश व्यक्तिगत विकास और अपनी जीवनशैली निवेशक सोच के लिए कर रहे हैं।

भाग-3

क़दम उठाने का समय

अगले क़दम

सफलता रातोंरात नहीं आती। इसके लिए आपको प्रतिदिन
पहले से बेहतर होना होता है। यह बढ़ती जाती है।

– इवेन जॉनसन

अब *जीवनशैली निवेशक के दस नियमों को आप जान चुके हैं।* तो अब क्या आप इसके लिए काम करने को तैयार हैं? जीवनशैली से निवेशक बनना ऐसे जीवन को साकार करना है जो आपके सपनों में रहता है। संपन्नता का जीवन। लेकिन यह दूसरों को समृद्ध करने बनाने में मदद करना भी है। एक बार आप इस जीवनशैली में पारंगत हो जाते हैं तो आप अपने आसपास के लोगों को इससे प्रभावित करते हैं और इस तरह से उनके जीवन में बदलाव लाकर सैकड़ों, हज़ारों, लाखों लोगों के जीवन पर प्रभाव डालते हैं।

इस किताब को पढ़ने वाले सभी पाठक अपनी सोच को बदलने की दिशा में समय और ऊर्जा नहीं लगाएँगे। सभी के धन के संबंध में कोई ना कोई पूर्वाग्रह रहते हैं। हरेक व्यक्ति के भीतर धन के संबंध में किसी न किसी तरह के विरोधाभास होते हैं। या तो आपके भीतर विरोधाभास हैं और आप उनसे परिचित हैं या आप अपने विरोधाभासों से अनभिज्ञ और अपरिचित हैं।

इससे पहले कि आप आगे बढ़ें, मैं आपको कुछ सलाह देना चाहता हूँ।

1. पढ़ना बंद कर धन के बारे में आप अपनी सोच लिखें।
2. अब आप दोबारा नियमों को पढ़ें और जो भी प्रतिक्रिया बाक़ी रह गई थी, उसे पूरा करें।

मैं चाहता हूँ कि आप इस किताब में दिए नियमों को बार-बार पढ़ें। इतनी बार कि इस किताब की हालत जीर्ण-शीर्ण हो जाए। जगह-जगह निशान लगा दें। उस पर अपने विचार, नोट, सवाल लिख डालें। बेहतर होगा कि आप एक-एक डायरी बनाएँ और किताब में दी गई रणनीतियों को लागू करते हुए तथा लाइफ़स्टाइल इन्वेस्टर लॉयन बनने की अपनी प्रगति को उसमें दैनिक आधार पर लिखते चले जाएँ।

सबसे पहले प्राथमिकताएँ

क्या आपने उन लोगों की पहचान कर ली है, जो कुछ क्षेत्रों में आपसे ज़्यादा चतुर हैं, जो आपको जीवनशैली से निवेशक बनने में मदद कर सकते हैं? प्रशिक्षक बनाने के संबंध में क्या राय है? ऐसे लोगों की सूची बना लें।

इसके बाद अपनी न्यूनतम ज़रूरतों का हिसाब लगाएँ। इसको इस तरह से करें। मान लीजिए कि आप बीमार हो जाते हैं और तीन-चार महीने तक काम नहीं कर सकते। ऐसे में आपके पास बैंक में कितना धन होना चाहिए, जिससे आपके परिवार की आजीविका चलती रहे? इसका हिसाब लगाकर वास्तविक संख्या लिखिए। इसको तीन गुना कर दीजिए। इतनी राशि कि आपके परिवार को आजीविका ख़र्च की पूर्ति के लिए सालाना आधार पर ज़रूरत होगी। यदि आप इसको मासिक आधार पर विभाजित कर लें तो इतनी राशि की आपको हर महीने अपने बुनियादी ख़र्चों के लिए ज़रूरत होगी। यह इतना कठिन नहीं है, जितना आपने सोचा था।

यदि अभी तक आपने नहीं की है तो आप अपनी वर्तमान जीवनशैली के साथ यही कवायद करें। इससे आपको पता चल जाएगा कि आपका हरेक महीने का ख़र्च कितना है। अब आप यह जान सकते हैं कि आपको वित्तीय आज़ादी के लिए हर महीने कितनी राशि की ज़रूरत है। यही आपकी आज़ादी है।

आज़ादी का सूत्र

अब अपनी निजी आज़ादी के सूत्र की समीक्षा करें। आपकी सर्वोच्च प्राथमिकताओं को पूरा करने के लिए क्या करने की ज़रूरत है? यदि आप जीवनशैली निवेशक बनना चाहते हैं तो अब क़दम उठाने का समय है।

1. अपना पहला निवेश करने के लिए आप कितनी धन राशि लगाएँगे?
2. यह निवेश आपको कितनी मासिक धन राशि देगा?
3. किस तरह के निवेश के अवसरों में आपको दिलचस्पी है?
4. अपने पूरे निवेश का 10 नियमों पर मूल्यांकन करें? आप अपने को कहाँ पाते हैं (5/10,7/10,10/10)?
5. ऐसे सौदे की तलाश करें, जो सभी नियमों, सिद्धांतों के अनुरूप हो।
6. निवेश करने वाले लोगों के साथ संपर्क नेटवर्क बनाएँ या निजी रूप से मेरे प्रशिक्षण के साथ जुड़ें या जाँच-पड़ताल वाले सौदों तक पहुँच के लिए हमारे मास्टरमाइंड समूह में शामिल हों। आपकी तरह समान मूल्यों और लक्ष्यों वाले अन्य निवेशकों को जोड़कर एक नेटवर्क बनाएँ।

शिक्षा में निवेश करें

हार्वे मैके ने कहा है, ''हमारा जीवन दो तरह से बदलता है : जिन लोगों से हम मिलते हैं और जो किताबें हम पढ़ते हैं।'' यह एक आदर्श लाइफ़स्टाइल इन्वेस्टर लॉयन के चरित्र के एकदम उपयुक्त है। लॉयन्स में सही शिक्षा हासिल करने की चाहत होती है और वित्तीय रूप से स्वतंत्र और दौलतमंद बनने के लिए तड़प होती है।

यदि आप ज़्यादा आमदनी अर्जित करना चाहते हैं तो समान विचारों वाले, संपन्न और समृद्ध विचारों वाले लोगों के साथ रहें। टोनी रॉबिन्स का कहना है, ''जिन पाँच लोगों के साथ आप सबसे ज़्यादा समय बिताते हैं, उनकी आमदनी को जोड़ लें, उसको पाँच से विभाजित कर दें। शायद यही

आपकी आय है।'' मेरे प्रशिक्षणार्थी जिन्हें मैं लायन कहता हूँ, प्रशिक्षक की सेवाएँ लेते हैं, मास्टरमाइंड समूह में शामिल होते हैं, ऐसे लोगों की किताबें पढ़ते हैं, जिनको वे पसंद करते हैं और उनसे मिलने के लिए तरक़ीब करते हैं।

बुनियादी बातें याद रखें

दौलत बनाने के बुनियादी तत्वों को यहाँ एक बार दोबारा संक्षेप में समझते हैं

1. संपत्ति बनाना किसी भी अन्य कौशल की तरह का एक कौशल है। दौलत बनाने के कई रास्ते हैं और सभी को आजमाना असंभव है - लेकिन आपके पास इतनी शिक्षा, समझ और कौशल होना ज़रूरी है कि जब भी कोई अवसर आए तो आप उसे पहचान लें या अवसर की तलाश कर लें जो दूसरे लोगों को नज़र नहीं आ रहा हो। यदि आज मेरी पूरी दौलत मुझसे छीन ली जाए तो मैं चुटकियों में दोबारा इतनी दौलत खड़ी कर सकता हूँ। क्योंकि मैं जानता हूँ कि यह कैसे किया जाता है। यह मेरे हुनर का हिस्सा है और मेरा मानना है कि दूसरे लोग भी इस प्रकार का हुनर विकसित कर सकते हैं।

जैसे ही धन का मामला आता है, लोग सीखने को तत्पर हो जाते हैं।

2. दौलत कमाना निरंतर एक निश्चित व्यवहार पर दृढ़ता से बने रहना और एक व्यवस्था का उपयोग करना है। यह कोई एक घटना की तरह नहीं है, जो एक बार घटित हो। मुझे कभी कोई बहुत भारी-भरकम राशि अपने करिअर के दौरान कभी प्राप्त नहीं हुई। इसकी बजाय छोटी-छोटी राशि के रूप में ही लाभ प्राप्त हुए हैं, जो समय के साथ बढ़ते चले गए। निवेश करते समय एक निरंतरता के साथ व्यवहार करना बेहतर है जिससे आप हरेक निवेश में बहुत बड़ा मुनाफ़ा कमाने की कोशिश का नज़रिया नहीं अपनाते हैं। जैसे क्रिकेट में एक-एक, दो-दो रन बनाते हुए धीरे-धीरे बड़े स्कोर बना लेते हैं। चौके-छक्के भी बहुत अच्छे हैं, लेकिन गैर ज़रूरी हैं।

3. पहले अपने आप में निवेश करें। जैसे ही आप पहले अपनी सोच को विकसित करने, शरीर और आत्मा में निवेश करते हैं, तो आप और ज़्यादा मौक़े पैदा कर लेते हैं, जो अन्यथा आपको उपलब्ध नहीं होते। बीमार अमीर शख़्स अपनी पूरी दौलत अपनी सेहत को बनाए रखने में ही ख़र्च कर देगा।

सोच

लाइफ़स्टाइल इन्वेस्टर लॉयन की ख़ूबियाँ

- सीखने को लालायित
- बेहतर जीवन के लिए तड़प
- विकास करने की मानसिकता
- देने की सोच, ना कि लेने की
- ख़ुद पर और दूसरों पर निवेश के लिए तत्पर
- सिखाए जाने के क़ाबिल
- रचनात्मक आलोचना को स्वीकार करने वाले
- काम करने के लिए तैयार

स्वरूप

लाइफ़स्टाइल इन्वेस्टर लॉयन करेगा

- अपने जीवन को इस तरह से व्यवस्थित करेगा, जिससे वह जो कुछ सीख रहा है, उस पर क़दम उठाने के लिए समय हो
- अपने समय को इस तरह से निर्धारित करेगा, जिससे कि उसको अंतराल मिल सके
- अपने निवेश के ज्ञान के साथ सीखेगा और विकास करेगा
- अपने आरामदेह दायरे को त्याग देगा
- समान विचारों वाले लोगों और अन्य निवेशकों के साथ समय बिताएगा

छानबीन

लाइफ़स्टाइल इन्वेस्टर लॉयन के पास निश्चित मानदंड होते हैं :

- सर्वप्रथम अपने आप में निवेश करने की इच्छा
- वास्तविक धन को निवेश करने की चाहत
- अन्य कामयाब निवेशकों का अनुसरण करने की इच्छा
- अपनी वित्तीय शिक्षा के आधार पर निर्णय करते हैं
- उचित निवेश को लक्ष्य करते हैं

डील की बातचीत

लाइफ़स्टाइल इन्वेस्टर लॉयन ये क़दम उठाते हैं :

- हरेक अवसर में सभी पक्षों के लिए फ़ायदे की तलाश करते हैं
- हरेक अवसर पर समुदाय के लिए सार्थक योगदान देते हैं
- हरेक अवसर में दूसरों के लिए उत्पादक की तरह काम करते हैं, ना कि उपभोक्ता ही बने रहते हैं
- विकासोन्मुखी साझेदारी के साथ हरेक अवसर को लेते हैं
- हरेक अवसर को दस गुना करने की कोशिश रहती है

अभी शुरुआत करें

आप किसी भी उम्र या जीवन के किसी भी पड़ाव पर हों, आप लाइफ़स्टाइल इन्वेस्टर लॉयन बन सकते हैं। मेरे एक ग्राहक ने हाल में मुझे बताया कि उनकी 13 वर्ष की पोती कारोबार शुरू करना चाहती है। उन्होंने उसकी बात को सुना और समझा। अब जिस तरह से वे एक जीवनशैली निवेशक बन रहे हैं, उसी तरह से वे अपनी पोती को भी इसके लिए प्रशिक्षण दिला रहे हैं। उनकी पोती ने अपनी बचत के साथ निवेश आरंभ किया है और अपने दादा जी के बताए रास्ते पर चल रही है। (उसने अपने दादा जी से छोटी सी रक़म उधार ली है, जो कि वह निश्चित ही चुकाने वाली है)।

आज वह बच्ची अपने निवेश पर 125 डॉलर प्रतिमाह की आमदनी प्राप्त कर रही है। यह उस बच्ची के लिए बड़ी राशि है। उसके दादा जी उसे सिखा रहे हैं कि किस प्रकार से वह उस राशि से बचत, नए निवेश कर सकती है और उनके क़र्ज़ को चुका सकती है। उन्होंने जीवनशैली निवेशक बनने के लाभों को उस नन्ही बच्ची को बहुत अच्छे से समझा दिया है तो निश्चित ही वह कुछ रक़म अपने मनोरंजन पर भी करेगी। आख़िरकार वह एक बच्ची भी तो है।

इस कहानी में वह सब कुछ है, जो मैं चाहता हूँ। एक व्यक्ति जीवनशैली निवेशक बनना सीखता है और उसके बाद दूसरे शख़्स तक उस ज्ञान को पहुँचाता है। इस परिवार के उदाहरण से इसकी अगली पीढ़ी और मित्रों पर जो प्रभाव होगा, उसे सोचकर मैं रोमांचित हूँ।

आपकी कोई भी उम्र हो, आप जीवनशैली निवेशक बनने का फ़ैसला कर सकते हैं। यह केवल सही सोच को स्वीकार करने और इस सफ़र पर चल पड़ने की बात है।

अंत में कुछ और विचार

मैं कल्पना कर रहा हूँ कि आपका जीवन कितना अद्भुत होगा जब आप अपने मनमाफ़िक आदर्श तरीक़े से उसकी योजना बनाएँगे। स्वतंत्रता के सबसे महत्त्वपूर्ण मूल्यों की प्राथमिकता तय करेंगे, स्वतंत्रता की प्रेरक परिकल्पना करेंगे। और जीवनशैली निवेशक की सोच को अपनाने की ओर पहला क़दम बढ़ाएँगे। आपके सपनों पर काम की दिशा में अपने दिमाग़ को तैयार करने के लिए सब कुछ आपकी सोच पर निर्भर है अध्याय को दोबारा देखें। मैं आपके लिए यह कल्पना करता हूँ : ऐसे अवसरों को देखें जो आपने पहले कभी नहीं देखे और अपने जीवन को इस तरह से बनाएँ जैसा आप जीवन बिताना चाहते हैं। मैं आपको आगे ये छह क़दम उठाने के लिए प्रोत्साहित करूँगा।

1. **नियम 1 ''जीवनशैली सबसे ऊपर'' में अपनी स्वतंत्रता की परिकल्पना को दोबारा पढ़ें।**

   एक जीवनशैली निवेशक के रूप में आप जो चाहते हैं उसके लिए एक विज़न और सपना बुनने का यही सर्वश्रेष्ठ समय है। वित्तीय आज़ादी, मासिक नग़द आय और अपना समय खपाए बिना आय प्राप्त करने के आप जितना सोच रहे हैं, उससे कहीं ज़्यादा नज़दीक हैं।

2. ***लाइफ़स्टाइल इन्वेस्टर पॉडकास्ट* सुनिए**

   अपने सर्वोच्च स्तर पर काम करने की शुरुआत करें। कैसे जोख़िम कम से कम करें, ज़्यादा से ज़्यादा बार रिटर्न पाएँ और बिना समय दिए नग़द आय प्राप्त करने की रणनीतियों का इस्तेमाल कर जीवनशैली

के लक्ष्यों को हासिल करें, इसकी सोच और निवेश के तरीक़ों को नियमों और छोटी-छोटी बातों से सीखें। आपको *LifestyleInvestor.com/Podcast* पर पॉडकास्ट मिल सकता है।

3. **लाइफ़स्टाइल इन्वेस्टर क्लास के लिए और ज़्यादा जानने को मेरे वीडियो देखें।**

   यदि आप यह किताब पढ़ रहे हैं तो इसका कारण है कि आप जल्द ही जीवनशैली निवेशक बनने के लिए व्यावहारिक, कुशल संसाधन और साधनों की तलाश कर रहे हैं। *Lifestyle Investor.com/Class* पर मेरे वीडियो उपलब्ध हैं। इस क्लास में आपको कुछ बड़े विचारों को सुदृढ़ करने और हाल में मेरे कुछ निवेशों से सीखने का अवसर मिलेगा। मैं लगातार अपने निवेश को बढ़ाता जा रहा हूँ और अविश्वसनीय अवसर गढ़ने के नए तरीक़े सीख रहा हूँ, जिनका आप अनुसरण कर सकते हैं। इससे कोई फ़र्क़ नहीं पड़ता कि आपके पास कितनी पूँजी है।

4. **लाइफ़स्टाइल इन्वेस्टर ऑनलाइन कोर्स करें**

   क्या आप धन कमाने के लिए अपना समय देकर थक चुके हैं? इसके लिए आपको आज कुछ कर गुज़रने का अवसर है। लाइफ़स्टाइल इन्वेस्टर कोर्स उन निवेशकों के लिए एक बहुत गहरी दृष्टि देने वाला ऑनलाइन कार्यक्रम है जो भविष्य की जमा पूँजी का इंतज़ार करना नहीं चाहते, बल्कि बिना समय लगाए आय प्राप्त कर आज अपनी जीवनशैली का आनंद लेना चाहते हैं। यह प्रशिक्षण कार्यक्रम उन लोगों को निवेश करना सिखाता है, जो समय की अधिक आज़ादी चाहते हैं। इसके लिए आप *LifestyleInvestor. com/Course* को देखें ।

5. **Lifestyle Investor Mastermind से जुड़ने के लिए आवेदन करें।**

   यदि आप जीवनशैली निवेशक बनने को लेकर गंभीर हैं, आप सीखना और निरंतर नग़द आय के लिए निवेश कार्यक्रम बनाना चाहते हैं, विशेषज्ञों और सलाहकारों के मेरे नेटवर्क तक पहुँच चाहते हैं तो आप समान विचारों वाले, सफल व्यक्तियों की बिरादरी के साथ जुड़कर अपना कई दशकों के समय की बचत कर सकते हैं। इसके लिए आप *LifestyleInvestor.com/Mastermind* को देखें।

6. **मेरे निजी प्रशिक्षण से जुड़कर लॉयन बनें**

इस किताब में मैंने जो उदाहरण, किस्से और कहानियाँ बताई हैं, यदि वे आपको आंदोलित करते हैं, यदि आपके पास कम से कम 250,000 डॉलर निवेश के लिए उपलब्ध हैं और आप सीखने में समर्थ हैं तो आप ग़लतियाँ करके सीखने में लगने वाले कई वर्षों के समय की बचत कर सकते हैं या सैकड़ों, हज़ारों या लाखों डॉलर का नुक़सान रोक सकते हैं। मेरे निजी प्रशिक्षण समूह से जुड़ना आपके लिए और मेरे लिए रू-ब-रू होकर एक ऐसा निवेश कार्यक्रम तैयार करने का अवसर देता है जो दिलचस्प और रोमांचक निवेशों के साथ आपकी मनमाफ़िक जीवनशैली के अनुरूप है। यह निवेश आपको लंबे समय तक नग़द आय और भविष्य में निवेश से बाहर आने पर मोटा मुनाफ़े में भागीदारी का अवसर प्रदान करेंगे। और ज़्यादा जानकारी के लिए *LifestyleInvestor.com/Coaching* में जाएँ और मुझे अपने बारे में बताएँ।

तैयार हैं? तो तुरंत शुरुआत करें!

जस्टिन डोनाल्ड के बारे में

आंत्रप्रन्योर मैग्जीन ने जस्टिन डोनाल्ड को ''जीवनशैली निवेश का वारेन बफ़ेट'' का खिताब दिया है। वे कम जोख़िम के साथ नग़द आय पैदा करने वाले निवेश, जटिल वित्तीय रणनीतियों को सरल बनाने, डील का स्वरूप तय करने और अनुशासित निवेश प्रणालियों में माहिर हैं, जो लगातार लाभप्रद नतीजे देती हैं। उनका मूलभूत सिंद्धांत ''नौकरी के बिना दौलत पैदा करना'' है।

21 महीने के समय में और अपनी 40 वीं सालगिरह के पहले उनका निवेश अपने और पत्नी ज़ेनिफर के लिए बिना समय दिए पर्याप्त आजीविका आय देने में सक्षम था, जिससे उन्होंने अपनी नौकरियाँ छोड़ दी थीं। जस्टिन ने अपनी सरल निवेश प्रणाली और *जीवनशैली निवेश के 10 नियमों* का पालन करते हुए सौ से ज़्यादा कम्पनियों के साथ सफलतापूर्वक डील की। अपनी संपत्ति को कई गुना तक किया और उनकी नेटवर्थ आठ अंकों में पहुँच गई। लेकिन उनकी जीवनशैली परिवार पर केंद्रित रही। दो साल बाद उन्होंने अपनी नेटवर्थ फिर से दोगुनी कर ली।

अब वे जीवनशैली निवेश पर उद्यमियों और उच्च अधिकारियों को सलाह-मशविरा देते हैं। जस्टिन द *लाइफ़स्टाइल इन्वेस्टर : 10 कमांडमेंट्स् ऑफ़ कैश फ़्लो इन्वेस्टिंग फ़ॉर पैसिव इनकम ऐंड फ़ाइनेंशियल फ़्रीडम* के लेखक और द *लाइफ़स्टाइल इन्वेस्टर* पॉडकास्ट के मेज़बान हैं। दोनों में उनके सबक़ और प्रमाणित निवेश प्रणाली के बारे में बताया गया है, जो लगातार रिटर्न देती रहती है।

उपलब्धि के लगातार रिकॉर्ड के साथ जस्टिन ताउम्र एक नेता और प्रशिक्षक हैं। जब वे 20 साल से कुछ ही ज़्यादा उम्र के हुए थे तभी उन्होंने क्यूटको/वेक्टर में काम आरंभ किया और जल्दी ही कंपनी के शीर्ष प्रबंधकों में से एक बन गए। हाल ऑफ़ फ़ेम का दर्जा पाने वाले वे सबसे कम उम्र युवाओं में से एक भी बने। विक्रय प्रतिनिधियों के राष्ट्रीय स्तर पर प्रशिक्षण में भी उनकी सर्वश्रेष्ठ पद्धतियों पर केंद्रित किताब को शामिल किया गया।

इसी भूमिका में रहते हुए जस्टिन ने ज़मीन-जायदाद में बड़े निवेश की शुरुआत की। अब वे कई फ़ायदेमंद रिअल एस्टेट कारोबार, किराये की अनेक संपत्तियों ऑरेंजथ्योरी फ़िटनेस फ़्रेंचाइज़ी और कई अन्य कामयाब कंपनियों के मालिक हैं। आईएफ़एम रेस्टोरेशन भी उनके उद्यमी कारनामों में से एक है। 2016 में स्थापित यह फ़र्म आवासों के रखरखाव के कारोबार में है।

जस्टिन सामाजिक संस्था टाइगर 21 के सदस्य हैं और फ़्रंट रो फ़ाउंडेशन इंटरनैशनल के सदस्य हैं। वे और जेनिफ़र निजी तौर पर और चर्च के माध्यम से कैन्सर के ख़िलाफ़ जंग में और विकासशील देशों में स्वच्छ पानी की सुविधाओं के निर्माण में सहायता करते रहते हैं। अन्य मानवीय उद्देश्यों में भी वे मददगार हैं। कम्पैशन इंटरनैशनल के माध्यम से वे बच्चों की सहायता करते हैं। टैक्सस के ऑस्टिन में रहने वाले डोनाल्ड परिवार को रोमांचक अंतरराष्ट्रीय यात्राएँ ख़ास तौर पर पसंद हैं।

द लाइफ़स्टाइल इन्वेस्टर® के बारे में

एक ऐसे रोमांचक नए जीवन की कल्पना करें जहाँ कोई नौकरी नहीं होते हुए भी आपको बिना कोई समय दिए आमदनी हासिल हो रही है। लंबी अवधि के लिए हिस्सेदारी जमा हो रही है। आपको पूरी वित्तीय आज़ादी है।

यदि आप जानते कि यह बदलाव आप बहुत कम जोख़िम वाले नग़द आय निवेश के सिद्धांतों के साथ कर सकते थे, जिससे आपको बिना समय दिए आराम से आजीविका ख़र्च के लिए ज़रूरी धन राशि मिलती रहती और आपकी संपत्ति खड़ी हो जाती। आप पसोपेश में पड़ गए होंगे, है ना?

इस लक्ष्य तक पहुँचने की आपकी यात्रा का मार्ग जस्टिन डोनाल्ड की किताब द *लाइफ़स्टाइल इन्वेस्टर : 10 कमान्डमेंट्स ऑफ़ कैश फ़्लो इन्वेस्टिंग फ़ॉर पैसिव इनकम ऐंड फ़ाइनेंशियल फ्रीडम में बहुत ही स्पष्ट तरीक़े से बताया गया है।* यह किताब नग़द आय प्राप्त करने के लिए निवेश रणनीतियों और सिद्धांतों के बारे में बताती है, जो आपकी राह को आसान बनाते हैं। ये बताते हैं कि किस तरह से :

- अपनी जीवनशैली को सर्वोपरि रखें
- निवेश के जोख़िम को कम करें
- ऐसी डील तलाशें जो सार्वजनिक नज़रों से दूर हो
- तुरंत नग़द आय प्राप्त करें
- अपना मूल निवेश धन तुरंत प्राप्त करें

अपनी नौकरी से मिलने वाले वेतन की जगह समय लगाए बिना नग़द आय सुनिश्चित करें। इसके अलावा आप जानेंगे कि किस तरह से अपनी डील को ''और फ़ायदेमंद'' बनाएँ, वित्तीय ऋणों का अपने फ़ायदे में इस्तेमाल करें और यह सुनिश्चित करें कि निवेश किया गया हरेक डॉलर आपको रिटर्न दे। उन्होंने उद्यमियों और अनेक लोगों के निवेशों के वास्तविक उदाहरणों से जीवनशैली निवेशक की सोच को चित्रित किया है, जिन्होंने अपने जीवन में पूरी आज़ादी हासिल की है।

जस्टिन से संपर्क कर सकते हैं :

वेबसाइट : LifestyleInvestor.com

ईमेली : Info@LifestyleInvestor.com

लिंक्डिन : LinkedIn.com/in/JustinWDonald/

फ़ेसबुक : LifestyleInvestor.com/FB

इंस्टाग्राम : Instagram.com/justindonald/